やわらかアカデミズム・〈わかる〉シリーズ

よくわかる障害児教育

第4版

石部元雄・上田征三・高橋　実・柳本雄次編

ミネルヴァ書房

　本書は，大学へ入学してはじめて「障害児教育（特別支援教育）」を学ぶ学生に，障害のある子どもの教育について基本的な知識を身につけてもらうとともに深い関心を寄せていただくことを意図して編集しました。

　わが国では障害児の教育は，1878（明治11）年に開設された京都の盲啞院が，その始まりです。それから今日まで135年になんなんとしますが，戦前には1890（明治23）年の改正小学校令で，就学免除規定が加えられ，その行政的運用によって，盲児，聾児を含めた障害の重い子どもは，義務教育から除外されるようになりました。その後，盲，聾教育界の教育令制定獲得運動が実を結んで1923（大正12）年の盲学校及聾啞学校令の公布によって，盲学校，聾学校は公教育主体で発展することになりました。しかし，盲学校，聾学校の就学義務制や養護学校等の設置を含めた障害児教育制度の確立は，第二次世界大戦後における課題とされました。

　戦後，国家体制が一新されて，義務教育について，戦前は国が国民に教育を受けることを義務づける教育，あるいは国民に強制する教育とされていましたが，戦後は国がみずからの責任において，国民（とくに子ども）の教育を受ける権利を保障すべきものとなりました。そのうえ，義務教育の年限は，戦前の6か年から9か年になり，教育の程度には前期中等教育まで含まれることになりました。戦後の盲学校，聾学校の場合も1956（昭和31）年に9年間の義務教育の学校として成立しました。1961（昭和36）年に対象者を知的障害，肢体不自由または病弱の者と明確化した養護学校は，各都道府県における整備等が不十分であったために，盲・聾学校の場合よりも遅れて，1979（昭和54）年に9年制の義務教育の学校となりました。

　当時の障害児の教育における障害の種類は，視覚障害，聴覚障害，知的障害，肢体不自由，病弱，言語障害，情緒障害に及んでいました。また主な教育の場は，盲・聾・養護学校及び小・中学校の特殊学級でした。

　この頃，アメリカでは1975年の「全障害児教育法」（EAHCA：P.L.94-142）から1990年の「障害者教育法」（IDEA：P.L.101-476）へ，イギリスでは1978年のウォーノック報告（Warnock Report）から1981年教育法へと進んでいました。

　遅ればせながら，わが国でも2002（平成14）年に文部科学省による実態調査

の結果，小学校及び中学校の通常の学級において，LD（学習障害），ADHD（注意欠陥多動性障害），高機能自閉症などにより，学習や行動の面で特別な教育的支援を必要とする児童生徒が6.3％程度在籍していることが明らかにされました。このことに端を発して，従来から特別の場で行なってきた特殊教育を改めるとともに，通常の学級に在籍するLD，ADHD，高機能自閉症などの児童生徒も含めた，特別支援教育への転換をはかることが課題になり，文部科学省は，2007（平成19）年4月1日に改正学校教育法を施行しました。このことによって，従来の盲・聾・養護学校は特別支援学校として一本化され，在籍する幼児児童生徒への教育に加え，幼稚園，小学校，中学校，高等学校等からの要請があれば，それに応じて，助言や援助などを行う，いわゆる「センター的機能」が付け加えられました。

　この際，特殊教育諸学校から特別支援学校への制度改正に対応して，複数の障害種に対応する特別支援学校が設置されたことは注目されます。

　特別支援学校が発足した2007（平成19）年度には複数の障害種に対応する特別支援学校は98校でしたが，翌年の2008（平成20）年度には142校に，2009（平成21）年度には167校，2010（平成22）年度には179校になり，2017（平成29）年度には255校へと増加しています。複数の障害種の特別支援学校でもっとも多いのは，2017（平成29）年度の場合知的障害と肢体不自由の両障害種の特別支援学校で，147校になります。また，視・聴・知・肢・病の5障害に及ぶ特別支援学校は14校を占めています。こうした状況の背景には，障害のある幼児児童生徒の保護者ができる限り，通学可能な地域にある特別支援学校への就学を望んでいる事情が察知されます。

　わが国で特殊教育発足120年の記念祝賀会が開催された1998（平成10）年度における義務教育段階における障害児の就学率は，1.165％でしたが，19年後の2017（平成29）年には4.2％にまで増加しています。特別支援教育の推進には，なお，発達障害を含む障害児に対する特別支援教育の推進が望まれます。

2020（令和2）年2月　編者

もくじ

やわらかアカデミズム・〈わかる〉シリーズ

よくわかる
障害児教育
第 4 版

障害児教育の概念①
「障害」とは

❶ 変化する社会と新しい「障害」観

　これまで「障害」や「障害者」に関する論議はさまざまな側面からなされてきました。たとえば，目に見える障害と目に見えない障害，生まれつきの障害か生後受けた障害か，また，病気によるものなのかけがなどによるものかというように，障害そのものに焦点を当てる場合があります。また，男性か女性か，その人の性格が障害をどのように受け入れ人生にどのように影響したかというように，個人の属性と障害を関連させて「障害者」を理解しようとする場合もあります。さらに，国や地域の違いやその歴史や文化に焦点を当てると，「障害」や「障害者」に対するとらえ方は大きく変わってきます。

　そういった状況のなかでわが国では，障害者福祉の課題は，「働けない人への特別なサービスだ」という考え方が根深く，「弱者救済」や「恵まれない人への恩恵」，「保護」という限定的な福祉観が主流でした。「障害者なのに」「障害者でも」といったこともよくいわれますが，それは「障害者」といえば，そのことがまるでその人の「全人格を表すような」イメージが強いからではないでしょうか。そういった「障害」観では，障害というそのマイナス面をいかに軽減するかということが障害者福祉の大きな課題でした。

　しかしながら，とくに当事者は，これまでもいろいろな声を上げてきました。たとえば，「『障害をもつ』という言い方は『荷物を持つ』みたいでいやだね」，「『障害者になってしまった』といったら今の自分と同時にこれまでの人生も否定してしまわない？」，「**金子みすゞ**の詩のなかの『鈴と，小鳥と，それから私，みんなちがって，みんないい』という言葉に出会い，私の気持ちがうんと楽になった，つまり，**障害は私の一部分**にすぎないし，その違いをその詩は認めてくれたから」といったことです。これらはまず，当事者の声として拡がり，今や単なる思いだけではなく「社会を変革する主体」としての役割を担いつつあります。人は誰も障害のあるなしにかかわらず，マニュアルがない人生を，一人ひとり自分で生きていかなければなりません。障害を考えることは同時にすべての人に課せられた「自分をいかに生きるか」という人間の普遍的テーマにつながるということが，現在社会を問い直し動かしていく力になっているといえます。

　その意味で，これまでは福祉の対象が，障害者や高齢者，児童や家庭といった各分野に分かれ限定的に考えられていましたが，それらは今やあらゆる面で

▷ 1　金子みすゞ（1903-1930）
山口県長門市出身。彼女の詩のひとつである「私と小鳥と鈴と」は，小学校の教科書などにも載るようになった。引用は，その一節である。

▷ 2　障害は私の一部分
「我々の中には，気の強い人もいれば弱い人もいる，記憶力のいい人もいれば忘れっぽい人もいる，歌の上手な人もいれば下手な人もいる。これはそれぞれのひとの個性，持ち味であって，それで世の中の人を2つに分けたりはしない。同じように障害も各人が持っている個性の一つと捉えると，障害のある人とない人といった一つの尺度で世の中の人を二分する必要はなくなる」（厚生省『平成7年版障害者白書』1995年，12頁より引用）。

私たちの誰とも深いつながりがあり，「一人ひとりがよりよく生きる」ということと深くかかわるテーマであるととらえられるようになってきました。今日の福祉の意義や目的がそこにあります。

2　障害に関する国連の定義

国連総会は1975年12月9日，「障害者の権利に関する宣言」を採択しました。そこでは，「『障害者』（disabled person）という言葉は，先天的か否かにかかわらず，身体的または精神的能力の不全により，通常の個人生活と社会生活の両方または一方の必要性を自らでは全面的にもしくは部分的に満たすことができない人のことを意味する」としました。

続いて，1982年の国連総会では，「**障害者に関する世界行動計画**」が採択され，そこでは「ハンディキャップ（社会的不利）は，障害がある人と社会的な環境との関連によって生じるもの」と定義づけられました。つまり，この行動計画によって「障害」は個々人の身体的，医学的な問題にとどまらない社会的な環境や社会的な条件（たとえば，駅や建物にある段差やさまざまな「障壁」や障害者の社会参加を阻む法制度など）によって作られているとされ，障害のひとつの側面である「ハンディキャップ」は社会参加を拒むものであると改めて強調したのです。

その後，国連の場では「**障害者の権利条約特別委員会**」が設けられ，各国の政府代表者や当事者グループの NGO も参加して，「障害の定義」「社会参加のための合理的配慮」「差別の定義と差別禁止」「インクルーシブ教育の実現」などが論議され「**障害者の権利条約**」が採択されました。日本国政府は，2014年1月に批准し国内法整備等の対策をしてきました。

3　日本における障害者に関する法的定義

わが国には，障害者に関する法律として，福祉関係法や障害児教育関連法，所得保障に関連する法や障害者の雇用促進に関する法律などがあります。障害者福祉サービスを受けるには，原則として申請主義をとっており，それによって障害の等級などを記した手帳を発行するという**手帳制度**が中心になっています。

関係各法には，はっきりとした理念のもとに制度施策の内容ができるかぎり体系的に実体的に掲げてあることが望ましいのですが，現状は大変厳しく今後の課題も多くあります。そのなかで，わが国の障害者施策の基本的理念を掲げ，関係各法の整備を促そうとするものに「**障害者基本法**」（2011年8月改正）があります。その第2条では，「障害者」とは「身体障害，知的障害，精神障害（発達障害を含む。）その他の心身の機能の障害（以下「障害」と総称する。）がある者であつて，障害及び社会的障壁により継続的に日常生活又は社会生活に相当な制限を受ける状態にあるものをいう。」とし，**発達障害**が条文に含まれた

▷3　障害者に関する世界行動計画（1982年12月3日）
WHO は1980年に国際障害分類を公表していたが，それを受けて，インペアメント・ディスアビリティ・ハンディキャップの定義を再度明確にした。

▷4　障害者の権利条約特別委員会
2002年の第1回から「障害者の権利条約」の草案が論議され，2006年8月には第8回が開かれ，そこで条約草案が採択された。

▷5　障害者の権利条約
2006年12月13日の国連総会において条約案が採択された。全50条からなり，「障害者を哀れみと保護の対象ではなく，社会の一員として誇りを持って生活する主人公（権利の主体）」としている。条約化の運動のなかで，'Nothing about us without us!（私たち抜きに私たちのことを決めてはならない！）' という言葉がよく用いられた。

▷6　手帳制度
身体障害者手帳（身体障害者福祉法），精神障害者保健福祉手帳（精神保健福祉法）は，法律に規定してあるが，知的障害者への療育手帳は厚生事務次官通知（1973年）による。

▷7　障害者基本法
1970年の制定時は，心身障害者対策基本法の名称であったが，精神障害が含まれていなかった。1993年の名称変更と同時に精神障害を含めた。

表 1　障害者数（推計）

		総　数	在 宅 者 数	施設入所者数
身体障害児・者	18 歳未満	7.1 万人	6.8 万人	0.3 万人
	18 歳以上	419.4 万人	412.5 万人	6.9 万人
	年齢不詳	9.3 万人	9.3 万人	—
	総　計	436.0 万人	428.7 万人	7.3 万人
知的障害児・者	18 歳未満	22.1 万人	21.4 万人	0.7 万人
	18 歳以上	84.2 万人	72.9 万人	11.3 万人
	年齢不詳	1.8 万人	1.8 万人	—
	総　計	108.2 万人	96.2 万人	12 万人

		総　数	外 来 患 者	入 院 患 者
精神障害者	20 歳未満	26.9 万人	26.6 万人	0.3 万人
	20 歳以上	365.5 万人	334.6 万人	30.9 万人
	年齢不詳	1.0 万人	1.0 万人	0.1 万人
	総　計	392.4 万人	361.1 万人	31.3 万人

（注 1 ）精神障害者の数は，ICD-10 の「Ⅴ　精神及び行動の障害」から知的障害（精神遅滞）を除いた数に，てんかんとアルツハイマーの数を加えた患者数に対応している。
（注 2 ）身体障害児・者の施設入所者数には，高齢者関係施設入所者は含まれていない。
（注 3 ）四捨五入で人数を出しているため，合計が一致しない場合がある。
出所：「身体障害者」在宅者：厚生労働省「生活のしづらさなどに関する調査」（2016 年）
　　　　施設入所者：厚生労働省「社会福祉施設等調査」（2015 年）等より厚生労働省社会・援護局障害保健福祉部で作成
　　　「知的障害者」在宅者：厚生労働省「生活のしづらさなどに関する調査」（2016 年）
　　　　施設入所者：厚生労働省「社会福祉施設等調査」（2015 年）より厚生労働省社会・援護局障害保健福祉部で作成
　　　「精神障害者」外来患者：厚生労働省「患者調査」（2017 年）より厚生労働省社会・援護局障害保健福祉部で作成
　　　　入院患者：厚生労働省「患者調査」（2017 年）より厚生労働省社会・援護局障害保健福祉部で作成
（内閣府編『障害者白書』（令和元年版），2019 年より転載。https://www8.cao.go.jp/shougai/whitepaper/r01hakusho/zenbun/siryo_02.html（2020 年 2 月 8 日閲覧））

▶ 8　発達障害
全国の公立小中学校の通常学級に，6.5％いるが，そのうち約 4 割は何の支援も受けていないという（文部科学省「通常の学級に在籍する発達障害の可能性のある特別な教育的支援を必要とする児童生徒に関する調査結果について」（2012年12月））。国際的な基準や医学的な定義においては発達障害（developmental disability）とは，知的障害を含む広範囲な障害概念として理解されているが，この調査は当然，知的障害等は含まれていない。

▶ 9　附帯決議
2004年の「障害者基本法」の改正に伴う参議院における附帯決議。1993年「障害者基本法」制定時の附帯決議を一部修正した。

ことに大きな意義があります（わが国の「障害者数」の実態は表 1 を参照）。

　これまでは次のような「附帯決議」[9]がなされていました。それには，身体・知的・精神の各障害の他に「てんかん及び自閉症その他の発達障害を有する者並びに難病に起因する身体又は精神上の障害を有する者であって，継続的に生活上の支障があるものは，この法律の障害者の範囲に含まれるものであり，これらの者に対する施策をきめ細かく推進するよう努めること」としていました。しかしながら，この附帯決議の内容自体は，法律の条文中に掲げられているものではなく，その意味でその分野に関する施策が不十分であるという現状を反映しているといえます。難病やその他の障害はそのなかには直接含まれていないこともあり，他の障害に比べて施策の遅れが指摘されていたのです。

　これまで発達障害のことが，福祉の分野でもあるいは教育の分野でもその対象として見逃されてきた経緯があり，その文言が2004年 8 月の附帯決議に含まれ，そして，今回，条文中に含まれたことの意味は大きいと思われます。たとえば，「発達障害者支援法」（2004年12月）が超党派の議員立法で成立し，都道

府県レベルで発達障害者支援センターの設置の方向が示された経緯があります。今後は,「難病」等にかかわる施策の対処が求められます。

　その「発達障害者支援法」第2条では,「この法律において『発達障害』とは,自閉症,アスペルガー症候群その他の**広汎性発達障害**,学習障害,注意欠陥多動性障害その他これに類する脳機能の障害であってその症状が通常低年齢において発現するものとして政令で定めるものをいう。」としています。とくに今後の特別支援教育では,発達障害がある子どもたちにもその子たちに合った教育をするとされていますので,遅れていたこの分野の教育・福祉が今後さらに理解が進み進展することが期待されています。

　一方,障害児教育の分野では,ノーマライゼーションの進展等を踏まえて学校教育法施行令が一部改正(2002年4月24日付の政令)され,盲,聾,養護学校(特別支援学校)に就学すべき障害の程度を変更し就学基準の対象をより狭くしました(Ⅱ-3の表7参照)。また,特別な事情があると認める者(認定就学者)については,小中学校に就学できるようになりました。

❹　今後の課題

　以上のように,障害の定義や考え方はさまざまですが,法律や制度で障害を扱うことは,法律によってその人の権利を保障することにもなれば,制限することも起こり得ます。現に法律や制度によって,能力があっても仕事に就けなかったり,資格が与えられなかったりということがあります(**障害者欠格条項**)。また,社会の変化で法律の見直しが必要になってくることもあります。

　この法律の見直しについては,国連の障害者の権利条約特別委員会で論議されてきたことをもとに国内法を整備する必要があるでしょう。とくに,教育の分野では「完全なインクルージョン」という目標を掲げていますが,日本の今後の特別支援教育は,まさにノーマライゼーション時代にふさわしいものに大きく転換していかなければならないという重大な課題があります。

　そのことを踏まえたうえで,今後も,以下の点について論議がなされるべきだと思われます。①重度・重複障害者や全身性障害者の介護などの生活保障。②精神障害者,高次脳機能障害や発達障害等見えづらい障害への理解と対応。③障害の軽・重ではなくどのような支援がいるかという視点の確立。④難病患者等への対応(病気の面だけでなく,それが継続する場合は,「障害者」と同じような支援が必要)。

　障害に関しては,人との違いや差が論議されますが,個性的な相違を認めることが真の自由の基本です。これについては異存ないでしょうが,障害者福祉や教育の面では,「障害とは何か」「それについて社会的には,どのような不利益や差別があるか」「どのような自立支援が必要か」といったことをさらに明らかにしていく必要があります。

(上田征三)

▷10　広汎性発達障害
「発達障害者支援法」第2条では,用語「広汎性発達障害」(PDD, pervasive developmental disorders)を用いているが,この用語は医学的には「自閉」(症)の症状が基盤にあると説明されているが,「広汎性(pervasive)」という曖昧な概念が誤解を生むとして,アメリカ精神医学会でその基準の見直しがなされ DSM-5(2013)を発表した。以後,本書では主に「自閉症スペクトラム障害」と表記する。
⇒ Ⅳ-5 参照。

▷11　障害者欠格条項
政府は欠格条項の見直しをしてきたが,当事者団体などの役割も大きかった。その結果,一部の法律では障害を理由にした門前払いはなくなったが,障害ゆえに不合格になることが明らかな検査を伴う資格試験も存在する。その他,公営住宅の入居など法律や制度面の欠格条項も多い。

▷12　性同一性障害者の性別の取扱いの特例に関する法律
「性同一性障害」は,心と身体の性別がくい違う症状。最近,性別適合手術が行われるようになってきたが,2003年に,厳しい条件があるものの,戸籍上の性別変更が可能になる法律ができ,変更後の性で異性との結婚も可能になった。

障害児教育の概念②
障害の構造的理解

 障害に関する分類の試み（WHO「国際障害分類」）

　1980年代は，国連を中心とした障害者に関する大きな動き（行動）が起こり現在に至っています。とくに，1981年の国連「国際障害者年」の「完全参加と平等」をテーマにした活動は，それ以後の各国の情勢を大きく変えたといっても過言ではありません。そこで強調されたことは，「国際障害者年行動計画」（1980年1月30日採択）で掲げられた，「障害者は，その社会の他の異なったニーズを持つ特別な集団と考えられるべきではなく，その通常の人間的なニーズを満たすのに特別の困難を持つ普通の市民と考えられるべきなのである」という権利性回復の当事者を中心とする声でした。さらに，かねてからWHOが論議してきた障害に関する分類作業の成果が，1980年に**WHO「国際障害分類」**として公表されました。それは，障害に関する初めての国際分類で，障害を構造化した点などが世界的に注目されました。

　これまで，健康状態（病気・変調・傷害など）は，主に**WHO「国際疾病分類」**によって分類されていましたが，それは病因論的な枠組みに立ったものでした。「国際障害分類」は「国際疾病分類」の補完的なものとして公表されましたが，健康状態に関連する生活機能や障害の概念・構造を三層に分けて提示し明確にしたところに特徴があります（図1参照）。

　「機能障害」とは，心理的，生理的または解剖学的な構造，または機能のなんらかの喪失または異常で，「能力障害」とは，「機能障害」の結果生じたなんらかの活動制限または欠如です。「社会的不利」とは，「機能障害」や「能力障害」の結果としてその個人に生じる不利益であって，社会的な正常な役割を果たすことを制限あるいは妨げるものです。これには，教育・労働・結婚における機会の制約や，文化・余暇・その他社会参加に際しての機会の制約などによる不利益があります。個々の障害者にどのレベルの援助がなされるべきかとい

▷1　WHO「国際障害分類」（ICIDH）
International Classification of Impairments, Disabilities, and handicaps の頭文字をとって ICIDH としている。試案として公表された。

▷2　WHO「国際疾病分類」（ICD）
現在はICD-10（10版）が使われている。

病気・変調　　　　　　機能障害　　　　　能力障害　　　　　社会的不利
(disease or disorder) →　(impairment) →　(disability) →　(handicap)

図1　WHO「国際障害分類」（1980年版）の障害概念モデル

うことを全体的に明らかにするためには，障害のこの３つのレベルを十分に理解することが重要です。

　以上のように，国際障害分類によって障害概念を構造化したこと，さらに，「社会的不利」という視点を明示したことは障害に関する社会政策のうえでも画期的なことでした。

② WHO「国際生活機能分類」(ICF，WHO「国際障害分類」改訂版)

　画期的な「国際障害分類」でしたが，従来のものが「診断モデル」に傾いているという批判など種々の問題点も指摘されるようになりました。それを受けて各国の代表が何度も協議を重ね，改訂版が2001年５月に，「国際生活機能分類」(以後 ICF とする）として世界保健機関（WHO）総会において採択されました。ICF は「国際障害分類」の基本的構造を受け継いでいますが，人間の生活機能と障害について，障害の社会的側面を「活動制限」と「参加制約」という視点から，さらに，「健康状態」からだけでなく「環境因子」や「個人因子」という視点から明らかにしようとしています。マイナス面だけでなくプラス面も記述できるように分類の視野が拡大され，また，障害を単一方向でなく双方向で捉え，表現も中立的・肯定的にしました。このように生活機能と障害の理解を「生活モデル」に近づけるという趣旨が強く反映されています（図２，表２参照）。

　以上のように，ICF は人の「生活機能」を全体的な視点で見ようとする点で，その「困難」（障害）はその人の一部であると考えていますが，これはとても重要な視点です。なぜなら，障害のとらえ方は，人の生き方，そして，支援のあり方を方向付けるもっとも基本となる視点であり，障害を限られた面からでしか見なければ，それにもとづいた支援は偏ったものになる可能性があるからです。

▷3　ICF
International Classification of Functioning, Disability and Health の前半の頭文字をとって ICF とした。日本語訳でも，「国際生活機能分類」として，「障害」の用語を用いていない。

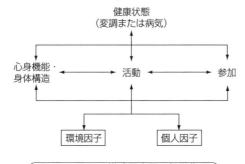

図2　ICF の構成要素間の相互作用

出所：障害者福祉研究会編『ICF 国際生活機能分類──国際障害分類改訂版』中央法規出版，2002年，17頁。

表 2　ICF 構成要素の概念

定　義
健康との関連において 心身機能（body functions）とは，身体系の生理的機能（心理的機能を含む）である。 身体構造（body structures）とは，器官・肢体とその構成部分などの，身体の解剖学的部分である。 機能障害（構造障害を含む）（impairments）とは，著しい変異や喪失などといった，心身機能または身体構造上の問題である。 活動（activity）とは，課題や行為の個人による遂行のことである。 参加（participation）とは，生活・人生場面（life situation）への関わりのことである。 活動制限（activity limitations）とは，個人が活動を行うときに生じる難しさのことである。 参加制約（participation restrictions）とは，個人が何らかの生活・人生場面に関わるときに経験する難しさのことである。 環境因子（environmental factors）とは，人々が生活し，人生を送っている物的な環境や社会的環境，人々の社会的な態度による環境を構成する因子のことである。

出所：障害者福祉研究会編『ICF 国際生活機能分類——国際障害分類改訂版』中央法規出版，2002年，9 頁。

③ ICF の活用

　わが国の「障害者基本計画」（2002年12月24日）では，「施策を推進する 4 つの横断的な視点」としてその基本方針を明確化しています。その計画の「障害の特性を踏まえた施策の展開」の箇所では，「WHO の ICF（国際生活機能分類）の活用方策を検討」とその活用を提案し，今後の ICF 活用に対する期待を示しています。そこでは，「個々の障害に対応したニーズを的確に把握し，障害の特性に応じた適切な施策を推進し，現在障害者施策の対象となっていない障害等に対しても必要性を踏まえ適切に対応する」としているのですが，このように，ICF の活用では，まず，障害の評価を多角的・総合的にすることが重要で，それによって支援の質が高まることを期待しています。

　また，「ICF の構成要素間の相互作用」（図 2）を作成する過程は，教師などの支援者と家族が ICF という「共通言語」または「ツール」を用いて「個別の教育支援計画」を作り上げていくうえで欠かせない作業です。そうすることによって，ICF やそれにもとづいてなされた障害の理解や支援計画が，障害を含む健康に関する共通言語として確立され，地域・福祉・医療・介護・保健，そして職業リハビリテーションなどの他の領域でも活用が可能になり，支援に連携とつながりができてきます。

　ICF が「共通の言語やツール」として用いられることにより，障害者に関するさまざまな調査や統計について，比較検討する標準的な枠組みを提供することが可能になり，国や専門分野，サービスなどの違いを超えてデータを共有化するというメリットが考えられます。また，「ICF 活用の電子化」ということも，さらに重要な課題になってくるでしょう。

4　ICF の特別支援教育における課題

　これまでの教育は，どれだけその子の能力を伸ばせるかということに着目し，ともすれば，本人をその目標とする段階にいかに近づけるかということを中心に努力が払われてきましたが，ICF が提案したことは，受け入れる側である社会の改善や努力が非常に重要だということを明確にした点が画期的なことです。つまり，望ましい「個に応じた教育」は，子どもの生きる力を培うことと環境の改善という二つのアプローチが強調されるべきだということです。

　その考えにもとづけば，たとえば，今後の就労支援は，雇用主などの受け入れる側の合理的配慮事項や人的支援等がさらに重要な課題になってくるでしょう。障害児教育の視点に，「目指すべき社会は何かが問われている」という考察や働きかけが必要になったことは，歴史的にみて非常に大きな転換といえるでしょう。こういった ICF の考え方を念頭に置きながら，「生きる力を高める」働きかけを，教育の面からしなければならないでしょう。

　そのことを踏まえたうえで，ここでは，いくつかの課題について整理します。

　これまでは，どちらかというと高齢者や医学的リハビリテーションの分野では活用されるようになっていた ICF ですが，今後は障害がある子たちへの教育や支援の新しい「ツール」としての活用を提示しながら，非常に基本的な**個別支援**のあり方を提案する必要があります。具体的には，従来の診断名・障害名にとらわれないで，生活上の困難さや不便さに注目し，どのような「支援」を作り上げていくかという視点が重要です。とくに，当事者や家族から見た ICF 活用への期待や「気持ち」という視点をふくめた，学校における「個別の教育支援計画」を作成する必要があります。そうすることによって，教育における ICF の活用の幅を広げていくことが重要でしょう。

　つぎに，「共通の言語やツール」としての ICF の研究は欠かせませんが，また，カテゴリー分類は障害の把握にとって重要ですが，そのことにこだわりすぎた分析的視点は，ICF の本来の目的ではないということです。障害の多様化は，同時に，人間の心理・複雑さ・可能性などといった，いわば**体験と主観**に依拠しますが，そのことなくして人の全体像は語れないということを忘れてはなりません。つまり，分析が目的ではなくその人をそのままとらえる視点を見失ってはならず，あくまでも「個別性尊重を優位にすべきである」という考えが重要です。

　最後に，ICF を「共通の言語やツール」として活用するためには，使いやすさ，シンプルさ，ユニバーサルな適応ということが欠かせないということです。専門家はもちろんのこと，誰もが活用できるような，信頼性・妥当性・利便性を備えた活用の研究が望まれます。

（上田征三）

▷4　個別支援
「ICF version for children and youth」の適用を試みた，国立特殊教育総合研究所・世界保健機関編著『ICF（国際生活機能分類）──障害のある子どもの支援を中心に』（ジアーズ教育新社，2005年）を参照。さらに，2009年4月から実施の「特別支援学校学習指導要領」の領域「自立活動」では，ICF の概念を取り入れて，図入りでその活用の事例を解説している。

▷5　体験と主観
上田敏はかねてから，「生きることの全体像」として「主観的体験」，この場合問題になるのは「障害体験」であるが，それを「体験としての障害」とし，その視点が重要であると指摘している。ICF はその点に関する項目はない。上田敏『ICF の理解と活用』（きょうされん，2005年）など参照。

障害児教育の概念③
インクルージョンに向けて

 インテグレーション

　インテグレーションは，おもにイギリスなどで使われてきた用語で，とくに学校教育では「統合教育」という言葉として知られています。これは，「障害」をもつ児童・生徒と他の子どもを同じ場所で（位置的統合），子どもたちが相互にかかわりをもちながら（社会的統合），そして，すべての教育課程や学校での活動と不可分の要素として「障害」をもつ児童・生徒の教育を位置づける（機能的統合）ものとして理解されてきました。

　日本では，とくに1980年代を中心にこの考え方が拡がり，保護者や本人の願いを背景にして，「障害」をもつ子どもたちを盲・聾・養護学校（現，特別支援学校）ではなく，通常の小学校や中学校等に就学できるようにと盛んに運動が行われるなどしました。その過程で，「障害」をもつ児童・生徒を他の子どもたちとは異なる場所で教育する，いわゆる「分離教育」への批判も繰り返されました。

　こうした運動や意識の高まりによって，単に「障害」の有無だけで就学先の学校を振り分けるような機械的な就学指導ではなく，保護者や本人の意向をふまえた就学指導に徐々に改められるようになってきました。

　その一方で，「学習権」の保障をめぐる議論に代表されるように，単に「障害」をもつ児童・生徒を通常の小学校や中学校等に就学させるだけで，そこで十分な学習が行われるように条件整備を進めない，形ばかりの「統合」に対しては，それがまるで「障害」をもつ児童・生徒を，通常学校に投げ込むだけのように見えたことから，「ダンピング」との言葉で強く批判もなされました。

　インテグレーションにおいて重要なのは，「障害」をもつ児童・生徒と他の子どもが「ともに」十分に学習が促進されるようなあり方を考えることなのです。

　インテグレーションに関して，海外の情報も積極的に紹介されましたが，課題も残しました。たとえばイタリアでは，1970年代の法律によって，養護学校が廃止され，すべての子どもが通常の小学校に就学するようになったということで，「トータル・インテグレーション」との言葉とともに紹介されました。そして，日本もイタリアのような制度を導入してはどうかという意見も一部からあげられたことがありましたが，実はイタリアでは，財政問題から小学校や

中学校での十分な指導体制を整えないままに制度移行をしたために，義務教育段階で課程主義制度により留年する子どもの相当の割合が「障害」をもつ子どもで占められていたり，最重度の「障害」をもつ子どもが学校教育の対象から除外されるという問題が生じていたことはあまり紹介されませんでした。

　同じ概念であっても，各国の制度には，各々にかならず固有の背景や成立条件が存在しているので，外国の制度の理解のためには，「どのような成立条件があるのか」や「背景にある問題」をしっかりと考えることが不可欠なのです。

② メインストリーミング

　メインストリーミングは，多民族国家であるアメリカ合衆国で用いられた言葉です。人種，言語，宗教，生活習慣，固有文化などに関して，たくさんの少数集団（マイノリティ）から構成されるアメリカ合衆国では，少数であるがゆえに社会的に不利な立場におかれたり，差別的な処遇を受けることへの批判が20世紀半ばに急速に高まり，権利獲得のための運動が全国に拡がってゆきました。つまり，さまざまな少数集団に所属する人たちが，社会の本流のなかで正当な処遇を受けられるようにとの運動だったのです。

　そのなかで，とくに教育の分野では，「障害」をもつために教育の本流（＝メインストリーミング）からはずされることがあってはならないとの考え方を前面に出して登場します。具体的には1975年の「全障害児教育法」にある，「障害の程度にかかわらず，可能な限りもっとも制約の少ない環境で教育されなければならない」との表現に，この考え方を確認することができます。アメリカ合衆国では「通常教育主導主義（REI）」，すなわち，すべての子どもに対する教育の責任を通常の小学校や中学校等が担うようにとの考え方として，後にアメリカ型のインクルージョンにつながっていくことになります。

③ ノーマライゼーション

◯ ノーマライゼーションの考え方の登場

　ノーマライゼーションの考え方は，デンマークの「知的障害者教育法」（1959）の成立に大きな貢献をしたバンク−ミケルセン（Bank-Mikkelsen, N.）によって，施設入所の知的障害者の生活を可能な限り通常の生活状態に近づけることが提唱されたのが始まりとして知られています。

　この概念は，のちにニリエ（Nirje, B.）やヴォルフェンスベルガー（Wolfensberger, W.）によって，理論的に深められるとともに，世界中に拡げられていく過程で，あらゆる「障害」が対象に含められるようになるなど考え方も多様になりました。

　日本でも，この言葉はよく知られるようになり，まるで枕詞のように「最近では，ノーマライゼーションの考え方が浸透し……」というような使われ方が

されるまでになりました。ただし，この言葉は大変奥が深く，そしてさまざまな課題に直面してきたことも知っておかなければなりません。

「障害」をもつ人が教育や労働等，社会のあらゆる側面に参加する際に，他の人と同等の権利を正当に保障され，社会の一員としての恩恵を等しく享受することができるように，すべての人が力を合わせてめざすことが，ノーマライゼーションの考え方の基本です。

❍ 同化主義への批判

しかし，ノーマライゼーションにおいて，「障害」をもつ人の不利益を減少させて，他の人と「同じにする」ことだけを目標に考えてしまうと，課題を生じることもあります。

たとえば，アメリカ合衆国にこの概念を紹介したウォルフェンスバーガーは，メインストリーミングの説明でも触れたアメリカ合衆国の多民族・多文化性の社会背景のために，「ノーマライゼーション」の代わりに，新たに「ソーシャル・ロール・バロライゼーション（social role valorization）」という言葉を用いるべきだとの結論に至っていますが，それは，ノーマライゼーションの考え方に内在していた社会の主流にマイノリティを同化させるという発想（これを同化主義といいます）における問題点を背景にしています。つまり，さまざまな固有の生活習慣や文化をもつマイノリティの固有性やニーズ，生活スタイル等を尊重せずに，単に社会の主流に合わせさせようとしたために，かえってマイノリティにとってさまざまな不都合を生み出してしまったのです。そこでヴォルフェンスベルガーは，ノーマライゼーションの考え方を発展させて，「社会のなかで価値を引き下げられた」人たちが，固有性を認められたうえで適切に価値を付与される（valorization）ようにと新しい用語を提案したのです。

結果的には，現在でもノーマライゼーションの用語が使われていますが，こうした新しい考え方がふまえられるようになり，たとえば聴覚障害をもつ人にとっての固有言語である手話は，英語に対する補助的な言語としてではなく，彼らにとっての第一言語であるとの考え方が認識されるようになりました。

これはアメリカ合衆国での例でしたが，ノーマライゼーションの考え方は，それぞれの社会背景によって具体像が異なっており，この点を十分にふまえながら理解することが大切です。

❍ 近年の日本でのとらえ方

日本におけるノーマライゼーションの考え方については，最近では「障害のある者も障害のない者も同じように社会の一員として社会活動に参加し，自立して生活することのできる社会をめざすという理念」[1]であるとの説明がされています。ここでも「同じように」という表現の意味する事柄が，日本の社会のなかでどのような状態を示すのかを明確にして言葉を使わないと，実質を伴わないあいまいな用語にとどまったり，混乱が引きおこされてしまうでしょう。

▷1　21世紀の特殊教育の在り方に関する調査協力者会議「最終報告」，2001年。

　こうしたことを念頭においたとき，「障害児教育に限って，ノーマライゼーションということを考えるうえでも，障害児に働きかける教育活動のベクトルと健常児に対する教育活動のベクトルが，いかに一致した方向であるかが課題」であるとの指摘は，今後のこの概念の方向性をとらえるうえで重要なポイントをついているといえましょう。

④　サラマンカ宣言とインクルージョン

　1994年にスペインのサラマンカで開催された特別ニーズ教育に関する世界大会の際に，5つの柱からなる「サラマンカ宣言」と各国で実施するための枠組みを示した「行動大綱」の2つが採択されました。

　そこでは，「万人のための教育」（1990年）に関する世界大会での協定を基本にすえるとともに，「個人の差異や困難によらず，すべての子どもを包含できるような教育システムの改善」を図り，インクルーシブ教育の原則を取り入れることが勧奨されました。これは通常の小学校や中学校等が子どもの教育に関する責任を果たすべきことが明確に示された点に重要な意味があります。

　ただし，そのことがただちに特別支援学校の否定を意味するのではないことには注意が必要です。実際に，サラマンカ宣言とともに採択された行動大綱のなかでは，「特別学校が，インクルーシブな学校の発展のための価値のある資源となる」ことが明記されています。

　また，「子ども中心の教育学」を発展させた学校を構築し，すべての子どもに対する質の高い教育を提供できるようにめざすことが強調されるとともに，こうしたインクルーシブな学校を構築することによって，**特別ニーズ教育**が推進されるようになると考えられています。

　このようにサラマンカ宣言は，「万人のための教育」と「インクルージョンの原則の明確化」が重要な内容となっていることが特徴です。

　さて，インクルージョンは，「障害」をもつ子どもばかりでなく，あらゆる子どもの特別な教育的ニーズを包含できるような学校を創りあげるとともに，そうした学校を含む社会のあり方を提起した考え方です。

　具体的な展開は各国の状況を背景にさまざまですが，共通したキーワードは，「多様性（diversity）」です。つまり，一部のインテグレーションのように「同化」が求められるのではなく，学校や社会が個々の多様性を包含していけるように変革していくためのプロセスを表す考え方なのです。特定の個人の課題ではなく，社会の課題だということです。学校に関しては，すべての学校において教育課程や教材，指導方法等を，「障害」をもつ児童・生徒をはじめとして，たとえば，日本語を母国語としない家庭の子どもや，さまざまな理由で学習に困難のある子どもの多様性への対応が図れるように整備，拡大していくことが求められています。

（眞城知己）

▷2　山口洋史『これからの障害児教育』ミネルヴァ書房，2004年。

▷3　特別な教育的ニーズ・特別ニーズ教育
子どもの困難を子ども自身の要因と学習環境の要因の相互作用の結果としてとらえて必要な対応を導く考え方。これを基本にすえた教育を特別ニーズ教育という。おもにイギリスを中心に発展し，現在では国連が主導して世界に拡大している。

（参考文献）
　花村春樹訳・著『「ノーマリゼーションの父」N・E・バンク─ミケルセン〔増補改訂版〕』ミネルヴァ書房，1998年。
　真城知己『特別な教育的ニーズ論』文理閣，2003年。
　日本SNE学会編『特別なニーズと教育改革』クリエイツかもがわ，2002年。
　日本SNE学会編『特別支援教育の争点』文理閣，2004年。
　清水貞夫『特別支援教育と障害児教育』クリエイツかもがわ，2003年。

4 障害をもって生きる①
障害の受容

▷1　栗原輝雄・上村泰彦「障害を通してみた生きることの意味──総合科目『障害と人生』から」『大学教育研究──三重大学授業研究交流誌』第7号，1999年，17-21頁。

▷2　栗原輝雄「障害の受容をめぐって」『特殊教育学研究』第25巻，第2号，1987年，69-73頁。

▷3　対象喪失とは自分にとって大切なものを失うこと。たとえば，身体も「自己のもっとも大切な所有物」のひとつで，その「傷つきや，その一部の喪失は，さまざまな意味における喪失体験をひき起す」ととらえられている。対象喪失は多くの場合，悲しみをひき起こす。価値転換等を通じて，失ってしまった大切なものに対する「断念と受容の心境に達する」ことができれば，この悲しみからの立ち直りが可能になると説明されている。（小此木啓吾『対象喪失』中央公論社，1985年。）

▷4　上田敏『ICFの理解と活用──人が「生きること」「生きることの困難（障害）」をどうとらえるか』きょうされん，2005年，60-67頁。

▷5　上田敏『リハビリテーション──新しい生き方を創る医学』講談社，1996年，184-188頁。

1　障害の受容の意味ととらえ方

　障害はアンラッキーだったがアンハッピーではないと，中途障害をもって生きるひとりの人は述べています。障害を自分の一部としつつも，自分のもち味をフルに生かして，自分の人生を前向きに歩んでいる人の姿を思いおこさせてくれます。まず自分というものがあり，そこに障害というものが付随している。けっしてその逆の関係ではない，ということを示してくれているように思われます。ここには障害の受容というものの深い意味がよく表されています。障害の受容とは自分という存在や自分自身の生き方・人生と前向きに向き合う姿勢そのものに他ならないからです。

　しかし，障害（病気も含めます）を受容するということは口でいうほどやさしいことではありません。障害は現実生活に重くのしかかり，大きな影響を及ぼすことが少なくないからです。とくに中途障害の場合，予期せぬ突然の障害により，これまで積みあげてきた大切なものが自分から奪いさられてしまったという喪失感と結びつきやすいと思われるからです。

　障害が価値喪失として受けとめられる場合，障害の受容は価値転換を通じて自分の人生を前向きに生きることのできる新たな価値観・アイデンティティを獲得・再構成する過程であると考えられ，精神分析でいう対象喪失への対処の一例ともとらえられています。障害の受容には本人が自分の障害をどのように認知し体験しているかという「障害の主観的次元（主観的体験）」の側面が深くかかわっているといわれているのもこのような事情からでしょう。

　障害の受容には段階（ステージ）あるいは過程があるといわれ，本人の場合，「ショック期」「否認期」「混乱期（怒り・うらみ・悲観抑うつ）」「解決への努力期」等が，親の場合，「ショック」「否認」「悲しみと怒り」「適応」「再起」等多くのものがあげられています。しかし，「障害の受容には終点というものはない」といわれているように，障害が前向きに受けとめられ，心の安定が取りもどされたかに見えても，それが「仮の受容」であったり，「揺りもどし」があったりという具合に，簡単にはいかないのが実情のようです。

2　本人による障害の受容

　本人による障害の受容は，主として，対象喪失による悲しみからの立ちなお

りのプロセスとして検討され，価値転換が大きな働きをすることが指摘されてきました。ライトによる次の4つのものが有名です。

（1）価値の視野を拡大する。

（2）障害によって影響を受けた部分とそうでない部分との区分けをきちんとする。

（3）身体に重きを置きすぎない。

（4）比較による価値づけより資産的価値を重視する。[9]

中途障害の場合が念頭にあり，これまで形成されてきていた価値観やアイデンティティの急激な揺らぎへの対処という面が強いように思われます。成長とともに障害認知や価値観・アイデンティティの形成・変容が進んでいくと考えられる先天性障害のある人の場合は別の見方もなお必要でしょう。

「障害の主観的体験」は社会環境によって大きく変わります。その社会環境が活動制限や参加制約を可能な限り解消する方向を目指すものであれば，それだけ障害のある人の「生きづらさ感」は軽減され，障害の受容そのものの位置づけも変わってくるのではないかと思われます。[10]

最近，特別支援教育の対象となった発達障害（ADHD，学習障害，高機能自閉症等）のある子の場合の障害の受容について少しふれておきたいと思います。これらの子どもたちの多くは対人関係や学習面などでさまざまな困難や課題を抱えており，そうしたことから生じる「生きづらさ感」に悩まされることがあります。しかし，障害としては周囲の人にも自分にも認識されにくい面があるため，行動面や学習面等の問題や困難が障害に起因するものとして理解されにくいことがあります。周囲の人はこうした子どもの特性をよく理解したうえで温かく接しリードしていくことが大切であると同時に，本人も自身のそうした特性を知ったうえで周囲の人々とのより良い関係を築いていくことが重要となるでしょう。[11]最近，発達障害のある人自身の手で書かれた自伝や手記等が多数公表されています。これらは周囲の人たちがこうした人たちの内的世界を共感的に理解していくうえで大いに参考になります。

❸　親による障害の受容

わが子の障害，障害のあるわが子をどのように受容するかという問題と，障害のある子の親となった自分自身をどのように受容するかという問題の双方に同時に直面するというところが，親による障害のある子の受容の問題の特徴であるといわれています。[12]

障害のある子の親の障害の受容に関する研究も多く行われています。親の場合，障害の受容ということがどのような意味をもっているかということと，障害のある子の受容にさいして親が直面しがちなストレスについては十分に検討しておく必要がありそうです。自らが重症心身障害児の母親であるフェザース

▷6　クラウス，M. H.・ケネル，J. H. 著，竹内徹他訳『親と子のきずな』医学書院，1985年，333-336頁。

▷7　Featherstone, H., *A Difference in the Family,* Basic Books, 1980, pp. 215-240.

▷8　上田，1996年，前掲書。

▷9　Wright, B. A., *Physical Disability : A Psychosocial Approach,* Harper & Row, 1983, pp. 215-240.

▷10　上田，2005年，前掲書。

▷11　栗原輝雄・長谷川哲也・薮岸加寿子・植谷幸子「軽度発達障害があると思われる子どもに対する集団の中での指導——津市立教育研究所主催の研修会に参加した教師へのアンケート調査から」『三重大学教育学部附属教育実践総合センター研究紀要』24号，2004年，49-56頁。

▷12　Featherstone, 前掲書。

トンは，親の障害の受容は次に示す（1）から（4）までの4つのパラレルな（関連し，同時進行する）プロセスから成り立っており，（1）をベースとしつつも同時進行の形で進んでいくと考えられる。しかし，障害の受容という言葉を使うとき，人によってはこれらのうちのどれかひとつを指し，人によってはこれらのいくつかを組みあわせた意味で使っているとコメントしています。「4つのパラレルなプロセス」とは次のようなものです。

（1）子どもに障害があるということと，その障害がこれからも何かと重大な意味をもつことになるであろうということを認識する

（2）障害のある子とその障害を自分の生活（人生）のなかに織りこんでいくという，長期間を要し，かつ困難な課題に取りくむ

（3）自身の失敗や弱さ，不十分さを許すことができる

▷13　同上書，p. 215.

（4）障害のある子の親になったことにプラスの意味を見出す[13]

障害の受容はさまざまなストレスへの対処とともに進んでいくと思われます。障害のある子の親ゆえに見舞われるストレスの源になりうるものとして，スミ

▷14　Stewart, J. C., *Counseling Parents of Exceptional Children 2nd ed*., A Bell & Howell, 1986, p. 113. より引用。

ス（Smith, S. L.）は以下のようなものを含む21項目をあげています[14]。

（1）子どもについて思い描いていた夢が打ち砕かれる

（2）子どもの状態が健常児のそれと違って見える

（3）健常な子ども以上に多くのケアが必要とされる

（4）障害のある人に対する周囲の人々の態度

（5）他の子ども（きょうだい）に十分な時間をかけてかかわってやれない

（6）夫婦がともに過ごす時間が少ししかもてない

（7）友人が気を使いすぎる。そして結果的に離れていってしまったりする

（8）いろいろな場面に出ていくことや社会的な行事に参加するのを避ける

（9）親戚や家族の反応

（10）医療費や特別な設備や移動のための多額の費用

（11）将来に対する不安

これはアメリカの研究であり少し以前のものですので，文化の違いや時代の変化，個人差なども考慮しなければなりません。親自身の感じ方や障害の受容の程度等によって個人差が生じるであろうことにも注意を要します。しかし，現在の日本においても障害のある子の親の抱えるストレス源として共通する点も多くあるように思われますので参考にすることはできます。上記のものとよ

▷15　たとえば，海津敦子『発達に遅れのある子の親になる──子どもの「生きる力」を育むために』日本評論社，2002年を参照。

く似たストレス源を挙げている日本の研究もあります[15]。

❹ きょうだいによる障害の受容

障害のある子の親の場合と同じように，障害のある子のきょうだいは障害のあるきょうだいをどのように受容するかという問題と同時に，障害のある子のきょうだいとしての自分自身をどのようにとらえ受容していくかという，自己

アイデンティティにかかわる課題にも取りくまなければなりません。健常なきょうだいの場合も，障害のあるきょうだいの受容にあたっては，さまざまな課題やストレスに対処していくことが求められているようです。親や家族，友人といった身近な人たちの態度や，きょうだいの障害の様子，出生順位等によって異なるところはありますが，以下のようなことは健常なきょうだいの障害の受容や適応を困難にするといわれています。[16]

（1）障害のあるきょうだいに対し大きな責任を負わされる

（2）きょうだいの障害に対する理解のしかたが適切でない

（3）感情表出（怒りや罪の意識など）がうまくできない

（4）きょうだいの障害に関する家族間のコミュニケーションが不十分

（5）障害のあるきょうだいを親が受容できていない，等。

「親からの愛情不足（を感じてしまうこと）」「親からの（過剰な）期待」「社会からの偏見」等が障害のあるきょうだいを受容していくうえでのストレスとなるとしている日本の研究もあります。[17]さまざまなストレスに見舞われがちなきょうだいの心の安定には親や教師，友人，専門家等の支持や共感的理解に基づく支援が必要であることも同時に示唆されているように思われます。

5　社会の人々による障害の受容

社会の人々（地域の人々も含め）が障害について適切な理解をもち，障害のある人を受容していくことができれば，障害のある人自身による障害の受容も，親による障害の受容も，きょうだいによる障害の受容も大いに促されるといえます。これまでもいわれてきているように，本人や親やきょうだいの，障害に対する態度は障害に対する社会の人々の態度を反映していると考えられるからです。社会の人々の障害に対する好ましい態度や理解のあり方が進めば進むだけ，障害のある人の存在や生き方をプラス面から受け止めていくことが可能になると思われます。このためには障害のある人が生の声で語る自身の「障害と人生」にじかに接するという体験が大きな意味をもっているようです。筆者の勤務した大学で十数年にわたって開講されてきた共通教育科目「障害と人生」（総合科目。代表者・栗原。オムニバス形式。自身が障害をもつ人が講師として数名参加）で，そのことがよく示されています。[18]障害のある人と触れあうことの大切さは大学生の場合に限ったことではありません。むしろ，年齢段階がもっと下の幼児や小中学生などの場合のほうが，より自然に体験的に障害を理解していくことができるという意味で，はるかに重要な意味をもっているということができるでしょう。親や教師等，周囲の大人たちの適切なリードにより，交流や共同学習等の経験が幼少時からなされていくことで，まわりの子どもたちの障害理解は深まり，人間同士として「互いに名前を呼びあう関係」の中で，人格的交わりを深めていくことが可能になると思われます。[19]　　　　　　（栗原輝雄）

[16]　Stewart, 前掲書, p. 123.

[17]　金子健「きょうだいの葛藤と支援」『実践障害児教育』第377号，2004年，7-9頁。

[18]　栗原輝雄他「体験としての『障害と人生』にふれることの意味──2001年度総合科目・障害と人生受講者へのアンケート調査から」『三重大学教育学部研究紀要』第53巻，2002年，85-105頁。

[19]　栗原輝雄「交流教育の基盤──『互いに名前を呼び合う関係』を作っていくために」『附属幼・小・中・養護学校間の交流を基盤にすえた障害児教育の研究』（平成11年度教育改善設備費研究成果報告書）2000年，1-6頁。

障害をもって生きる②

5 リハビリテーション：「自分らしく生きる」ということの支援

 1 リハビリテーションの本質

　リハビリテーションというと，「機能訓練」というイメージがまだ一般的です。しかし，その語源は，ラテン語の「habilis（＝fit, 適した）」に「re（再び）」が付いたもので，「人間たるにふさわしい状態に再び戻すこと」という意味だとされています。わが国のリハビリテーションの進展に大きな役割を果たした上田敏は，「リハビリテーションとは障害者が人間らしく生きることの権利の回復，すなわち『全人間的復権』にほかならない」と説明しています。

　リハビリテーションという言葉は，病気や事故で，人生の途中で障害をもった人に対して使われました。知的障害や脳性麻痺など生まれながらに障害がある場合は，「リ（再び）」を取って，「ハビリテーション」という言葉も使われます。どちらも，「自分らしく生きるための権利保障」なので敢えて区別する必要はない，という意見もあります。しかし，求められる支援が変わってくるので，最近は使い分けることが多くなってきました。

2 リハビリテーションの発展と４つの分野

　世界で最初に，リハビリテーションという言葉が法律に登場するのは，1920年，アメリカの「職業リハビリテーション法」です。第一次世界大戦（1914-18年）により，多くの兵士が障害者となり，年金で暮らすしかない状況になったからです。このような「税金に依存する者（tax dependent）」を，職業訓練などによって「納税者（tax payer）」に変えていくことが求められました。それゆえ，「納税者」になれない重度障害者は法律の対象とはならず，何の支援も受けられないままだったのです。したがって，重度の障害がある人は，自らを「社会のお荷物」と位置づけ，自分を否定するしかなかったのです。

　アメリカで「職業リハビリテーション法」から「職業」が取れ，「リハビリテーション法」に改正されるのが1973年です。黒人運動の成果として，1964年には「公民権法（The Civil Rights Act）」が成立し，同じように差別撤廃を求めた重度障害者による自立生活（Independent Living: IL）運動が，60年代から70年代にかけて展開されます。このような当事者運動が大きく影響し，法改正後は重度障害者も対象となり，働いて「納税者」になることよりも，障害者自

▶1　上田敏『リハビリテーションを考える』青木書店，1983年，11頁。

身が納得できる生き方を実現するための支援が求められるのです。

　リハビリテーションは，その内容から4つの分野に分けられます。第一は医学リハビリテーションで，手足の機能訓練や言語訓練，車いす利用に結びつけるなどです。第二は教育リハビリテーションで，日本の障害児教育，現在の特別支援教育です。それぞれの特別な教育ニーズに応え，個別教育計画（IEP）を立て，障害状況や目標に応じたアプローチを行います。第三は，就労を支援する職業リハビリテーションです。第四が社会リハビリテーションで，「障害児・者福祉」に重なる部分が多いとされます。このようにリハビリテーションの範囲は広く，障害がある人のライフステージに沿って，医療・教育・労働・福祉など，多彩な専門家によるチームアプローチが展開されていくのです。

❸ リハビリテーションと自立生活運動：ADL から QOL へ

　自立生活運動の誕生は，ポリオのために重度の障害がある**エドワード・ロバーツ**が，カリフォルニア大学バークリー校に入学した1962年とされます。当時のアメリカは公民権法の制定を目前にして，権利を獲得するための黒人運動や女性運動が盛んな時期でした。こうした流れのなかで，重度障害者も「市民としての当たり前の生活を送る権利」を求めていきます。そして，自立生活運動の進展とともに，「自立（independence）」の概念も大きく変わっていくのです。

　従来のリハビリテーションでは，自立とは就職して自分の得た収入で生計を立てることでした。その前提として，身の回りのことがひとりでできる身体的自立も求められました。しかし，自立生活運動では，障害が重いために経済的支援や身体的な介助を受けても，自らが選択した生き方を貫き，自分が人生の主人公として生きていくならば，それこそが自立である，という新しい自立観を打ち出したのです。あえて，「援助を受けての自立」などとも言われます。だからこそ，自らの判断で行動した結果，失敗したり危険に陥ったとしても，その責任は自分で負うという立場に立ちます。この運動の理論的指導者である**デジョング**は，「リスクを負うことの尊厳，それが自立生活運動のすべてである」と主張しています。

　これまでのリハビリテーションでは，経済的自立と身体的自立が強調されていました。この身体的自立に関して，よくADLという言葉が使われます。「日常生活動作（Activities of Daily Living: ADL）」の略です。食事，衣服の着脱，入浴やトイレの動作，歩行，コミュニケーション技術を意味しています。したがって，従来のリハビリテーションは「ADLの自立」をめざしていた，と言われます。1980年代になると，「生活の質（Quality of Life: QOL）」が注目されます。これはもともと経済用語でしたが，リハビリテーションの分野では「人生の質」とも訳されます。上田敏はQOLの構成要素として，ADL，労働・仕事・経済活動，社会参加，趣味・文化活動などをあげています。つまり，生活

▷2　Roberts, Edward（1939-1995）アメリカの「自立生活運動の父」と呼ばれた人物で，ポリオによる重度障害者。自らのチャレンジ精神で，カリフォルニア大学バークレー校で学生生活を送り，その体験を生かしてバークレーに自立生活センター（Center for Independent Living: CIL）を設立。カリフォルニア州リハビリテーション局長（1976-83年）としても活躍し，多くの業績を残した。

▷3　DeJong, G.アメリカの自立生活運動の理論的指導者。病院のソーシャルワーカーとして活躍するなかで，自立生活運動の活動家である障害者と出会い，行動をともにし，運動の理論を集大成した。

▷4　定藤丈弘・岡本栄一・北野誠一編『自立生活の思想と展望』ミネルヴァ書房，1993年，2-21頁。

▷5　上田敏『リハビリテーション医学の世界』三輪書店，1992年，151頁。

▷6　障害者に関する世界行動計画
国際障害者年のテーマであった「完全参加と平等」を実現するための具体的な行動計画として，1982年12月に国連が決議した。障害予防，リハビリテーション，機会均等化という3つのキーワードを掲げ，これらの概念を整理し，各国が取りくむべきこれからの方向性を示した。

▷7　国際障害者年（1981年）
国連は，1975年12月9日に「障害者の権利宣言」を採択し，すべての障害者の権利擁護の実現をめざした。しかし，その後，各国の具体的な取りくみが進まないので，1981年を「国際障害者年」と定め，世界的な規模でキャンペーンを展開した。「完全参加と平等」をテーマに掲げ，障害者も社会を構成する一員として，障害のない人たちと同様に，社会・経済・文化，その他あらゆる活動に参加していくことをめざした。

▷8　障害者の機会均等化に関する基準規則
「国連・障害者の10年」（1983-1992年）の終了後，1993年12月に国連が採択した。「世界行動計画」で掲げた，「機会均等化」を実現するための手段として提言された。教育，医療，就労などの22分野について，障害者の社会活動への参加，差別禁止，機会均等を実現する方法を具体的に述べている。

のあらゆる側面です。そして，生活というのは乳幼児期から高齢期まで，年齢や社会的役割によって異なってくるので，むしろ「人生の質」と QOL を訳すべきだと主張しています。このライフステージに応じた，個別の支援を提供するのがリハビリテーションだというのです。▶5

このような視点から「リハビリテーションの目標の変化」として，「ADL から QOL へ」という言葉がよく使われます。これは多分，語呂が良い，ということもあったのでしょうが，大きな要因として，「障害観」の変化が指摘されます。障害者に「障害の克服」を求め，「普通の人に近づく」ことを強要したとされる従来のリハビリテーションから，障害をあるがままに受け入れ，障害をもったその人の生き方を支援するという立場に，大きく変化してくるのです。

❹　国連による「リハビリテーション」概念の変化

国連は1982年12月，「**障害者に関する世界行動計画**▶6」を発表し，**国際障害者年**▶7（1981年）の「完全参加と平等」というテーマの実現をめざしました。このなかで「障害に関する主要3分野」として，①障害の予防，②リハビリテーション，③機会均等化，という3つのキーワードを示しました。そして，「リハビリテーションとは，身体的，精神的，社会的にもっとも適した機能水準を達成することによって，各人が自らの人生を変革するための手段を提供していくことをめざし，かつ時間を限定したプロセスである」と定義しました。「自らの人生を変革する」という表現に，障害者の主体性，障害者自身の生き方を尊重する，という姿勢が打ち出され，この視点は，とくに当事者から高く評価されています。また，「時間を限定したプロセス」と明記し，「障害を克服する不断の努力」ではなく，目的を明確にし，集中的な支援を提供するという視点に立ったのです。さらに，「機会均等化」という概念が登場し，社会の在り方や環境を変えることは，障害者個人に関わるリハビリテーションとは異なるアプローチだという考え方が示されたのです。

1993年12月には，「**障害者の機会均等化に関する基準規則**▶8」が採択され，3つのキーワードがさらに整理されます。ここで改めて，「機会均等化」が注目されます。「機会均等化とは，サービス，活動，情報，資料等の社会のさまざまな仕組みや環境が，すべての人々，とくに障害のある人々に利用できる過程を意味する。障害を有する人々は，地域社会のなかで生活する権利を有する。障害を有する人々が他の人々と等しい権利を達成するのにともない，他の人々と等しい義務も有するべきである」。このように「権利」とともに，「義務」についても明確に位置付けています。障害がある人の果たす役割，社会的責務について明記してこそ，障害者を障害のない人と同じ対等な市民と捉えていることになります。保護や管理の対象ではなく，「障害をもって，同じ時代を，同じ地域で生きていく市民」と認識されたのです。まさに，国際障害者年（1981

年），「**国連・障害者の10年**」▷9（1983-1992年）の大きな成果といえます。

　そして，2006年12月13日，国連本部で「障害者の権利条約」が採択されます。21世紀最初の人権条約で，20世紀の7つの人権条約より格段に進歩したと言われます▷10。各国の障害者団体がNGOとして参画し，当事者主導で議論が行われたからです。全部で50条からなり，「合理的配慮（reasonable accommodation）」の概念は条約の真髄と言われます。障害に伴うさまざまな不平等や不利益を解消するために，社会の側から必要な改善や変更を行わなければならないことが明確に位置付けられたのです。つまり，障害を個人の責任に帰するのではなく，さらに本人に克服する努力を求めるだけであってはならないことが明記されたのです。

　第26条が，「ハビリテーション及びリハビリテーション」です。上田敏は，条約ではリハビリテーションの最終目標がインクルージョンと社会参加に置かれ，自己決定権がその中核にあると解説しています。そして，リハビリテーションでは自立を重視するが，それは「他人（社会）に迷惑をかけない」ためではなく，自己決定のために自立した能力が重要であるからだと主張しています。さらに，リハビリテーションの過程が「当事者参加」で行われることが大事であると指摘し，専門家が複数の選択肢を示し，当事者がじっくり考えて選択する，つまり，当事者の自己決定権の行使を専門家が支援するプロセスこそが重要であると述べています。このことを，「インフォームド・コンセント」を発展させた，「インフォームド・コオペレーション（informed cooperation）」と呼び，「当事者主体」という視点を強調しています▷11。

⑤　これからのリハビリテーションと障害児教育

　リハビリテーションとは，「障害をもって，自分ならではの生き方を貫こうとしている人への，総合的な，個別の支援」と言えます。そして，障害ゆえに，障害がない人と異なる扱いを受けたり，不平等とならないようにするのが「合理的配慮」です。障害者権利条約では，「合理的配慮を怠ることは差別である」と位置付けています。第24条の「教育」は，インクルーシブ・エデュケーションを原則に，障害のある子どもも障害のない子と一緒に学べるようにすることを政府に求めています。条約のなかでも，わが国で最も大きな変化が求められるのがこの第24条，「教育」であると指摘されています。教育リハビリテーションという視点からも，どのような教育の場，教育に何を求めるかは障害児自身と家族が決めることであり，障害を理由に障害がない子と異なる扱いをすることは差別となります。条約の原則からは，わが国の学校教育法や学校保健法の改正が欠かせない，といった指摘がしばしばなされています。こうした国際的な流れのなかで，今，「共に学ぶ」とは何か，が改めて問い直されているのです。

（石渡和実）

▷9　国連・障害者の10年（1983-1992年）
国際障害者年の「完全参加と平等」は，1年だけで完成するものではない。そこで国連は，1983年から92年までの10年間，世界的な規模で継続的に障害者問題に取りくんでいくことを決定した。これが「国連・障害者の10年」である。さらに，その後の1993年から2002年までを，「アジア・太平洋障害者の10年」と定め，課題が残されているアジア地域などで，これまでの取りくみを一層発展させることをめざした。さらに，「第二次アジア・太平洋障害者の10年」（2003-2012年）もスタートしている。

▷10　20世紀の7つの人権条約は以下のとおり。
①1966年採択：国際人権規約（自由権）
②1966年採択：国際人権規約（社会権）
③1965年採択：人種差別撤廃条約
④1979年採択：女性差別撤廃条約
⑤1984年採択：拷問等禁止条約
⑥1989年採択：子どもの権利条約
⑦1990年採択：移住労働者権利条約

▷11　『障害者権利条約で社会を変えたい』福祉新聞社，2008年，28頁。

（参考文献）
　長瀬修・東俊裕・川島聡編著『障害者の権利条約と日本——概要と展望』生活書院，2008年。

　障害をもって生きる③
障害者の権利擁護の現状と今後の課題

▷1　ハートビル法

1994年に制定された「高齢者，身体障害者等が円滑に利用できる特定建築物の建築の促進に関する法律」の略称。2003年4月には一定要件施設のバリアフリーを義務づけるよう改正された。（その後，ハートビル法と交通バリアフリー法が統合され，「高齢者，障害者等の移動等の円滑化の促進に関する法律（バリアフリー新法）」として2006年6月に制定されたことに伴い廃止された。）

▷2　茨城県水戸市にあるダンボール加工会社「アカス紙器」でおきた事件

1996年の1月に社長は雇用助成金の不正受給で逮捕されたが，20数名の「知的障害」がある従業員に対して，日常的に殴る，蹴るなどの暴行や性的虐待を行っていたことも次々と明らかになった。

▷3　大和川病院事件

1993年，警察の紹介で大和川病院に入院した患者が意識不明の重体となり，暴行より生じたと推定される症状で転院先の病院で死亡した。これが発端になり，診療報酬を不正に受給していたこと，満足な治療が行われていなかったこと，看護者のいう通りにしなければ懲罰的に保護室に入れられるなどの事実が発覚。病院は大阪府より開設許可を取り消され廃院となった。

1　跡を絶たない権利侵害

　ある全国チェーンのビジネスホテルで，車いす用駐車場だった場所をロビーの拡張に転用し，視覚障害者用誘導ブロックをはがし，また，車いす利用者用の客室をなくしてしまうなどが明るみになりました。障害者が利用しやすいよう施設整備することを義務付けた**ハートビル法**や建築基準法，地方自治体条例などに適合させるため建築完了検査後そのような改修をしていたのです。合法性や税制上の特典などはそのままにして営業を続けるという，これまで想定もしていなかった悪質さに行政や障害当事者などの関係者ばかりでなく多くの人がショックを受けました。そのホテルは駅の近くで交通の便がよく，安くて清潔なホテルだと思っていた人は多かったでしょうが，行政や司法もそういったことが法令違反はもとより，何よりも人権侵害に当たるとして厳しくホテル側に改善勧告をしています。

　また，これまでも，「知的障害者雇用に熱心に取り組んだ」として行政から表彰を受けマスコミにも取り上げられた会社が，雇用助成金の不正受給や日常的に殴る•蹴るなどの暴行や性的虐待を行っていたことが次々と明らかになった事件がありました。またその直後に，環境に良い農園方法を採用し，やはり，障害者を多数雇用している等でテレビ放映され，地方自治体が表彰していたこともある「福祉農園」と名乗る業者が，まるで先の事件と同じようなことを繰り返していたということも起きています。このような場合被害者や支援者が，行政の障害福祉担当や労働基準監督署等と折衝しても「事件」として訴訟にでもしなければなかなか行政も動きませんし，それですべてが解決するわけでもありません。また，その手続きも当事者の意志や弁護士費用等を考えると簡単ではありません。不幸中の幸いですが，その事件はマスコミでも大々的に取り上げられ社会問題として関心も高まりました。しかし，表面化しないで隠された権利侵害は後を絶ちません。仮に表面化したとしてもそのときには取り返しがつかないということが多くあります。たとえば，福祉施設や精神病院における障害者への虐待では，死亡事件としてはじめて明るみに出ることも多いのです。

2　差別禁止に関する国内の現状

　憲法第14条では「法の下の平等」の保障と差別禁止を掲げています。また，

2004年改正の障害者基本法第3条3項では,「何人も,障害者に対して,障害を理由として,差別することその他の権利利益を侵害する行為をしてはならない。」という差別禁止規定が新しく掲げられました。

　しかしながら,日本の法律では「障害のある人の具体的な権利を定めていない」「どのような行為が差別か規定がない」「差別があったと訴えたとき,その根拠法では裁判として十分争えない」という指摘がされていました。また,憲法の規定は,国や行政との間の差別禁止には適用されても個人と個人（会社など）の間には適用が難しい,違法な差別は金銭での賠償が主なため,差別解消のためには積極的差別解消を図る「差別禁止法」が必要であるという専門家の声も大きくなってきました。つまり,日本国内の現行法においては,具体的な差別事象が発生したときに対応できる「差別の定義」に関する明文規定がないため,日常的に発生する差別事案に対して,その事案がなぜ差別に該当するのかを説明できる解釈指針となる法律が必要であるとされていました。

　一方,「障害があるアメリカ人法」（ADA,1990）の差別禁止の考え方は,とくに雇用と公私による公共的サービスについてはっきりと差別を禁止しているのが特徴です。具体的には,第302条の「公共性のある施設における差別の禁止」で「いかなる個人も,…中略…商品,サービス,施設,特権,特典,宿泊を十分かつ平等に享受するにあたって,…中略…障害ゆえに差別されてはならない。」としています。

　また,障害に対する「適切な便宜」を義務づけ,第103条の「弁明」では「この章で定めた適切な設備（配慮）を実施してもなお仕事ができない場合は,告発への弁明となり得る。」という大変厳しい内容の支援を要求しているのです。

　国連の「障害者の権利条約」では,障害の具体的定義,差別の具体的内容（「直接的差別」と「間接的差別」),「合理的配慮」事項などについて,参加国政府間で本格的な協議がなされてきましたが,これは今後,日本国内で取りくまなければならない課題そのものだといえるでしょう。

❸　現在の権利擁護の仕組みと課題

　「障害者基本計画」（2002年12月24日）では障害者の「経済的自立の支援」として,「障害者の権利侵害等に対応するため,障害者の財産権や人権に関する実態を踏まえ,判断能力が不十分な者に対応する地域福祉権利擁護事業,成年後見制度など障害者の権利擁護に関する事業及び財産管理を支援するシステムについて,利用の促進を図る。当事者等により実施される権利擁護のための取組を支援することを検討する」としています。また,それにもとづいてノーマライゼーションの理念を実現し,障害者が地域で質の高い自立した生活を営むことができるよう,雇用・就業に関する施策を進めるとともに,年金や手当等の給付により,地域での自立した生活を総合的に支援することを国は表明しています。

▷4　現在は第4条1項（2013年6月26日最終改正）に書かれている。

▷5　『差別禁止法の制定にむけて（障害のある人に対する配慮は社会の義務です）』(改訂版)
日本弁護士連合会人権擁護委員会が,国連の差別禁止に関する動きを受けて発行（2004年9月）。会長声明が含まれている。

▷6　その後,2013年6月に「障害を理由とする差別の解消の推進に関する法律」(「障害者差別解消法」)が制定され,2016年4月1日から施行された。

▷7　ADA
Americans with Disabilities Act。アメリカで制定された差別禁止法で,世界的に評価されている法律のひとつ。

▷8　障害者の権利条約特別委員会「議長草案」における「間接的差別」
特別委員会は,2002年から草案作りの議論をしてきたが,2005年10月には,「間接的差別」に関する提案がされた。加害者に意図はないが,無知や無理解などによって,結果として差別事象が続く場合も積極的に解消していこうとするもので注目されてきたが,この「間接的差別」の内容は,2006年8月の第8回特別委員会の条約案には,残念ながら各国の意見調整がつかず入らなかった。

▷9　「合理的配慮」事項
ADAでは「『適切な便宜』(reasonable accommodation)があればその仕事の主要な職務を遂行できる」ことを,'essential eligibility'（基本的な資格要件）などと解釈し合理的配慮義務を課している。
⇒ Ⅹ-1 参照。

これまで見てきたことで分かるように，障害者の自立生活支援の大きな道具となるのが，とくに権利擁護に関する法律や制度だといえるでしょう。

以下に，現行の権利擁護に関する主な仕組みをあげますが，これらはいずれも，介護保険制度の導入にあわせて整備されたものです。まさに，契約に基づいた福祉サービスの利用が始まろうとしていたときでした。

◯成年後見制度について

判断能力の不十分な成年者（認知症の高齢者・知的障害者・精神障害者等）を保護するための制度であり，民法の改正などによって，これまでの禁治産および準禁治産の制度を改め，**後見・保佐・補助**[10]の制度を導入したもので，2000年4月1日から施行されました。

この制度では，従来から批判の強かった戸籍への禁治産および準禁治産という記載や配偶者後見人制度を廃止しています。また，後見人は個人だけでなく法人でもなることができるようにし，本人ひとりに対し複数の後見人を選任することもできるようになりました。さらに，後見人らには本人への「**身上配慮義務**」[11]を課し，自己決定を尊重するため「**任意後見制度**」[12]も創設しました。

◯地域福祉権利擁護事業について（2007（平成19）年度から「日常生活自立支援事業」）

障害者や高齢者等が悪質な手口により消費者被害にあうことが急増しています。そのようななかで，地域福祉権利擁護事業は，認知症の高齢者，知的障害者，精神障害者等で判断能力が十分でない場合や虚弱な高齢者，身体にハンディがあるため日常生活での福祉サービスの利用や，金銭管理等がうまくできない場合が対象になります。地域において自立した生活を送ることを支援するため，福祉サービスの利用や日常的な金銭管理に関する援助を行う事業として，都道府県・政令指定都市社会福祉協議会が基幹的な市区町村社会福祉協議会を中心に委託実施しています。

具体的には，①福祉サービスの利用援助（福祉サービスに関する情報提供・助言，福祉サービスの利用手続き援助，福祉サービス利用料の支払い，通知の確認援助，苦情申立に関する援助），②日常的金銭管理サービス（年金の受領確認，手当の受領確認，日常的な生活費に要する預貯金の払戻，医療費の支払い，公共料金の支払い，家賃や地代の支払い，税金の支払い），③書類等の預かりサービス（普通預金通帳，定期預金通帳，保険証書，不動産権利書，実印・印鑑登録カード，銀行届出印，貸金庫の鍵）などです（図3）。

◯苦情解決の仕組みについて

社会福祉法は，「社会福祉事業の経営者による苦情の解決」として第82条「社会福祉事業の経営者は，常に，その提供する福祉サービスについて，利用者等からの苦情の適切な解決に努めなければならない」の規定で，施設等の事業者に対して，苦情受け付け担当者，苦情解決責任者，第三者委員をおくという仕組みができました。また，「運営適正化委員会の行う苦情の解決のための

▷10　後見・保佐・補助
法定後見制度は，本人の判断能力の程度に応じて，後見，保佐，補助の3つの制度がある。
後見の対象は，「精神上の障害（認知症知的障害・精神障害等）により事理を弁識する能力を欠く常況に在る者」，保佐の対象は，「精神上の障害（認知症知的障害・精神障害等）により事理を弁識する能力が著しく不十分な者」，補助の対象は，「精神上の障害（認知症・知的障害・精神障害等）により事理を弁識する能力が不十分な者」としている。

▷11　身上配慮義務
成年後見人は，本人の意志を尊重し，家庭環境や生活状況，体力や精神状態などを配慮しなければならないとした。実際に介護等をするものではない。

▷12　任意後見制度
本人の判断能力が不十分になったときに備えて，あらかじめ任意後見契約を結んでおき，後日援助を受ける制度。

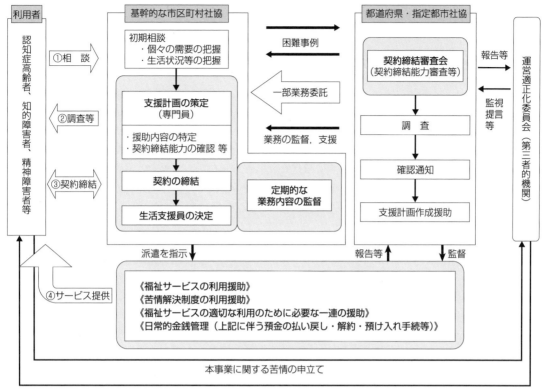

図3 日常生活自立支援事業の流れ

出所：厚生労働省社会・援護局地域福祉課「福祉サービス利用援助事業について」
　　　https://www.mhlw.go.jp/shingi/2007/11/dl/s1119-7e.pdf（2020年2月8日閲覧）

相談等」として，第85条「運営適正化委員会は，福祉サービスに関する苦情について解決の申出があつたときは，その相談に応じ，申出人に必要な助言をし，当該苦情に係る事情を調査するものとする」とし，さらに，「運営適正化委員会から都道府県知事への通知」（同第86条）も定めました。

　以上のように，新たな権利擁護の仕組みは，これまで保護の対象だった障害者が権利の主体であることを位置づけようとした点が評価されます。これまで密室だった多くの施設や機関に公的な仕組みとして第三者が入ることができるようになったことや，今までになかった権利擁護に関する公的なサービスができたということにも大きな意義があります。

　しかしながら，利用対象者を「判断能力に問題がある」人に限る場合や「施設入所者の場合は事実上除外する」など利用条件が厳しくなっている場合が多いのが実情です。事業の意義から潜在的な利用希望者は非常に多いと思われますが，現状では，予算がごく限られていること，支援にかかわる人材が足りない点など克服すべき課題が多くあります。

　今後は，国際的な動きと連動して，国内の法律や制度の整備が重要課題になってきます。
　　　　　　　　　　　　　　　　　　　　　　　　　　　　（上田征三）

草創期の障害児教育

障害児教育が今日のような発展をみるまでには，原始時代，古代，中世，近世・近代の４つの時代を経てきましたが，これを，障害児が概して冷遇された時代，キリスト教を背景に障害児に対する慈善的保護が行われた時代，障害児に対する教育と福祉の施設が実現に向かった時代に分けて考えられるでしょう。

西ヨーロッパの先進諸国においては，とくに13世紀から15世紀にかけての政治，経済の発展によって，いたるところに商工業都市が興りました。そして，農奴解放が行われ，ついに封建制度の改革へと導かれていきました。

しかし16世紀の宗教改革で，宗教的支配体制の大分裂がなされたことに伴って，中世の社会秩序はいっそう混乱し，多くの貧民の群れは都市に流出するようになりました。そのうちには，障害者も含まれており，しかも貧民の大半は職もなく，放浪者にならざるをえませんでした。そこで，そのような事態の打開のために，各国は，それぞれの内部的事情に応じて救貧事業にのりだしました。当時，近代的国家体制を形成していたイギリスでは国家的立場からの救貧制度が，国家統一の遅れたドイツでは都市や封建諸侯による救貧制度が，アメリカではやや遅れてイギリス流の救貧制度が，それぞれ展開されていきました。

これらの救貧制度は，都市に流出した貧民大衆を労働能力のある貧民と労働能力のない貧民とに分けて，前者が労働を拒否する場合には刑罰を課するなどして労働力の提供を要求する一方，障害者，病人，老人などからなる後者には救貧法による救済，救貧院への収容といった公的な救貧措置をとっていきました。そして，欧米先進諸国では，19世紀ごろになると，老人，病弱者，児童，知的障害者，盲人，聾者など，それぞれの貧民集団を対象に救貧措置が施されるようになり，保護制度の一環として，病弱者のための病院，療養所，知的障害児のための養護院などがしだいに設けられていきました。

そして17-18世紀になると，障害児に対する学校教育が出現していきました。

1　聾啞学校の創始

聾教育史上，教育的努力をした最初の人として注目に価するのは，16世紀の**カルダーノ**▶1です。彼はひとつの感覚が他の感覚の代用となりうることを認識し，聾者は視覚によって読むことで聾を補い，また書き言葉をもって意思の伝達ができるならば，聾者の教育は不可能ではないと主張しました。

18世紀の後半に入ると牧師**ド・レペ**▶2が1760年ごろ，パリに世界ではじめて聾

▶1 Cardano,
Cirolano（1501-1576）
イタリアの哲学者，医学者。

▶2 De l'Epée,
Charles Michel
Abbé（1712-1789）
フランスにおける聾学校の始祖。

啞学校を創設し，教育を施す最上の方法と信じて，手話法を案出しました。この方法は，のちに「フランス法」として，聾教育法の主流をなすまでに普及しました。

　アメリカ最初の聾学校を創設（1817年）したギャローデット（Gallaudet, T. H.）は，フランスの王立パリ聾啞学校長シカール（Sicard, R. A. C.）から手話法を学び，手話と指文字による教育方法を採用するなどした米国聾教育の開拓者です。イギリスでは，ブレイドウッド（Braidwood, T.）が，1764年，聾啞学校の経営に進出しましたが，その聾教育法は口話法でした。ドイツでも**ハイニッケ**[3]がドイツで最初の聾啞学校をライプチッヒに創設（1778年）し，口話法で教えました。

> 3　Heinicke, S. (1727-1790)
> 口話法の父といわれる。

2　盲学校の創設

　盲学校については1676年スペインの**ベルヌリ**[4]が，木に彫った文字の輪郭を指であとづけさせる方法で盲児に文字を教えました。これに対し，集団教育で貧児を対象に教育を試み，また，盲人にも教育が可能であり，教育が必要であることを主張した最初の人は，**アユイ**[5]でした。アユイは1784年，盲児たちを対象とした小規模な学校をつくり，やがて，この学校はパリ盲学校に発展しました。盲学校は，アユイのそれをはじめとして，18世紀末から19世紀前半に，イギリス（1791年），オーストリア（1800年），ドイツ（1806年），スイス（1809年），アメリカ（1832年）などに創立されていきました。

> 4　Bernoulli, Jakob (1654-1705)
> スイスの数学者。

> 5　Haüy, Valentin (1745-1822)
> 盲教育の始祖。

　盲学校でもっとも重視されなければならない盲人用文字（点字）は，3歳のとき失明した**ブラーユ**[6]によって6点式のものが案出され（1829年），ついで1834年には，これを修正増補して盲人用文字（点字）をいっそう完全なものとしました。わが国では1890（明治23）年に，東京盲啞学校の石川倉次がブラーユ点字から「日本訓盲点字」を翻案して作成しています。

> 6　Braille, Louis (1809-1852)
> 点字の開発・完成で有名。

3　知的障害児教育の創始

　知的障害についての考え方に大きな変革をもたらしたのは，**イタール**[7]とその考えを継承した**セガン**[8]でした。イタールは感覚訓練に重点をおきましたが，セガンは神経生理学的仮説にもとづく指導法，いわゆる生理学的方法を開発しました。彼は感覚と観念とは結合しているとして，感覚をのばすことは，とりもなおさず知恵ものばすことになると考え，真の教育は，五感と，目と手の協応性とを系統的に訓練して，諸種の事態に対して能動的に反応ができるようにすることにあるとしました。セガンは，1837年，パリで知的障害児の教育を始め，その初期には，イタールの教育実践法に従っていましたが，後になって通常の教育に注目し，身体運動，身体的情報をふまえた精神活動，他人との関わりによる活動を重視しました[9]。のちにアメリカに移住し，アメリカ国内の知的障害児施設の開設や指導に関与し，1880年に没しました。　　　　　（石部元雄）

> 7　Itard, J. M. G. (1774-1839)
> 「アヴェロンの野性児」の実験教育を行った。セガンを指導した。

> 8　Seguin, E. O. (1812-1880)
> フランスの知的障害教育者。生理学的教育を体系化した。

> 9　タルボット, M. E. 著，中野善達・清水知子訳『エドゥアール・セガンの教育学』福村出版，1994年。

2 普通児教育の成立と障害児教育

 日本の場合

　わが国における障害児教育は，1878（明治11）年に京都で開業の盲啞院と1880（明治13）年東京で開業の楽善会訓盲院において発足が見られます。その発足は，欧米先進国におけるよりも約1世紀遅れてはいますが，障害児関係の教育施設として，盲学校，聾学校が先行している点では，欧米先進国の場合とわが国の場合は共通しています。京都と東京におけるこれらの両校の設立の背景の思潮には慈善思潮や国民連帯思潮等もありました。ほかに京都の場合には，盲啞院教育を公教育として位置づけようとする考えもありました。設立後の経営は，東京校も京都校も，慈善的據金（きょきん）によるところが大きく，経営の行きづまりから，東京訓盲啞院は，1885（明治18）年に文部省に移管され，1887（明治20）年10月に官立東京盲啞学校として発足しました。京都の盲啞院も1889（明治22）年京都市に移管されてしまいます。

　このほかにも，いくつかの盲啞学校の短時日設置などは見られましたが，盲・聾児を含めて障害児は，義務教育を受けることにおいては障害者が不就学事由と見なされるようになって，国によって就学の機会を閉ざされました。[*1]

　このような事情で，盲・聾児は通常の小学校に入学できなくなり，東京や京都以外の地域でも，盲学校や聾啞学校の設置の要望が高まってきました。その結果，1890（明治23）年の改正（第二次）小学校令において，盲啞学校の設置，廃止に関する規定が含められました。また，翌年の省令で，教員や教則に関することも定められました。

　このように，小学校教育の拡充と内容の整備の要望に伴って，小学校における学業不振児の教育が問題にされるようになりました。1889（明治22）年に松本尋常小学校で落第生学級が設置され，1896（明治29）年には長野尋常小学校で落第生学級が設けられました。これらは，のちの知的障害児の特殊学級の先駆的なものです。日清戦争後，教育への関心が高まり，1900（明治33）年の小学校令の改正によって，義務教育4年制が確定し，また児童の病弱または発育不完全による就学猶予，および保護者の貧窮による就学猶予規定が明確にされました。さらに，てんかん，知的障害，発育不完全の障害児は義務教育からはずされました。日露戦争後1906（明治39）年には，大阪府師範学校附属小学校に，1907（明治40）年には群馬県館林小学校に，それぞれ特別学級が設置され

▷1　第一次・改正（第二次）小学校令
1886（明治19）年の第一次小学校令で，わが国の義務教育制度が確定された際，疾病のある者に就学猶予規定が設けられ，さらに1890（明治23）年の第二次小学校令で就学免除規定が加えられるなどして，行政的運用によって，実際に障害の重い児童は，義務教育から除外されることになった。

ました。1907（明治40）年の小学校令の改正で，義務教育は6年制に定められました。

　盲・聾教育界の教育令制定獲得運動が，ようやく1923（大正12）年8月に実を結んで「盲学校及聾唖学校令」が制定され，盲唖学校は，盲学校と聾唖学校に分離され，同時に改正された小学校令によって，正規のわが国の学校体系のなかに入りました。しかし，盲・聾学校の就学義務制の実現は，第二次大戦後の課題として残されました。

❷　イギリスの場合

　イギリスにあって，1870年の「初等教育法」に端を発したイギリス公教育は，1876年法（親の就学義務），1880年法（学校の設置義務）を経て，義務教育制度を確立していきます。そして，1893年に現代の義務教育制度の車の両輪である「親に対する就学義務」と「地方公共団体の学校設置義務」が1893年「初等教育（盲・聾児）法」として成立しました。同法によって，公教育から除外されていた障害児（視覚障害者と聴覚障害者だけであるが）が，法制上公教育のなかに位置づけられました。

　イギリスの1893年「初等教育（盲・聾児）法」の成立を導くことになった王立委員会の報告書は，その緒言で，「障害児が教育を受けないでいると彼ら自身困ることであり，国家にとっても大きな負担である」と，また，「結局，彼らも被救済者の大きな流れをさらに大きくすることになるので，できるだけ小さな流れのうちにくいとめるためにも，彼らを教育することが国家にとっても大きな利益である」としており，これが王立委員会の基本的な見解でした。本委員会は，障害者は，被救済者ではないと考えて盲教育について次の事柄を提言しています。

・5～16歳までを義務就学とすべきである。
・初等教育段階では，公立学校における正眼児との共学が望ましい。
・盲学校寄宿舎教育は特殊な場合（重複障害者）に望ましい。
・16歳までとしたのは，職業技術教育を義務就学の段階に含めるためである。

　義務教育のなかに職業技術教育を含ませて，義務年限を，普通教育よりも2年多くする主張をしていますが，このことこそ，イギリス盲教育義務化論の特質であり，国の施策としての義務化論の本質でした。1893年の盲・聾教育法は，この王立委員会の主張をほとんど変更することなく条文化しています。

　イギリスの障害児教育の成立について詳細には述べられませんが，1899年には「欠陥児・てんかん児初等教育法」が，1914年には「軽度知的障害児の義務教育法」が成立し，かの有名な**1944年教育法**は第二次世界大戦末期に成立しました。

（石部元雄）

▷2　日本の場合
日本では，1878（明治11）年に京都に，続いて1884（明治17）年に東京に，ともに訓盲唖院が設けられ，長年にわたり，盲学校及び聾学校の就学義務制の実現を目指した運動がなされましたが，第二次世界大戦後まで，その実現をみることはありませんでした。

▷3　世界教育史研究会編『世界教育史大系33　障害児教育史』講談社，1974年，52頁。

▷4　同上書。

▷5　イギリスの障害児教育の成立
イギリスの場合については，石部元雄「障害児教育の史的発達と動向」『肢体不自由児の教育〔第2版〕』ミネルヴァ書房，1984年，225-257頁を参照されたい。

▷6　1944年教育法
通常の初等教育・中等教育全般のうちに障害児教育をはじめて位置づけて規定するなどして，障害児教育を公教育全般のうちでとらえた世界ではじめての教育法として知られています。

（参考文献）
　山口洋史『イギリス障害児「義務教育」制度成立史研究』風間書房，1993年。

わが国における障害児教育の転換

 第二次世界大戦後における障害児に対する義務教育の保障

○義務教育の保障

わが国では，戦後，教育制度面では，6‐3制の義務教育制度にもとづいた根本的な改革が行われました。障害児の教育については，1946（昭和21）年11月3日に公布され，翌年5月3日施行の「日本国憲法」と，旧教育基本法を60年ぶりに改正して公布・施行された「教育基本法」のもつ意義は大きいものです。

憲法第26条には，「すべて国民は，法律の定めるところにより，その能力に応じて，ひとしく教育を受ける権利を有する」とあります。また「すべて国民は，法律の定めるところにより，その保護する子女に普通教育を受けさせる義務を負ふ。義務教育は，これを無償とする」（同法第26条の2）と規定し，教育を受ける権利を国民の基本権の一つとして認め，同時に義務教育の根拠を定めたのです。憲法第26条の教育を受ける権利にもとづいて，改正教育基本法第4条で，「すべて国民は，ひとしく，その能力に応じた教育を受ける機会を与えられなければならず，人種，信条，性別，社会的身分，経済的地位又は門地によって，教育上差別されない」と，教育の機会均等の原則を明示しました。これら両条文によって，障害者に対する義務教育の保障が確立された意義は大きいです。

○障害児全員就学

戦後6‐3制の義務教育が成立した当時，養護学校は皆無でしたが，1956（昭和31）年6月に成立した「公立養護学校整備特別措置法」の制定によって，公立盲・聾学校の場合と同様に，教職員給与費，教材費，学校建築費についての国庫分担ないし補助の道が開かれました。このことに大きな影響をもったのが，1959（昭和34）年12月の中央教育審議会の「特殊教育の充実振興についての答申」でした。この答申にそって養護学校，特殊学級の計画的設置の促進ないし奨励設置の政策が1960（昭和35）年度からすすめられ，養護学校が増設されていき，1979（昭和54）年度から養護学校教育の義務制が実施されました。この時点で，障害児すべての義務教育，いわゆる障害児全員就学の実現をみました。文部科学省は，その後2002（平成14）年2月から3月にかけての実態調査で公立小・中学校の通常学級において，学習障害（LD），注意欠陥多動性障害（ADHD），高機能自閉症のいずれかの傾向が強いために，学習や行

▷1　文部科学省『小・中学校におけるLD（学習障害），ADHD（注意欠陥／多動性障害），高機能自閉症の児童生徒への教育支援体制の整備のためのガイドライン（試案）』東洋館出版社，2004年。

表3　特別支援学校数および在籍幼児児童生徒数─国・公・私立計─

	学校数	在籍幼児児童生徒数				
		計	幼稚部	小学部	中学部	高等部
総　　計	学校 1,135	人 141,944	人 1,440	人 41,107	人 30,695	人 68,702
小　計 （単一の障害種を対象とする特別支援学校）	880	101,164	1,309	28,486	21,531	49,838
視覚障害	62	2,633	174	518	469	1,472
聴覚障害	86	5,546	1,036	1,819	1,148	1,543
知的障害	553	80,528	74	20,853	16,559	43,042
肢体不自由	122	10,221	25	4,514	2,609	3,073
病　弱	57	2,236	─	782	746	708
小　計 （複数の障害種を対象とする特別支援学校）	255	40,780	131	12,621	9,164	18,864

(平成29年5月1日現在)

小計の「複数の障害種を対象とする特別支援学校」については，平成29年度の場合は，知的障害・肢体不自由の両種の特別支援学校で147校，聴・知の両種の特別支援学校で10校，知・病の両種の特別支援学校で14校，肢・病の両種の特別支援学校で30校，知・肢・病の3種の特別支援学校で29校，視・聴・知・肢・病の5種の特別支援学校で14校のほかに，視・知，視・病，視・肢・病，聴・知・肢，聴・知・肢・病，視・知・肢・病，視・聴・知・肢の各障害種を対象とする特別支援学校において各1～3校をそれぞれあげることができる。

出所：文部科学省「特別支援教育資料」（平成29年度），2018年。

動の面で特別な教育的支援を必要とする児童生徒が6.3%程度在籍していることを明らかにしています。

○特別支援教育への進行

　2006（平成18）年6月21日に学校教育法等の一部を改正する法律として公布され，2007（平成19）年4月1日から改正・施行された「学校教育法」で，障害種別を超えた特別支援学校が学校教育体系の一環をなすものとして位置づけられました（同法第1条）。また，特別支援学校においては，その専門性を地域社会に還元するための取組を幅広く促進しやすくなるために，地域の幼稚園，小・中学校，高等学校等の要請に基づいて，これらの学校に在籍する障害のある幼児児童生徒の教育に関して助言や指導をしやすくなりました。

　わが国の特別支援教育は，2007（平成19）年4月1日付けをもって改正学校教育法が施行されるに当たり，障害のある幼児児童生徒の自立や社会参加へ向けた取組を支援する観点から，幼児児童生徒の一人一人の教育的ニーズを把握し，生活や学習上の困難の改善または克服に資することを意図して発足しました。表3，4，5，6はいずれも，特別支援教育が

表4　特別支援学級数および特別支援学級在籍児童生徒数─国・公・私立計─

区　分	小　学　校		中　学　校	
	学級数	児童数	学級数	生徒数
知的障害	学級 18,371 (43.9%)	人 77,743 (46.5%)	学級 8,683 (47.4%)	人 35,289 (51.7%)
肢体不自由	2,244 (5.4%)	3,418 (2.0%)	790 (4.3%)	1,090 (1.6%)
病弱・身体虚弱	1,468 (3.5%)	2,480 (1.5%)	643 (3.5%)	1,021 (1.5%)
弱　視	358 (0.9%)	413 (0.2%)	119 (0.6%)	134 (0.2%)
難　聴	793 (1.9%)	1,242 (0.7%)	329 (1.8%)	470 (0.7%)
言語障害	539 (1.3%)	1,570 (0.9%)	126 (0.7%)	165 (0.2%)
自閉症・情緒障害	18,091 (43.2%)	80,403 (48.1%)	7,636 (41.7%)	30,049 (44.0%)
総　　計	41,864	167,269	18,326	68,218

(平成29年5月1日現在)

出所：文部科学省「特別支援教育資料」（平成29年度），2018年。

表5　通級による指導を受けている児童生徒数―公立―

区　　分	小学校	中学校	計
言　語　障　害	37,134人 (38.3%)	427人 (3.6%)	37,561人 (34.5%)
自　　閉　　症	16,737 (17.3%)	2,830 (23.7%)	19,567 (18.0%)
情　緒　障　害	12,308 (12.7%)	2,284 (19.1%)	14,592 (13.4%)
弱　　　　　視	176 (0.2%)	21 (0.2%)	197 (0.2%)
難　　　　　聴	1,750 (1.8%)	446 (3.7%)	2,196 (2.0%)
学　習　障　害	13,351 (13.8%)	3,194 (26.7%)	16,545 (15.2%)
注　意　欠　陥 多動性障害	15,420 (15.9%)	2,715 (22.7%)	18,135 (16.6%)
肢　体　不　自　由	100 (0.1%)	24 (0.2%)	124 (0.1%)
病弱・身体虚弱	20 (0.02%)	9 (0.1%)	29 (0.03%)
計	96,996 (100.0%)	11,950 (100.0%)	108,946 (100.0%)

（平成29年5月1日現在）

出所：文部科学省「特別支援教育資料」（平成29年度），2018年。

表6　児童生徒の就学状況

	義務教育段階 （小・中）
総　　　　　数	9,896,508人 (100.0%)
特別支援学校在学者	71,802 (0.7%)
特別支援学級在籍者	236,123 (2.4%)
通級による指導を受けている者	108,946 (1.1%)

（平成29年5月1日現在）

（注）　特別支援学校在学者および特別支援学級在籍者の数は，国・公・私立の合計。通級による指導を受けている者の数は，公立のみ。総数は，国・公・私立および就学猶予・免除者の合計。

出所：文部科学省「特別支援教育資料」（平成29年度），2018年。

発足して11年後の文部科学省特別支援課の特別支援教育資料によったものです。

　表3では，幼稚部から高等部までのうち，幼稚部の在学者数が少ないのは，特別支援学校のセンター的機能の発揮・活用などによって，地域の保育所や幼稚園等へも入園するようになったからです。

　表4を見ると，小学校および中学校における特別支援学級の在籍者数は，235,487人に達しています。

　表5では2005（平成17）年4月に「発達障害者支援法」が施行され，また，2006（平成18）年4月から「学校教育法施行規則」の一部改正等により，新たにLD，ADHDを対象にした児童生徒が通級の対象になり，また，自閉症は情緒障害から独立して指導の対象になっています。

　表6では2017（平成29）年5月1日現在，義務教育段階における就学者が4.2%と以前より増えていることが注目されます。

❷　就学基準等

○特別支援学校

　学校教育法施行令第22条の3に定める特別支援学校へ就学する子どもの障害の程度（「就学基準」）は，比較的障害の重い子どもが就学しますが，その基準は表7の通りです。近年，拡大鏡，補聴器等の開発・普及，スロープの整備による学校施設のバリアフリー化の進展，指導における専門性の高い教員の配置などによって，改正前の施行令における就学基準に該当する者に，小・中学校で適切な教育を受けられると思われる場合が生じてきました。一方，2000（平成12）年4月に「地方分権一括法」の施行に伴う教育の地方分権化によって，

就学事務は，市町村の教育委員会が行う自治事務となりました。このような事情を踏まえて，2002（平成14）年4月に，従来の就学基準が見直されました。その結果，特別支援学校への就学が前提とされていた視力0.1未満，聴力100デシベル以上，知的発達遅滞中度以上，肢体不自由における体幹を支持することが不可能又は困難な程度のもの等の規定，病・虚弱における六月以上の医療又は生活規制を必要とする程度のもの等といった基準が見直されました。基本的な大枠は示されていますが，「障害・疾患」自体の軽重だけでなく，教育活動等も含めた**総合的な判断をする視点**▷2が考慮されます。

表7 特別支援学校への就学基準（学校教育法施行令第22条の3）

区　分	障害の程度
視　覚障害者	両眼の視力がおおむね0.3未満のもの又は視力以外の視機能障害が高度のもののうち，拡大鏡等の使用によつても通常の文字，図形等の視覚による認識が不可能又は著しく困難な程度のもの
聴　覚障害者	両耳の聴力レベルがおおむね60デシベル以上のもののうち，補聴器等の使用によつても通常の話声を解することが不可能又は著しく困難な程度のもの
知　的障害者	1　知的発達の遅滞があり，他人との意思疎通が困難で日常生活を営むのに頻繁に援助を必要とする程度のもの 2　知的発達の遅滞の程度が前号に掲げる程度に達しないもののうち，社会生活への適応が著しく困難なもの
肢体不自由者	1　肢体不自由の状態が補装具の使用によつても歩行，筆記等日常生活における基本的な動作が不可能又は困難な程度のもの 2　肢体不自由の状態が前号に掲げる程度に達しないもののうち，常時の医学的観察指導を必要とする程度のもの
病弱者	1　慢性の呼吸器疾患，腎臓疾患及び神経疾患，悪性新生物その他の疾患の状態が継続して医療又は生活規制を必要とする程度のもの 2　身体虚弱の状態が継続して生活規制を必要とする程度のもの

さらに，就学手続きについては，2006（平成18）年に国連総会で採択された「障害者の権利条約」において，障害のある者と障害のない者が共に学ぶ仕組みとしての「インクルーシブ教育システム」の理念が提唱されたことにより，2012（平成24）年公表された中央教育審議会初等中等教育分科会報告「共生社会の形成に向けたインクルーシブ教育システム構築のための特別支援教育の推進」において，障害のある子どもは特別支援学校に原則就学するという従来の就学先決定の仕組みを改めることが提言され，2013（平成25）年学校教育法施行令の一部改正が行われました。

○ 就学先を決定する仕組みの改正

改正後の就学先を決定する仕組みを図4に示しました。2002（平成14）年の改正では，特別支援学校への就学基準（表7）に該当する子どもは，原則特別支援学校に就学し，市町村の教育委員会が，小・中学校で適切な教育を受けることのできる特別な事情がある児童生徒が「認定就学者」として小・中学校に就学できるとされていましたが，2013（平成25）年の改正後は，就学予定者のうち，就学基準に該当する子どもで，市町村の教育委員会が，その者の障害の状態，その者の教育上必要な支援の内容，地域における教育の体制の整備の状況その他の事情を勘案して，その住所の存する都道府県の設置する特別支援学校に就学させることが適当であると認める者を「認定特別支援学校就学者」として特別支援学校に就学できることとなりました。

就学決定の際には，市町村教育委員会が，本人・保護者に対し十分情報提供をしつつ，本人・保護者の意見を最大限尊重し，本人・保護者と市町村教育委員会，学校等が教育的ニーズと必要な支援について合意形成を行うことを原則

▷2　総合的な判断をする視点
総合的な判断をする視点には，拡大鏡や補聴器等の整備状況，スロープやエレベーター等の施設の状況，障害児の学習活動を支援する学習機器等の設置状況，ボランティアによる援助や支援の状況，通学上の安全性，教育の内容・方法についての保護者の意向などがあげられる。

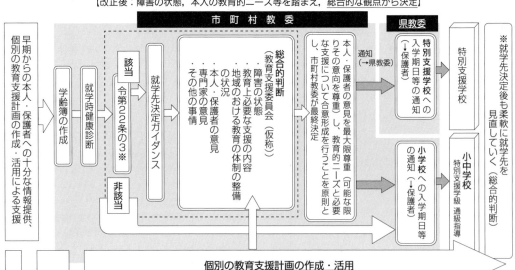

図4　改正後の就学決定の仕組み

※特別支援学校に就学することができる障害の種類・程度を定めた条文（学校教育法施行令第22条の3）

出所：文部科学省「特別支援教育課インクルーシブ教育構築事業説明資料」 https://www.mext.go.jp/component/a_menu/other/ detail/__icsFiles/afieldfile/2015/06/16/1358945_02.pdf（2020年1月22日閲覧）。

とし，最終的には市町村教育委員会が決定することが適当であるとされました。そのために，乳幼児期を含め早期からの教育相談や就学相談を行うことにより，本人・保護者に十分な情報を提供するとともに，幼稚園等において，保護者を含め関係者が教育的ニーズと必要な支援について共通理解を深めることにより，保護者の障害受容につなげ，その後の円滑な支援にもつなげていくことの重要性が指摘されました。

　そして，障害の状態等の変化を踏まえた特別支援学校・小中学校間の転学についても障害の状態の変化のみならず，教育上必要な支援の内容，地域における教育の体制の整備の状況その他の事情の変化によっても転学の検討を開始できるよう，規定の整備を行うこととされ，子どもの実態に即して，多様な学びの場の整備と学校間連携の推進を図ることとされました。

○特別支援学級

　障害が比較的軽い子どもは，小学校・中学校に設置されている特別支援学級に就学しています。特別支援学級は，法律上は知的障害・肢体不自由・病弱および身体虚弱・弱視・難聴の5種類ですが，その他として情緒障害・言語障害があり，7つの障害種別に設置されています（表4と表8の左欄参照）。

○通級による指導

　小学校・中学校における通常の学級に在籍する児童生徒のうち，特別な配慮が必要な者を週1〜3単位時間を標準に抽出して指導を行う，通級による指導があります。この指導の法的根拠は，学校教育法施行規則第140条です。通級による指導の実施状況は表5に示すとおりです。また，この指導の対象となる

参考文献

文科省初中局特殊支援教育課編『特別支援教育』No. 7，2002年。

同『特別支援教育』No. 10，2003年。

中村満紀男他『理解と支援の障害児教育』コレール社，2003年。

児童生徒の障害の種類と程度は表8の右側に示すとおりです。通級による指導を受けている児童生徒は障害に応じた特別の指導（＝自立活動と各教科の補充指導）を小・中学校の通常の教育課程に加え，または，その一部に替えて行うことから，教育課程上，一部分特別な教育課程を編成することが必要になります。学校教育法施行規則第140条は，そのことを明らかにするものです。つまり，この際の学校教育法施行規則の第50条第1項，第51条および第52条の規定ならびに第72条から第74条までの規定は，小・中学校の教育課程の各教科，道徳，特別活動および総合的な学習の時間による編成ならびに授業時数，教育課程の基準が各学習指導要領に基づくことを定めていますが，通級による指導において，特別の教育課程を編成するためには，これらの小・中学校の教育課程や授業時数などの規定の適用を外すことが必要です。そのために前述の施行規則第140条における「…の規定にかかわらず…」の部分が必要となります。同条の規定に基づき小・中学校の通常の学級に在籍している軽度障害の児童生徒に対して，通級による指導を行う場合は，文部科学大臣が別に定める特別な教育課程の規定によるわけです。

（石部元雄・高橋　実）

表8　特別支援学級および通級による指導の対象となる児童生徒の障害の種類と程度

	特別支援学級		通級による指導
知的障害者	知的発達の遅滞があり，他人との意思疎通に軽度の困難があり日常生活を営むのに一部援助が必要で，社会生活への適応が困難である程度のもの		
肢体不自由者	補装具によっても歩行や筆記等日常生活における基本的な動作に軽度の困難がある程度のもの	肢体不自由者，病弱者及び身体虚弱者	肢体不自由，病弱又は身体虚弱の程度が，通常の学級での学習におおむね参加でき，一部特別な指導を必要とする程度のもの
病弱者及び身体虚弱者	一　慢性の呼吸器疾患その他疾患の状態が持続的又は間欠的に医療又は生活の管理を必要とする程度のもの 二　身体虚弱の状態が持続的に生活の管理を必要とする程度のもの		
弱視者	拡大鏡等の使用によっても通常の文字，図形等の視覚による認識が困難な程度のもの	弱視者	拡大鏡等の使用によっても通常の文字，図形等の視覚による認識が困難な程度の者で，通常の学級での学習におおむね参加でき，一部特別な指導を必要とするもの
難聴者	補聴器等の使用によっても通常の話声を解することが困難な程度のもの	難聴者	補聴器等の使用によっても通常の話声を解することが困難な程度の者で，通常の学級での学習におおむね参加でき，一部特別な指導を必要とするもの
言語障害者	口蓋裂・構音器官のまひ等器質的又は機能的な構音障害のある者，吃音等話し言葉におけるリズムの障害のある者，話す，聞く等言語機能の基礎的事項に発達の遅れがある者，その他これに準じる者（これらの障害が主として他の障害に起因するものではない者に限る。）で，その程度が著しいもの	言語障害者	口蓋裂，構音器官のまひ等器質的又は機能的な構音障害のある者，吃音等話し言葉におけるリズムの障害のある者，話す，聞く等言語機能の基礎的事項に発達の遅れがある者，その他これに準じる者（これらの障害が主として他の障害に起因するものではない者に限る。）で，通常の学級での学習におおむね参加でき，一部特別な指導を必要とする程度のもの
自閉症・情緒障害者	一　自閉症又はそれに類するもので，他人との意思疎通及び対人関係の形成が困難である程度のもの 二　主として心理的な要因による選択性かん黙等があるもので，社会生活への適応が困難である程度のもの	自閉症者	自閉症又はそれに類するもので，通常の学級での学習におおむね参加でき，一部特別な指導を必要とする程度のもの
		情緒障害者	主として心理的な要因による選択性かん黙等があるもので，通常の学級での学習におおむね参加でき，一部特別な指導を必要とする程度のもの
		学習障害者	全般的な知的発達に遅れはないが，聞く，話す，読む，書く，計算する又は推論する能力のうち特定のものの習得と使用に著しい困難を示すもので，一部特別な指導を必要とする程度のもの
		注意欠陥多動性障害者	年齢又は発達に不釣り合いな注意力，又は衝動性・多動性が認められ，社会的な活動や学業の機能に支障をきたすもので，一部特別な指導を必要とする程度のもの

出所：「障害のある児童生徒の就学について（通知）」（平成14年5月27日　14文科初第291号）および「通級による指導の対象とすることが適当な自閉症者，情緒障害者，学習障害者又は注意欠陥多動性障害者に該当する児童生徒について（通知）」（平成18年3月31日　17文科初第1178号）による。ただし，障害の種類を対応させるため，障害の記載順序が実際の通知とは一致していない。

日本の特別支援教育

 特別支援教育の提唱

　わが国では特別支援教育という言葉は，2001（平成13）年1月の文部科学省による「21世紀の特殊教育の在り方について（最終報告）」において，特殊教育に代るべき名称として言及されたのが最初でしたが，2年後の2003（平成15）年3月には同省による「今後の特別支援教育の在り方について（最終報告）」で，障害の程度等に応じ特別の場で指導を行う特殊教育から，障害のある児童生徒まで含めて一人ひとりの教育的ニーズに応じて適切に支援を行う特別支援教育への転換を図るための提言がなされています。このような急速な転換は，わが国の130年あまりの障害児教育史上注目すべきことですが，歓迎すべきものとして注目されます。

2 日本の障害児教育：第一期（1872-1945年）

　わが国における障害児教育の第一期は，1872（明治5）年の「学制」に始まりますが，この「学制」では，日本の一般教育の目標や就学義務制度の方針等は明示されていましたが，障害児に関しては，その種の学校名のみがあげられていた程度でした。第一期の終りの第二次世界大戦末1945（昭和20）年まで，どの障害分野についても就学義務の成立は見られませんでした。

3 日本の障害児教育：第二期（1946-2000年）

　この時期にわが国は，国家体制を一変させて民主主義国家として発足し，「学校教育法」に盲学校，聾学校，養護学校，特殊学級を明確に位置づけました。そして，早くも1956（昭和31）年度には，盲学校および聾学校の義務制を完成させました。さらに，養護学校を計画的に整備して，1979（昭和54）年度からは，養護学校教育の義務制を実施しました。また，同年には，通学して教育を受けることが困難な盲・聾・養護学校の小学部・中学部の児童生徒に対して，教員が家庭や医療機関等を訪問して教育を行う「訪問教育」も実施しました。この養護学校教育の義務制と訪問教育の実施によって，障害を理由とする就学猶予・免除者が著しく減少しました。

　1993（平成5）年度には，通常の学級に在籍する軽度の障害のある児童生徒が通常の学級で教科等の授業を短時間受けながら，特別の指導を特別の場で受

▷1　「学制」のなかにある「廃人学校」の文字である。この廃人学校については「廃人学校アルヘシ」との規定のみで，具体的なことは記されていない。文部省『特殊教育百年史』東洋館出版，1978年，1頁。

ける「通級による指導」を実施しました。2000（平成12）年度には，養護学校等の高等部でも上述の訪問教育を本格的に実施するようになりました。

かようにして，盲学校，聾学校および養護学校は，学校教育法第1条に定める，学校，いわゆる「第1条校」として整備充実が図られました。特殊学級についても拡充整備が図られました。そしていよいよ第三期の特別支援教育への転換が図られます。

❹ 日本の障害児教育：第三期（2001年-）

2001（平成13）年1月，文部科学省の公表による「21世紀の特殊教育の在り方について（最終報告）」のなかで，文部科学省の再編に際し，特殊教育課の名称を「特別支援教育課」に変更することに言及され，特別支援教育は，盲・聾・養護学校および特殊学級での教育に加えて，学習障害（LD）やADHD（注意欠陥／多動性障害）等の通常の学級に在籍する特別な教育的支援を必要とする児童生徒への対応までも含むもので，従来の特殊教育よりも広義に説明されています。

障害の種類や程度に応じて特別の場で指導を行う特殊教育から，その教育の枠組みを越えて，障害のある児童生徒一人ひとりのニーズに応じた教育的支援を行う，特別支援教育が，わが国で新たな一歩を踏み出したのは，2003（平成15）年3月，文部科学省の公表による「今後の特別支援教育の在り方について（最終報告）」（以下，最終報告という）においてです。この最終報告によって通常の学校における障害のある児童生徒への教育的支援は，アメリカやイギリスの場合よりも相当に遅れながらもやっと花が開きました。といいますのは，アメリカでは全障害児教育法（P. L. 94-142）が，全面的に施行された1977年当時に，州教育当局の各公的機関では障害児の受け入れに際し，「個別教育計画（IEP）」の作成等の責務が定められていましたし，障害のカテゴリーのなかに「特異性学習障害」があって，それは，「聞く，考える，話す，読む，書く，綴る，計算する」障害とされていたからです。また，イギリスでは，1978年の「ウォーノック報告」で，それ以前の障害種別を撤廃して，「特別な教育ニーズをもつ子ども」という新しい概念が導入され，全学齢児の5-6人のうちの1人は，これに該当するとされ，「特別なニーズ教育」の対象児が一挙に拡大されていたからです。今日ようやく，上記の最終報告において，特異性学習障害は，LD，ADHD，高機能自閉症等として位置づけられました。そして，この種の障害のある児童生徒は，通常の学級に約6％程度の割合で在籍している可能性があるといわれています。▷2 この数値から学習面や行動面に問題のある児童生徒は，40人学級で2-3人，30人学級で1-2人在籍している可能性があります。最終報告における，「個別の教育支援計画」は，障害のある児童生徒一人一人のニーズを正確に把握し，教育の視点から，乳幼児期から学校卒業後まで

▷2 2004（平成16）年12月の中央教育審議会による「特別支援教育を推進するための制度の在り方について（中間報告）」によれば，「平成14年に文部科学省が実施した全国実態調査では，小・中学校の通常の学級に在籍している児童生徒のうち，LD・ADHD・高機能自閉症により学習や生活の面で特別な教育的支援を必要としている者が約6％程度の割合で存在する可能性」が見られた。「可能性」とした理由は，この調査結果が「医師等の診断を経たものではないため直ちにこれらの障害と判断することはできず，あくまで可能性を示したもの」（中間報告の注）と解したことにある。その後の調査では，約6.5％とされている（文部科学省「通常の学級に在籍する発達障害の可能性のある特別な教育的支援を必要とする児童生徒に関する調査結果について」（2012年12月））。Ⅰ-1 参照。

を通じて一貫して的確な教育的支援を行うことを目的としています。

　最終報告では，小・中学校において LD，ADHD，高機能自閉症の児童生徒への教育的支援を行うための総合的な体制づくりが必要と提言されました。また，2002（平成14）年12月閣議決定の「障害者基本計画」で10年間に講ずべき障害者施策の基本的方針にもとづき決定された前半の「重点施策実施５か年計画」において，小・中学校における LD，ADHD 等の児童生徒への教育支援を行う体制を整備するためのガイドライン策定の必要性が示されました。これらを受けて，文部科学省は，2004（平成16）年１月に「小・中学校におけるLD，ADHD，高機能自閉症の児童生徒への教育支援体制の整備のためのガイドライン（試案）」を公にしています。本書等の活用によって小・中学校において特別支援教育が実り多い成果をあげるように児童生徒一人ひとりの教育的ニーズの把握に努めることが必要です。小学校６年生から中学校１年生への移行期に「いじめ」や「不登校」の子どもの数が急に増えます[3]。それだけに特別支援教育の理念のもとに「個別の教育支援計画」に加えて「個別の指導計画」を準備し，これに基づく指導も望まれます。

⑤　特別支援教育の課題と推進

　2004（平成16）年５月１日現在，盲・聾・養護学校に在籍している幼児・児童・生徒および小・中学校の特殊学級に在籍する児童生徒と通級による指導を受けている児童生徒の総数は，約22万5,000人です。このうち義務教育段階にある児童生徒数は約17万9,000人で，これは同じ年齢段階の児童生徒全体のうちの約1.6%に当たります[4]。特別支援教育では，これらの児童生徒のほかに，LD・ADHD・高機能自閉症等の障害のある子どもが加わります。

　2002（平成14）年12月閣議決定の「障害者基本計画」では，21世紀にわが国が目指すべき社会は，障害の有無にかかわらず，国民誰もが相互に人格と個性を尊重し支えあう共生社会とする必要がある，という視点から，教育の基本方針を，障害のある子どもに対して乳幼児期から学校卒業後まで一貫して計画的に教育・療育を行うとともに，LD・ADHD・高機能自閉症などの特別なニーズのある子どもに適切に対応することに重点を置いています。そして，そのさいの施策の基本方針には①一貫した相談支援体制の整備，②盲・聾・養護学校や療育機関などの専門機関の機能の充実と多様化，③教員などの指導力の向上と先導的な指導方法の開発や体制等に関する研究の推進，④障害のある児童生徒の社会的・職業的自立の促進，⑤教育・療育施設のバリアフリー化の促進などが盛り込まれています。

　2003（平成15）年３月の「今後の特別支援教育の在り方について（最終報告）」では，障害の程度などに応じて，特別の場で指導を行う「特殊教育」から，障害のある児童生徒等一人ひとりの教育ニーズに応じて適切な教育的支援

▷3　石部元雄「いじめ問題の現状と課題」日本教育新聞社編『週刊教育資料』第534号，1997年，21-23頁。同「登校拒否問題の現状と課題」第543号，1997年，21-23頁。文部科学省「生活指導上の諸問題の現状と文部科学省の施策について」2004年，33，44頁。

▷4　文部科学省『特別支援教育資料（平成16年度）』2005年。

を行う「特別支援教育」への転換を図るべきことが基本的な方向として提言されています。

　この提言を受けて，2004（平成16）年2月に中央教育審議会初等中等教育分科会の特別支援教育特別委員会は，その内容を検討し，12月に「特別支援教育を推進するための制度の在り方について（中間報告）[5]」を次のようにまとめています。

○特別支援教育の基本的な考え方

「特別支援教育」とは，障害のある児童生徒等の自立や社会参加に向けた主体的な取組を支援するという観点に立ち，児童生徒等一人一人の教育的ニーズを把握した上で，適切な指導や必要な支援を行うことであり，現在の特殊教育の対象幼児児童生徒に加え，LD・ADHD・高機能自閉症等の児童生徒に対しても適切な指導や必要な支援を行うものである。

○盲・聾・養護学校から特別支援学校へ

①障害種別を超えた学校制度；障害の重度・重複化等に対応するため，現在の盲・聾・養護学校を，障害種別を超えた学校制度（特別支援学校（仮称））とすること。

②特別支援教育のセンター的機能；特別支援学校（仮称）が教育上の高い専門性を生かしながら地域の小・中学校等を積極的に支援する特別支援教育のセンター的機能を，明確に位置付ける必要がある。

○小・中学校における特別支援教育の推進

① LD・ADHD・高機能自閉症等の児童生徒への指導及び支援；小・中学校に在籍するこれらの児童生徒については，通常の学級における指導等の工夫に加え，通常の学級を離れた特別の場での指導及び支援も受けられるようにすること。

②特殊学級等の見直し；「特別支援教室（仮称）[6]」の構想を実現すること。

③現行制度の弾力化；新たな制度の円滑な実施を図る観点から，次に掲げる現行制度に弾力化等を行うことを検討する必要がある。

　(1)特殊学級と通常の学級の交流及び共同学習の促進と担当教員の活用，(2)通級による指導において LD・ADHD・高機能自閉症等の児童生徒を対象に加え，指導時数の制限を緩和するなどの弾力化，(3)教員が複数の学校を巡回訪問して指導を行う，いわゆる「巡回による指導」の制度的な位置付け

　このほか，特別支援教育に携わる教員免許制度の在り方など。

6　特別支援教育を推進するための制度の在り方について（答申）

　中央教育審議会は，その後，上記の中間報告に対する意見等を求めて，それらを踏まえて，2005（平成17）年12月に「特別支援教育を推進するための制度の在り方について（答申）[7]」を取りまとめました。その要点は次の通りです。

▷5　中間報告については，中央教育審議会初等中等教育分科会特別支援教育特別委員会のものに加え，文部科学省編『平成16年度・文部科学白書』国立印刷局，2005年，172-176頁にもよっている。

▷6　特別支援教室（仮称）
「現在，特殊学級や通級による指導を受けている児童生徒及び LD・ADHD・高機能自閉症等の児童生徒が通常の学級に在籍した上で必要な時間のみ特別の場で指導を受けることとする指導形態を指す」（「中間報告」の注による）。なお，この特別支援教室は，後述する2006年6月の学校教育法の改正のさいにはもりこまれず，今後の検討課題とされた。

▷7　大南英明編『中教審答申特別支援教育の解説』明治図書，2006年，151-195頁。文部科学省編『平成17年度・文部科学白書』国立印刷局，2006年，115頁。

◯特別支援教育の理念と基本的な考え方

「特別支援教育」とは，障害のある児童生徒の自立や社会参加に向けて，一人一人の教育的ニーズに応じた適切な指導や必要な支援を行うこと。また，「特別支援教育」においては，LD・ADHD・高機能自閉症等（以下，「LD等」）の児童生徒を含め，適切な指導及び必要な支援を行う。

◯盲・聾・養護学校制度の見直し

障害種別を超えた学校制度（特別支援学校（仮称））を創設し，関係機関等と連携した支援を行うセンター的機能を発揮していくようにする。

◯小・中学校における制度的な見直し

現行制度の弾力化
・通級による指導の対象を，LD等にも拡大し，その授業時間数を弾力化する。
・特殊学級に在籍する児童生徒が通常の学級で過ごす形態（交流及び共同学習）の促進を図る。
・特別支援教室（仮称）制度の検討
・研究開発学校による先導的取組など

◯教員免許制度の見直し

盲・聾・養護学校の障害種別に設けられている教員免許状を，LD等を含めた総合的な専門性を担保する「特別支援学校教諭免許状（仮称）」に転換する。

❼　特別支援教育における制度

　文部科学省は，中央教育審議会のこの答申を踏まえて特別支援教育を推進するために必要な諸制度の見直しに着手しました。

　第一は，2006（平成18）年3月の「学校教育法施行規則の一部を改正する省令」の公布と「学校教育法施行規則第73条の21第1項の規定による特別の教育課程について定める件の一部を改正する件」の告示です。この省令は2006（平成18）年4月1日からの施行です。これにより，小・中学校における通級による指導の対象者として，新たに学習障害者およびADHD（注意欠陥／多動性障害）者が加わることになるとともに，これらの児童生徒に対して通級による指導を行う場合の指導時間数の標準を，年間10単位時間（月1単位時間程度）を下限とし，上限は年間280単位時間（週8単位時間程度）までとすることが示されました。なお，同じ日に学校教育法施行規則第73条の21第2号で，自閉症も含めて「情緒障害者」と規定していましたが，両障害の原因と指導法が異なることから「自閉症者」と情緒障害者を分けてそれぞれ独立の号として規定する，と改められました。

　第二は，2006（平成18）年6月に「学校教育法等の一部を改正する法律」が成立し公布されたことです。この法律の施行は，2007（平成19）年4月1日です。これにより，学校教育法第1条に規定されている「盲学校，聾学校，養護

学校」は，障害種別を超えた「特別支援学校」に改められました。今後は具体的にどのような障害種の学校にするかは，地域の実情において都道府県等が判断することになります。

学校教育法の第六章は八章になり，その章名は，「特殊教育」から「特別支援教育」と改められました。また，答申の提言を尊重して，新設された第74条に特別支援学校におけるセンター的機能について，幼・小・中・高校等の要請に応じて，教育上特別な支援を必要とする「幼児，児童又は生徒の教育に関し必要な助言又は援助を行うよう努めるものとする」規定が設けられました。

学校教育法第75条は第81条に変わりました。改正前には特殊学級とその対象となる児童，生徒だけについて定められていましたが，改正後は第81条第1項に小学校，中学校等における「特別支援教育」を位置づけ，「幼稚園，小学校，中学校……においては，……教育上特別の支援を必要とする幼児，児童及び生徒に対し，……障害による学習上又は生活上の困難を克服するための教育を行うものとする」旨の新しい条文が加わっています。この新規条文は，特別支援教育が，通常の学校教育と密接な一体的関連にあることを示すものとして注目されます。

⑧ 特別支援学校教諭免許状の創設

特別支援教育を担当する教員に対する新しい免許状は，「特別支援学校教諭免許状」と称し，上記の中央教育審議会の答申を踏まえ，教職員免許法の一部改正によって，従来の盲・聾・養護学校ごとの免許状が統合されて定められました。特別支援学校教諭免許状は，特別支援学校で教育指導することが可能な「領域」を定めた免許状になっています。たとえば，知的障害者を教育する特別支援学校にあっては，教育指導する教員は，原則として，「知的障害者を教育する領域を定めた特別支援学校教諭免許状」を所持することになります。この領域は，法令上で「特別支援教育領域」と規定されており，特定の障害種についての専門性を確保する立場から認定講習会等で取得した単位数によって承認されます。特別支援学校の場合は，視覚障害者，聴覚障害者，知的障害者，肢体不自由者，病弱者に関する五領域になります。免許状の種類は，従来通り，「専修」，「一種」，「二種」です。

特別支援学校教諭免許状を取得するには，特別支援学校が対象とする特定の障害種についての専門性に加えて，重複障害，言語障害，情緒障害，LD，ADHD，高機能自閉症等も含めた障害児教育に関する幅広い知識・理解や実践的指導力も必要とされています。特別支援学校の教員免許状の取得には，特定の障害種についての専門性とともに特別支援教育全般に関する基礎的な知識・理解を併せもつことが要求されています。

なお，免許状を取得した後に，認定講習会等で所定の単位数を修得した場合には，教育領域の追加ができます。　　　　　　　　　　　　　（石部元雄）

▷8　下山真人「学校教育法等の一部改正について」『肢体不自由教育』第176号，日本肢体不自由児協会，2006年，58-59頁。

2　外国の例①　アメリカ

1　障害児教育に関する法律

　現在のアメリカの障害児教育の基本的枠組みは，1975年に成立した「全障害児教育法」（Education for All Handicapped Children Act: P. L. 94-142）によって形づくられています。同法は修正を加えられながら現在に至っていますが，1990年の修正で名称が　「障害者教育法」（Individuals with Disabilities Education Act: P. L. 101-476）に変更されています。

　アメリカでは教育の管轄は州にあります。そこで，連邦政府は，各州に補助金を公布する際の条件を法律で定めることにより，障害児教育を整備しようとしています。その主な条件としては，①無償で適切な公教育の提供，②個別教育計画の作成，③もっとも制約の少ない環境での教育の提供，④親の権利が保障される手続きの整備などが挙げられます。以下では，これらの具体的な内容をみていくことにします。

2　すべての障害児に無償で適切な公教育を与える

　障害者教育法では，3歳から21歳までのすべての障害児に無償で適切な公教育（Free Appropriate Public Education；FAPE と呼ばれています）を与えなければならないとされています。これは，特別な教育（special education）と関連サービス（related services）からなります。前者は学校の教職員が行う指導であり，後者は学校外の関係者によって与えられるサービスになります。関連サービスの内容としては，通学手段，聴能訓練，作業療法，理学療法，言語治療，レクレーション，心理学的サービス，早期発見・評価，カウンセリング，歩行訓練，診断のための医学サービス，学校保健サービス，ソーシャルワーク・サービス，手話通訳などが該当します。

3　個別教育計画を作成する

　無償で適切な公教育の中身を実質的に保障するのが，個別教育計画（Individualized Education Program：以下では IEP と略称）で，障害児教育の鍵となるものです。図5は，IEP が作成されるプロセスを示したものです。

　まず，子どもに障害があると疑われた場合に，教員，専門家，親などから公的な機関に照会がなされます。そこで評価が必要であると判断され，親がそれ

▷1　P. L. とは Public law の略であり，連邦議会で成立した法律であることを示す。94-142とは第94議会で142番目に成立した法律であることを意味する。

▷2　その他に障害児教育に関係がある法律としては，2001年の「ひとりも落ちこぼれを出さないための法律」（No Child Left Behind Act: P. L. 107-110）があり，同法は2015年に修正され「すべての子どもが成功するための法律」（Every Student Succeeds Act: P. L. 114-95）となっている。

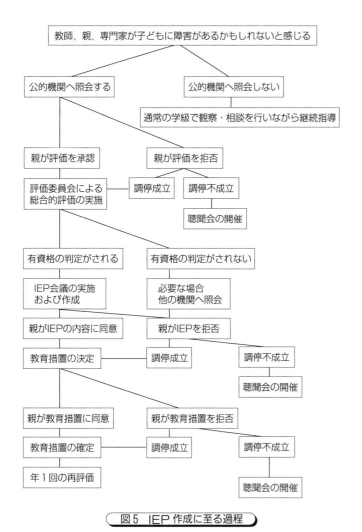

教師，親，専門家が子どもに障害があるかもしれないと感じる

公的機関へ照会する　　公的機関へ照会しない

通常の学級で観察・相談を行いながら継続指導

親が評価を承認　　親が評価を拒否

評価委員会による　　調停成立　　調停不成立
総合的評価の実施

聴聞会の開催

有資格の判定がされる　　有資格の判定がされない

IEP会議の実施　　必要な場合
および作成　　他の機関へ照会

親がIEPの内容に同意　　親がIEPを拒否

教育措置の決定　　調停成立　　調停不成立

聴聞会の開催

親が教育措置に同意　　親が教育措置を拒否

教育措置の確定　　調停成立　　調停不成立

年1回の再評価　　聴聞会の開催

図5　IEP 作成に至る過程

出典：河合康「アメリカ合衆国全障害児教育法とIEP」『発達障害研究』第19巻，第2号，
1997年，13頁に筆者が加筆修正。

を承認した場合に，多くの専門家による総合的な評価が実施されます。なお，評価の際に用いられるテストや用具や実施方法については，子どもに不利益にならないように細かな規定がなされています。たとえば，子どもの母国語やコミュニケーションの方法を考慮すること，単一のテストや手続きだけを用いないこと，訓練を受けた専門家が評価を実施すること，などがあります。評価が終了すると，その結果に基づいて，特別な教育プログラムを受ける資格（eligibility）があるかどうか（有資格）の判定がなされます。判定に際しては，①法律に定められた障害があることと，②その障害のために子どもの学習に悪い影響が及ぶこと，の2点がポイントになります。つまり，法律に該当する障害があるというだけでは，IEP が作成されるわけではないのです。

　有資格の判定がなされると，IEP 会議が開催されることになります。

　IEP 会議は，①障害児教育の教師または関連サービスの提供者，②通常教

▷3　障害者教育法の施行規則で，障害の種類として，自閉症（autism），盲聾（deaf-blindness），聾（deaf），難聴（hearing impairment），知的障害（mental retardation），肢体不自由（orthopedic impairment），その他の健康障害（other health impairment），重度情緒障害（serious emotional disturbance），学習障害（specific learning disabilities），言語障害（speech or language impairment），外傷性脳損傷

（traumatic brain injury），盲を含む視覚障害（visual impairment including blindness），重複障害（multiple disabilities）が規定されている。

育の教師，③学区の代表者，④評価結果を教育・指導との関係を踏まえて説明する人，⑤親，⑥本人（適切な場合），⑦その他，学校や保護者が求める関係者，などで構成されています。

　法律では IEP の様式については規定していないため，書式は州によりさまざまです。しかし，IEP に記されなければならない事項は定められています。その内容としては，①子どもの現在の発達状況，②長期（年間）目標，③短期目標，④特別な教育と関連サービス，⑤健常児と一緒に教育を受ける時間の割合，⑥サービスの開始予定日とサービスの期間，⑦教育目標が達成されているか否かを最低年１回確定するための客観的な基準と評価手続きおよびその実施計画，などがあります。また1990年の法律の修正により，障害児が学校生活から成人生活に円滑に移行できるようにするためのサービスを IEP のなかに明記しなければならなくなっています。これは，「個別移行計画」（Individualized Transition Plan：ITP と呼ばれています）といわれており，現行では16歳までに作成されなければなりません。このサービスのなかには，就労・高等教育，自立的な生活，余暇などに関することが含まれています。さらに，1986年の法律の修正（P. L. 99-457）で，IEP の対象ではない３歳未満の乳幼児に対しては家族全体に対する支援が必要であるという点から「個別家族サービスプラン」（Individualized Family Service Plan：IFSP と呼ばれています）が作成されています。

　このように，アメリカでは，障害児に対して生まれてから成人に至るまで，個別の教育やサービスが受けられるシステムになっています。こうしたしくみは日本の障害児教育の在り方にも大きな影響を及ぼしています。

❹　もっとも制約の少ない環境で教育を行う

　障害者教育法では，障害児の教育は「もっとも制約の少ない環境」（Least Restrictive Environment：LRE と呼ばれています）で行わなければならないとされています。「制約が少ない」とは，障害児ができるだけ健常児と一緒に教育を受ける機会が多い，ということを意味します。IEP のなかに記さなければならない事項として，健常児と一緒に教育を受ける時間の割合が挙げられていましたが，これは「もっとも制約の少ない環境」で教育しなければならないという規定があるからです。アメリカでは表９に示されるように，障害児がどの場所で，どの程度の時間，特別な教育と関連サービスを受けているかによって，いずれのプログラムに該当するのかが定義されています。表10は，障害種別にどのような場や状況で教育を受けているのかを示したものです。特別学校等の通常の学校以外の場で教育を受けている障害児は全体の５％程度であり，ほとんどの障害児は通常の学校に在籍しているといえます。障害種別にみると，盲聾，重複障害，情緒障害については，通常の学校以外の特別学校等で教育を受けている割合が高いですが，３割に満たず，いずれの障害種においても７割以

<table>
<tr><th colspan="2">表9　時間数による障害児教育プログラムの定義</th></tr>
</table>

通常学級	普通学級以外で特別な教育と関連サービスを受ける時間が1日の学校時間の内21％を越えない。
リソースルーム	普通学級以外で特別な教育と関連サービスを受ける時間が1日の学校時間の内21％から61％。
特別支援学級	普通学級以外で特別な教育と関連サービスを受ける時間が1日の学校時間の内61％を越える生徒。
障害児学校	通学制の障害児学校（1日の学校時間の内50％以上）、寄宿制の障害児学校（同50％以上）もしくは在宅・病院で特別な教育と関連サービスを受ける(21％から61％)。

(注)　日本では、通常の学級に在籍しながら障害に応じた特別な指導を、一定時間通級指導教室で受ける教育形態がある。この形態に類似しているのがアメリカでの「リソースルーム」である。

出所：安藤房治『インクルーシブ教育の真実』学苑社、2001年、40頁。

表10　障害種別にみた教育を受けている場と状況

(％)

障害種	通常の学校 80％以上	40〜80％未満	40％未満	通常の学校以外での場
	(通常の学級で教育を受ける比率)			
自閉症	39.4	18.0	33.4	9.2
盲聾	23.0	12.2	36.7	28.0
発達遅滞	64.5	18.9	15.2	1.5
情緒障害	47.2	17.5	18.2	17.1
聴覚障害	61.3	15.5	11.3	11.9
知的障害	17.0	26.3	49.4	7.3
重複障害	13.7	16.8	45.5	24.0
肢体不自由	52.6	15.4	23.5	8.5
健康障害	66.4	20.6	8.8	4.2
学習障害	70.8	22.2	5.2	1.8
言語障害	87.0	5.1	4.2	3.7
外傷性脳損傷	50.8	21.6	19.8	7.8
視覚障害	67.7	12.1	9.7	10.6
全体	63.1	18.3	13.4	5.1

出所：U. S. Department for Education (2018) 40th Annual Report to Congress on the Implementation of the Individuals with Disabilities Education Act, 2018. p. 55 の数値に基づき筆者が改変。

上の子どもが通常の学校に在籍していることがわかります。その中でも言語障害、学習障害、視覚障害の場合、多くの時間を通常の学級で教育を受けていることがわかります。

5　障害児をもつ親の権利を保障する手続きを整備する

　障害者教育法では、障害児をもつ親に対する諸権利を積極的に保障しようとしています。図5に示す通り、親の承認や同意が必要な場面が数多く設けられていることがわかります。また、一連の過程において親が不服である場合には、調停が実施され、調停がうまくいかなかった場合には、親はさらに聴聞会の開催を求めることができるようになっています。

　その他、学校の記録を閲覧できる権利、評価の実施方法や評価結果について細かい情報を得られる権利、公的機関が実施する評価に不満な場合は第三者による評価を求めることができる権利等が幅広く保障されている点も注目されます。こうした親の権利を保障するための一連の手続きは、「適正手続きの保障」（due process）と呼ばれています。

（河合　康）

▷4　調停とは双方の当事者間の非公式の話し合いにより解決を模索するプロセスを指す。聴聞会は当該地域内に設けられ、実施に際して保護者は、弁護人や専門的な知識をもつ専門家を同伴する権利、証拠を提出する権利、当事者に質問する権利、証人の出頭を求める権利、事実認定や決定を文書で受け取る権利等が認められている。また、聴聞会の決定にも不服な場合は裁判所に提訴できる。

3 外国の例② イギリス

1 「障害児」から「特別な教育的ニーズがある子ども」へ

　イギリスでは，「障害児」ではなく「特別な教育的ニーズがある子ども」といういい方をします。このきっかけとなったのが，1978年に出された「ウォーノック報告」（通称）で，この報告書の正式名称が「特別な教育的ニーズ（Special Educational Needs）」となっているのです。

　「ウォーノック報告」が出される以前のイギリスでは，障害別のカテゴリーが用いられていました。しかし，「ウォーノック報告」では，障害種別カテゴリーを撤廃し，「特別な教育的ニーズ」という概念を用いることを提唱したのです。その理由としては，①多くの子どもが複数の障害を合わせもつようになっており，単一のカテゴリーに分類するのが困難であること，②医学的観点にもとづく障害カテゴリーは教育学的に見てあまり意味がないこと，③障害カテゴリーは否定的なラベリングをもたらすこと，④カテゴリー化により，子どもの障害と子どもが必要としている教育形態が混同されてしまう可能性があること，⑤カテゴリー化は健常児者と障害児者の間の違いを強調するものであること，などが挙げられています。

　そして「ウォーノック報告」では全学齢児童生徒の5‐6人に1人に「特別な教育的ニーズ」があると推定しました。この包括的な概念の導入により，障害児教育の対象はいちじるしく拡大されることになったのです。特別な教育的ニーズという概念のねらいは，従来の障害種別に応じた画一的な教育措置ではなく，個々の子どもの具体的なニーズに即応した柔軟な教育措置を講じようとした点にあります。また，従来適切な教育を受けることなく通常の学級に放置されていた子どもにもニーズに応じた教育を与えようとした点にあります。

2 法律上の位置づけ

　「特別な教育的ニーズ」という新しい概念は，「1981年教育法」（Education Act 1981）において制度的に位置づけられることになりました。その他，この法律では，統合教育の原則を明確に示しています。また，「特別な教育的ニーズ」の評価に関する手続きを整備し，「特別な教育的ニーズ」があると判断された子どもについては，後で述べます「判定書」（statement）と呼ばれる文書を作成するシステムを確立しました。さらに，親の権利を拡大しました。

▷1　イギリスは，イングランド，ウェールズ，スコットランド，北アイルランドの4地域から構成されており，それぞれ教育システムが異なっている。ここで取り上げるのは，イングランドとウェールズについてのものである。

▷2　イギリスでは，教育について重要な検討課題が生じた場合，教育を担当する大臣により委員会が設置される。通常，その際に指名された委員長の名前より「○○○委員会」と言われ，その委員会が提出した報告書を「○○○報告」と呼んでいる。「ウォーノック報告」の場合，1973年に設置された委員会にオックスフォード大学のメアリー・ウォーノック（Mary Warnock）女史が指名されたことにより，通称「ウォーノック報告」と呼ばれている。

▷3　それまでは，盲（blind），弱視（partially sighted），聾（deaf），難聴（partially hearing），虚弱（delicate），教育遅滞（educationally subnormal），てんかん（epileptic），不適応（maladjusted），肢体不自由（physically handicapped），言語障害（speech defect），の10種類の障害カテゴリーがあった。

「1981年教育法」は，1993年に修正され「1993年教育法」（Education Act 1993）の第3部に移行し，さらに「1996年教育法」（Education Act 1996）の第4部に引き継がれました。また，「2001年特別な教育的ニーズ・障害法」（Special Educational Needs and Disability Act 2001）で修正が加えられました。これらの法律に加えて，施行規則などが定められています。そのなかでも重要なのが，特別な教育的ニーズをめぐる施策の細部について指針を示しているコード・オブ・プラクティスと呼ばれるものです。これは「1993年教育法」にもとづき1994年に出され，2001年に改訂されています。こうした一連の修正のなかで，特別な教育的ニーズがある子どもが通常の学校で教育を受ける機会が保障されたり，親の権利が強化されたり，学校外の専門機関との連携が進められたりしてきました。以下では，こうした各種法令にもとづいてかたちづくられている特別な教育的ニーズをめぐるシステムについて見ていきます。

▷ 4　Department for Education and Skills (2001) Code of Practice : Special Educational Needs.

③　特別な教育的ニーズをめぐる施策の状況

○判定書の作成

特別な教育的ニーズがあると認められた子どもには判定書と呼ばれる文書が作成されます。その構成を示したのが表11です。まず，第2部で子どもが教育上どのような特別なニーズがあるのかが把握され，続いて第3部でそれを満たすために必要な特別な教育的対応が記されます。「特別な教育的対応」では，目標が記され，その目標を達成するために必要な施設・設備，スタッフ，カリキュラムなどが記述されます。それに加えて，子どもの進歩や目標を評価する手続きが記されます。そして，第4部でそうした対応を提供できる学校が記されます。ここで重要となるのは，「特別な教育的ニーズ」が確定され，そのニーズを満たすために必要な「特別な教育的対応」が示され，そうした教育的対応を提供できる学校が記されるという点です。ここでは，教育の場が子どもと環境との相互関係において捉えられています。たとえば，聴覚障害のある子どもがA地域では小学校が適切であると考えられても，転校によりB地域に移った際には聾学校が適切であると判断されることもあるのです。「障害の種類や程度」と「教育の場（学校）」が直接結びつけられている考え方とは大きな違いがあります。また，第5，6部で教育以外のニーズや対応も記されるようになっており，教育関係以外の専門機関からの支援も受けられるようになっています。

▷ 5　Department for Education (2011) Support and aspirationa: A new approach to special educational needs and disability.

一方，2010年に「2010年平等法」（Equality Act 2010）が出され，2011年に教育省は緑書を公表しました。ここでは，出生から25歳まで，特別な教育的ニーズや障害のある子どもとその家族を支え，彼らの可能性を広げるために，①早期発見と早期支援，②保護者の権利の保障，③学びと成果，④成人期への準備，⑤家族への支援，に取り組むことを示しました。これを受けて，2014年に「2014年子ども・家族法」（Children and Families Act

表11　判定書の構成

第1部　子どものプロフィール
第2部　特別な教育的ニーズ
第3部　特別な教育的対応
第4部　教育の場（学校名）
第5部　教育以外のニーズ
第6部　教育以外の対応

表12　障害種別からみた特別な教育的ニーズへの対応

(%)

障害	SEN support	判定書又は EHC プラン
学習障害	15.0	3.5
軽度学習困難	24.0	12.0
重度学習困難	0.3	12.5
重度・重複障害	0.1	4.3
社会・情緒・精神的問題	17.5	12.8
言語・コミュニケーション障害	22.8	14.6
聴覚障害	1.7	2.5
視覚障害	1.0	1.4
多感覚障害	0.2	0.3
身体障害	2.4	5.4
自閉症スペクトラム障害	5.7	28.2
その他	5.1	2.6
未評価	4.1	0.0
計	100.0	100.0

出所：Department for Education（2018）National Statistics: Special educational needs in England : January 2018 : national tables. の Table 8 のデータに基づき筆者が改変。

▶ 6　Department for Education（2015）Special educational needs and disability code of practice: 0 to 25 years.

▶ 7　Department for Education（2018）National statistics: Special educational needs in England: January 2018.

2014）が制定され，特別な教育的ニーズや障害のある子どもに対する新たな施策が導入されました。同法により，教育と保健と社会福祉が一体となった EHC プラン（Education, Health and Care Plan）が導入されることになりました。こうした施策を実施するために，2015年には2001年のコード・オブ・プラクティスが改訂[6]されました。EHC プランには，教育的ニーズや教育的対応だけでなく，保健や社会福祉面でのニーズや必要な対応が記されるようになりました。

　このようにして，特別な教育的ニーズがある子どもには判定書又は EHC プランが作成されるようになっています。判定書又は EHC プランが作成されている子どもは，2017年1月の時点で全体の2.8%，2018年1月では2.9%となっており，3%弱となっています。この数値は，「ウォーノック報告」で5～6人に一人が特別な教育的ニーズがあるとされた値とかけ離れていますが，なぜでしょうか。それは，判定書や EHC プランが作成されていなくても，特別な教育的ニーズや障害があると判断され，個別教育計画等が作成され，特別な対応がなされている子どもがいるからです。こうした子どもは，「特別な教育的ニーズ支援」（SEN support）が必要な子どもとして確定されています。SEN support の対象者は2017年1月の時点では全体の11.6%，2018年1月では11.7%となっています。判定書，EHC プラン，又は SEN support の対象者を合わせると，2017年1月の時点で14.4%，2018年1月の時点で14.6%[7]となっており，「ウォーノック報告」での推定値に近い値になっていることがわかります。表12は判定書又は EHC プランが作成されている対象者と SEN support の対象者の比率を障害種別に示したものです。

　ただし，ここで気をつけなばならないのは，特別な教育的ニーズとは，単に障害だけを意味するのではないという点です。貧困，民族や言語や宗教の違い，家庭環境などによって生じる学習上の困難がある子どもや，不登校や非行など学校への適応に問題がある子どもも含まれています。

　それでは，こうした特別な教育的ニーズがある子どもに対してどのような施策が行われているのでしょうか。

◯特別な教育的ニーズに関する方針の作成

　各学校は，特別な教育的ニーズに関する方針を作成しています。この方針のなかに含まれる内容は大きく分けると以下の3つからなっています。①学校の

特別な教育的対応についての基本的な情報，②特別な教育的ニーズがある子どもの発見，評価，対応についての情報，③学校の教職員の研修と学校外の機関との協力・協働についての情報，です。具体的には，①には，特別な教育的ニーズ学校方針の目的，後で述べます特別な教育的ニーズコーディネーターの氏名，特別な教育的ニーズがある子どもへの教育的対応を調整する手続き等が挙げられます。②には，特別な教育的ニーズがある子どもに対する資源の配分，発見・評価手続きと再検討の手続き，ナショナル・カリキュラム[8]などに子どもがアクセスできるようにする手続き，特別な教育的ニーズがある子どもが学校全体に統合される方法，特別な教育的ニーズの学校方針の達成の有無を評価する基準，学校内における特別な教育的対応についての不服を検討する手続き等が含まれます。③には，特別な教育的ニーズに関する現職研修の手続き，学校外の人的・物的資源の活用，親の役割，他の学校との連携，などが該当します。また，各学校の年間報告書には，特別な教育的ニーズがある子どもに対する方針の実施状況についての記述がなされなければならなくなっています。

　このように，各学校に，特別な教育的ニーズに関する学校としての具体的な方針があることによって，特別な教育的ニーズがあるすべての子どもに対して適切な特別な教育的対応を保障するための手だてが整備されているのです。

○特別な教育的ニーズコーディネーターの配置

　特別な教育的ニーズの学校方針を実施し，特別な教育的ニーズに関する全体的な調整を行う特別な教育的ニーズコーディネーター（Special Educational Needs Coordinator：以下，SENCO と略称する）と呼ばれる者が小・中学校に配置されています。小学校における SENCO の主な役割としては，①学校の特別な教育的ニーズ方針の日々の運用，②特別な教育的ニーズがある子どもへの対応の調整，③他の教師との連携や彼らへの助言，④**ティーチング・アシスタント**[9]（teaching assistant）の有効な活用，⑤特別な教育的ニーズに関する情報や子どもの記録の管理・監督，⑥特別な教育的ニーズをもつ子どもの親との協力・連絡調整，⑦教職員の現職研修への貢献，⑧学校外の機関との連携，などが挙げられます。このように，SENCO の業務は広範にわたっており，特別な教育的ニーズの施策を推進するうえで，その役割はきわめて重要です。

○特別な教育的ニーズ・障害上級裁定委員会の設置

　「1993年教育法」によって，特別な教育的ニーズに関する不服申し立てを処理する委員会が設置されており，現在は「特別な教育的ニーズ・障害上級裁定委員会」（First-tier Tribunal（Special Educational Needs and Disability））と呼ばれています。この委員会は第三者機関として，中立的な立場で，特別な教育的ニーズの評価から判定書やEHC プランの作成に至る過程や，判定書やEHC プランの内容に対する不服申し立ての処理を行っています。この委員会は親の権利を保障するうえで大きな役割を果たしています。　　（河合　康）

▷8　1980年代後半まで，イギリスでは日本の学習指導要領や教科書検定に当たるものはなく，学校と教師の教育の自由が保障されていた。しかし，「1988年教育改革法」により，全国共通の学習水準を示したナショナル・カリキュラムが導入された。そして，ナショナル・カリキュラムにもとづいて全国統一の到達度評価テストが行われている。

▷9　ティーチング・アシスタント
学校には教員の他に，授業時などに学級担任を支援するアシスタントがおり，特別な教育的ニーズがある子どもに対応している。

4 外国の例③ スウェーデン

1 特別支援教育への転換

　スウェーデンでは，特別支援教育への転機は1980年代に訪れました。障害のある児童生徒のための教育政策や教育実践にかかわる変革があり，「あらゆる者のための教育」を目指して教育環境が整備された時期です。

　第一の変革として，学校教育に関する法律が一本化されたことが挙げられます。それまで「学校教育法」とは別の特別法で規定されていた知的障害特別学校の教育が，1985年に改訂された学校教育法で統合されました。このことにより，障害のある者と障害のない者の教育について法的な境界線がなくなり，学校教育法は学校で学ぶあらゆる者に対しての総合的な法律となりました。

　第二の変革として，特殊学級が公的になくなったことが挙げられます。1980年に改訂された学習指導要領では，従来あった特殊学級に関する言及が，全面的に削除されました。ただし，すべての児童生徒が困難なく学校課業を行うことを，指導要領全体の目標とし，何らかの支援が必要な児童生徒のために，個別指導や多様な特別指導グループを設ける工夫はなされています。

　第三の変革として，視覚障害特別学校が閉鎖になったことが挙げられます。1960年代以降，家庭から通学できる居住地域の学校に通う重度視覚障害児が増え，この傾向は1970年代にも続きました。このような結果，視覚障害特別学校の学校機能としてのニーズが減少し，1986年に視覚障害リソースセンターとして生まれ変わりました。

2 障害のある児童生徒の教育

　現在，スウェーデンでは，障害のある児童生徒の就学基準は図６のようになっています。視覚障害や肢体不自由のある児童生徒は，障害が重度の場合も含め，普通学校である基礎学校へ就学します。

　他方，知的障害や聴覚障害のある児童生徒のうち，特別学校に就学する児童生徒がいます。このような特別学校の存続は，インテグレーション（統合教育）実践を通して培われた「障害のある児童生徒が障害のない児童生徒と同じ学級にいればインテグレーションが達成されるということではなく，教育は，児童生徒が社会の一員として参加できるように，よりよく発達する見地からも取りくまなければならない」との考え方や，「特別学校を残してほしい」との

▷1　特別基礎学校と特別訓練学校から構成される。

▷2　1965年に盲学校から視覚障害特別学校に改名。スウェーデン国内に視覚障害特別学校は１校であった。

▷3　石田梓代『スウェーデンのインテグレーションの展開に関する歴史的研究』風間書房，2003年，16頁。

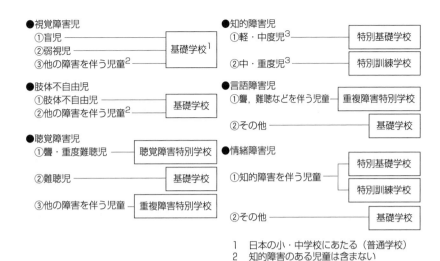

1　日本の小・中学校にあたる（普通学校）
2　知的障害のある児童は含まない
3　聴覚障害以外の他の障害のある児童を含む

図6　障害の種類と就学基準

出所：石田祥代「スウェーデンのインテグレーションサポートシステムについて」『文教施設』第11号，2003年，35頁。

当事者らの要望を反映しています。なお，学校選択の最終的な決定権は児童生徒とその保護者にあり，教師や心理士，福祉士等と相談しながら就学する学校を選択することは，しばしばあることです。

今世紀に入って以降は，インクルーシブ教育の推進がスウェーデン全域でいっそう進められてきました。2010年には学校教育法が改正され（Skollag 2010：800）「知的障害のない自閉症の児童生徒は特別基礎学校・特別訓練学校の対象ではなく基礎学校の対象である」と明記されました。

3　基礎学校内での特別支援体制

基礎学校における障害のある児童生徒のための特別支援は，大きく人的リソースと物的リソースの供給に分けることができます（図7）。人的リソースとしては，**特別教育家**[4]とパーソナルアシスタントの配属があります。特別教育家は，学級担任の相談にのったり，障害のある児童生徒が学習する学級に加わり

▷4　特別教育家
1990年に制度化。教員・余暇指導員等の基礎免許と教育・福祉現場での実務経験（3年）の上，養成課程に入学できる。

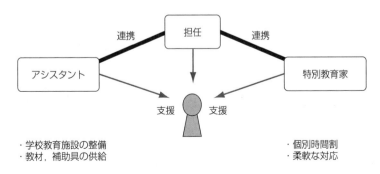

図7　基礎学校における特別支援体制

授業の補佐を行ったりしています。重度視覚障害児が基礎学校に入学する場合には，視覚援助教員を加配し，2人担任制にしている市も多く見られます。また，パーソナルアシスタントは，通学から帰宅まで，授業のみならず学校生活全般を重度障害のある児童生徒とともに行動することもあります。また，学級で学習サポートを行うほか，トイレや給食の介助を行います。

　物的リソースとしては，学校教育施設の整備，教材および補助具の供給が挙げられます。新設学校には，スロープやエレベーター，車椅子が利用できるトイレ等が設置されます。これらの設備がない学校や他の特別な整備が必要な学校に障害児が入学するときは，学校福祉士や作業療法士等の専門家が加わり，学校の改築がなされます。また，基礎学校で使用される補助具は支給されるのが一般的で，たとえば，点字使用の盲児には，基礎学校入学時より音声装置と点字ディスプレーのついたコンピュータが支給されます。

　その他の支援として，個別時間割があり，必要に応じて，時間割のなかに言語指導やコンピュータ指導等が取りいれられます。特別な指導を受ける期間や時間は児童生徒により異なり，長期間全日の場合もあれば，週に数日程度の場合もあります。また，指導グループが当該児の通う学校に設けられることもあれば，他の学校や，**ハビリテーション**▶5センターや職能センター等のセンター内に設けられることもあります。さらに，時間をかけすぎない柔軟な対応がなされるということも重要な支援となっています。

　以上のように，基礎学校には人的リソースと物的リソースの供給を中心とした特別支援体制が整備されつつありますが，障害のある児童生徒の指導をアシスタントに任せきりにすることがないよう教員と連携を図りながら教育を行うことや，現在任意で養成されているアシスタントの養成のあり方などが今後の課題といえるでしょう。

▶5　ハビリテーション
スウェーデンでは能力や機能の回復を意味するリハビリテーションと区別して用いている。

図8　ピクトグラムの日程表

図9　ブリスを用いた日程表

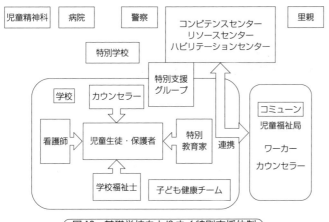

図10　基礎学校をとりまく特別支援体制

出所：石田祥代・是永かな子「心理的・福祉的諸問題に注目した義務教育諸学校における
児童生徒支援に関する研究」『北ヨーロッパ研究』第13巻，2016年（一部改変）。

④　基礎学校をとりまく特別支援体制

　特別ニーズ教育と学校への支援を行っている主機関として国立特別ニーズ教育・学校機構（SPSM）があり，特別な教育的支援を必要とする子どもや若年者のみならず成人に対しても責任を負っています。近年は，ヨーロッパ諸国とも手を携え，国際的な視点からもインクルーシブ教育に積極的に取り組んでいます。

　スウェーデンでは他の北欧諸国と同様に，児童生徒の教育的ニーズの側面から特別支援の必要性を捉えています。そのため，どの学校にも子ども健康チームを配置し，校長，特別教育家，学校カウンセラー（心理士），学校福祉士，学校看護師，学校医，キャリアカウンセラーなどがそのメンバーに加わっています。

　障害のある（または疑いのある）児童生徒への特別支援教育に加え，児童生徒ならびに保護者への心理的な側面からの支援や学校環境あるいは家庭環境を整える福祉的な側面からも支援が行われます。スウェーデンには，移民や難民など外国文化を背景にもつ児童生徒も多く在籍しているので，これらの児童生徒への配慮も必要となってきます。さらに，いじめの問題にも積極的に取り組んできました。いじめを放置したり，いじめを予防することは校長の責任として学校教育法に記されています。誰もが安心して過ごせる「みんなのためのインクルーシブな学校づくり」は，世界のいろいろな国で試行錯誤されながら行われています。

　しかしながら，児童生徒の多様な教育的ニーズに対し，限られた財源をどう運用するのかはスウェーデンにおいても大きな課題といえます。

（石田祥代）

障害発生の時期と障害児（者）の ライフコース

▷１　出生前
この時期は，１）受精から胎芽期と２）胎児期に分けられる。１）では，精子と卵子が合体することで受精卵となり，卵管を通って子宮へ向かって行く。そして受精卵は子宮内に着床して，胎芽（受精後６週間は，胎児といわない）として発育を始め，その後の胚芽期に，胚芽の分化の働きを通じて，器官の基（＝原期）がつくられる。この時期に何らかの外的因子が働くと先天的奇形が生じがちである。
２）は，受精して３か月から出生までをいう。この胎児期に形成された各組織や器官が成熟し，胎児は急速に成長し，17週から20週目頃には，母体は胎動を感じるようになる。

▷２　周生期
周生期は，周産期ともいい，この期間は妊娠後期に当たる。この期間は子どもにとって子宮生活から胎外生活へと環境が急激に変化する期間で，適応障害による種々の疾患を起こしやすい重要な時期である。

▷３　胎芽期
受精した後の６週間は，まだ，形が人間らしくなっていないので，胎児とはよばず，胎芽という。受精から器官形成完了までの期間で，細胞の増殖と分化が活発に行われている時期である。

　個体が発生し，発達していく過程において，さまざまな心身障害がおこってきます。その障害発生の時期は，大まかにいって，１）出生前，２）周生期，３）出生後の三つに分けられます。**出生前**は，精子と卵子の受精から妊娠第28週までであり，**周生期**は，第29週から生後１週までです。障害発生の時期と原因は，表14に示すとおりです。

１　遺　伝

　遺伝子は生体を形づくる細胞の核のなかにある染色体上にあります。その染色体は DNA（デオキシリボ核酸）という物質を含んでおり，それが遺伝子の本体で，その構造のなかに遺伝情報が見られます。

２　染色体異常

　染色体異常とは，染色体の数や構造の異常であって，代表的なものはダウン症候群で，21番目の染色体が１本多いか，他に場所を移しているという異常が見られます。母親が高齢であるほど出生率が高いことから，卵子の老化現象に関連があるともいわれています。ダウン症候群の子どもは独特の顔貌をもち，小奇形があり，知的障害もあります。そのほか筋緊張の低下がみられ，運動の発達が遅れています。心臓疾患や視覚障害の合併率もかなり見られます。

３　胎芽・胎児期の問題

　受精卵が子宮の内腔に着床した後の受精後４〜７週間に，個体すべての重要器官の基礎が作られます。この時期が**胎芽期**です。８週以降は胎児期といいます。胎芽期に有害因子が作用すると，流産や重度の奇形の原因となりやすいです。胎児期になって器官の形成がなされてしまっても，有害因子による影響がある場合は，小奇形などをひき起こしやすいです。

４　周生期

　周生期には，胎児は，母胎から胎盤を通じて栄養や酸素を与えられていましたが，出生後はそれらを自らの力で得なければならない，という生理的な大変化を遂げます。胎児は出生時に産道を通過するとき，強い物理的な圧迫を受け，酸欠状態になりやすく，その状態が長びく場合には出生時仮死状態になったり，

頭蓋内出血をおこしたりします。**新生児期**[注4]には呼吸困難や核黄疸をおこすこともあります。

❺　出生後

　出生後に障害をひきおこす病態の代表的なものは１）感染症，２）外傷，３）腫瘍です。

　以上，表13について，かんたんなコメントを加えましたが，以下の IV-2 ～ IV-12 では，視覚障害，聴覚障害，知的障害，自閉症，肢体不自由，病弱，言語障害，情緒障害，重度・重複障害について，それぞれの障害児が医学，保育，教育，労働，福祉等からの支援において自立・社会参加を図っていくことへの助言を行います。

　 IV-2 ～ IV-12 に入るに先立って，知的障害児（者）を中心にして，障害児の出生後から自立・社会参加へのライフコースを示すと，およそ図11のようなものになります。

（石部元雄）

<table>
<tr><th rowspan="6">出生前の原因</th><td>１）遺伝</td><th rowspan="6">周生期の原因</th><td>１）無酸素症</td><th rowspan="6">出生後の原因</th><td>１）感染症</td></tr>
<tr><td>２）染色体異常</td><td>２）頭蓋内出血</td><td>２）外傷</td></tr>
<tr><td>３）胎芽・胎児期の問題</td><td>３）低血糖</td><td>３）腫瘍</td></tr>
<tr><td>　(ｱ)奇形　　(ｲ)感染症</td><td>４）核黄疸</td><td>４）環境</td></tr>
<tr><td>　(ｳ)中毒症</td><td>５）その他</td><td>５）その他</td></tr>
</table>

表13　障害発生の時期と原因

出所：脇本京子「障害の医学的基礎と配慮」宮武宏治他編『障害児の教育と心理』日本図書センター，1989年，77頁。

▷ 4　**新生児期**
生後１～２週間にある子どものこと。子宮内で母体に依存していた胎児期を脱し，妊娠分娩の影響がなくなり，子宮外で独立した生活ができるような生理的な適応過程が完了するまでの期間をいう。
（以上の注はすべて以下の文献を参照した。石部元雄・伊藤隆二・鈴木昌樹・中野善達編『心身障害辞典』福村出版，1986年。）

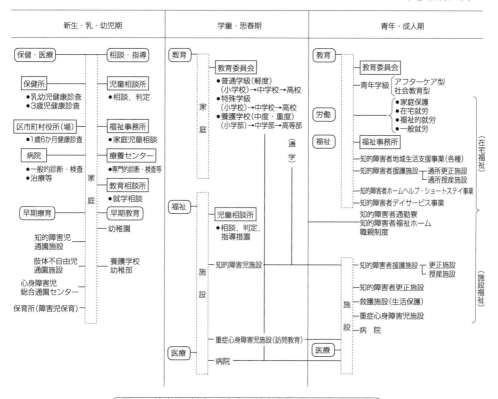

図11　障害児（者）の自立・社会参加へのライフコース

出所：石部元雄「障害者のライフコース」溝上脩『障害者のライフコース』川島書店，1996年，12頁。

2 視覚障害

1 視覚障害とは

○眼の構造と障害原因

　人間が獲得する情報の内，80％が視覚に依存しているといわれています。そのため，視覚に障害があることは日常生活を送るうえで，大きな支障となります。図12は眼球の水平断面図（右眼）を示したものです。人間の眼をカメラにたとえることができます。虹彩は絞りに，水晶体はレンズに，網膜はフィルムに当たります。外界から眼に入った光は，虹彩によって光量が調節され，さらに，水晶体で屈折されて，網膜に像を結ぶことになります。網膜に結ばれた情報は視神経等を経て，大脳の後頭葉の視覚中枢に伝達され，視覚が生じます。この一連の過程のいずれかに問題が起きると，視覚障害が生じることになるのです。

　2015年に筑波大学の柿澤らが実施した視覚特別支援学校児童生徒の視覚障害原因等に関する全国調査によりますと^{▷1}，これまでは，伝染性疾患や全身病が原因による場合が多かったのですが，近年，医学の進歩，衛生環境の改善，生活水準の向上等に伴い，先天素因によるものが過半数を占めるようになっています。眼疾患別にみると，未熟児網膜症（18.40％），網膜色素変性症（15.11％），視神経萎縮（10.88％），小眼球・虹彩欠損（10.88％），緑内障・水（牛）眼（6.17％），視中枢障害（4.07％），白内障（3.12％）が主要な疾患となっています。

○視覚障害の分類

　視覚障害は，「盲」と「弱視」に大別されます。一般に，盲とは，矯正視力が0.02未満の者を指します。弱視の場合は，視覚を用いて教育を受けたり，生活することは可能ですが，活字を拡大したり，レンズ等の補助手段を利用することが必要になります。

　また，盲については，生まれつきの盲を先天盲，生後失明（中途失明）した者を後天盲とする分類がなされています。先天盲の場合は，視覚的なイメージ（視覚表象）をもっていない場合が多いので，後天盲の場合と比べて物の捉え方が異なっています。そのため，教育方法にも特別な配慮が必要となります。なお，後天盲においても，5歳以前に失明した場合は，視覚表象をもっていないことが多いので，指導に際しては，先天盲と同じような工夫が必要となります。

▷1　柿澤敏文（研究代表）『全国視覚特別支援学校児童生徒の視覚障害原因等に関する調査研究―2015年調査―』筑波大学人間系障害科学域，2016年。

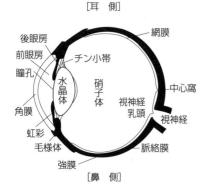

［耳　側］

網膜
後眼房
前眼房
チン小帯
瞳孔
水晶体
硝子体
中心窩
視神経乳頭
視神経
角膜
虹彩
毛様体
脈絡膜
強膜

［鼻　側］

図12　眼球の構造

出典：香川邦生編著『視覚障害教育に携わる方のために』慶應義塾大学出版会，1997年，5頁。

② 視覚障害児の特性

　一口に視覚障害といっても，障害の原因，種類や程度，障害を受けた時期，育った環境などによってさまざまです。以下では，視覚障害児（者）の一般的な特性について述べますが，一人ひとり異なることを忘れないで下さい。

◯ 視覚障害児の運動発達

　視覚障害児の場合，遠くにあるオモチャを見つけてハイハイして行ったり，テーブルの上にあるボールを取ろうしてつかまり立ちをするといった行動が見られません。そのため，運動量が不足し，筋肉の発達が遅れ，その結果，身体発達や運動発達にも遅れが見られます。さらに，運動不足による肥満傾向が見られることがあります。

◯ 視覚障害児の知的・認知発達

　視覚障害児の知的発達は，普通の子どもとほとんど変わらないといわれています。しかし，視覚障害児の場合，発達や学習の基本である「見て，まねをする」こと，いわゆる視覚的模倣が難しいため，学習の妨げとなることになります。

　また，視覚の代わりに触覚を用いることが多くなるため，学習上，さまざまな制約を受けることになります。たとえば，触覚の場合は，部分的に時間をかけてものを認知しなければならないため，全体的な把握が困難になります。また，直接触れることがむずかしいものの理解も困難になります[2]。さらに，色の概念の獲得も難しいといわれています。その一方で，視覚の代わりに聴覚を用いて情報を獲得する機会が多くなるため，人の名前や声を覚えたり，電話番号を暗唱したりすることが得意な子どもたちもいます。

◯ 視覚障害児の言語発達

　視覚障害児は，一般に，話し始めるのが正眼児に比べて1年ほど遅れるといわれています。この理由としては，①対象となる人や物が見えないために話かけようとする動機づけに欠けること，②話をしている人の口の動きを模倣することができないこと，③自分が声を発した人の反応を視覚的に確認することができないこと，などが考えられます。しかし，年齢を重ねるにつれて，言葉の数は増えていき，学齢時には同年齢の子どもと同等またはそれ以上になることもあります。

　その一方で，視覚障害児は，聞き覚えた言葉を，その意味を十分に理解しないまま使用する傾向が見られます。これは，唯言語主義（バーバリズム）と呼ばれており，実際の経験的背景が乏しいことによります。こうした点を補うためには，直接的な体験をできるだけ多くもたせたり，実物や模型などの教材・教具を活用し，触覚や聴覚を積極的に用いて，言葉の裏付けとなる的確な概念やイメージを獲得させることが大切になります。

▷2　たとえば，大きすぎるもの（山，海，ビル，等），小さすぎるもの（アリ，虫，等），遠くにあるもの（太陽，月，雲，等），こわれやすいもの（蜘蛛の巣，等），危険なもの（熱湯，火，化学薬品，等），動いているもの（電車，自動車，等）などがある。

◯視覚障害児の社会的発達

　視覚障害児の場合，対人関係を形成するうえで非常に重要である視線を合わせること，いわゆるアイ・コンタクトが難しいため，とくに，乳児期の母子関係における愛着行動に問題が生じたり，人見知りの時期が遅れたりすることがあります。

　視覚障害児（者）のパーソナリティーの特性としては，自己中心性や協調性の欠如が挙げられています。その他，視覚障害児は，新しい状況や未知の場面に順応することが難しいため，固執性が強い点も指摘されています。その一方で，順応した後は，忍耐強く，粘り強いといった特性も認められています。

　視覚障害児には，「目を押す」「頭を振る」「身体を揺する」「頭を手でたたく」「目の前で手を振る」「特定の場所でグルグル回る」などの行動が見られることがあります。これは，一般にブラインディズム（blindism）▷3と呼ばれています。

③　視覚障害児の指導と一般的配慮

◯盲児の場合

　盲児（者）が教育を受ける場として特別支援学校が設置されており，視覚障害に対応する特別支援学校の数は2017（平成29）年の時点で62校あります▷4。特別支援学校の教育課程には「**自立活動**」▷5が設けられています。そこでは，①触覚・聴覚などの有効な活用の仕方（点字（図13）の指導を含む）▷6，②歩行訓練，③コンピュータやワードプロセッサの活用方法，などの特別な指導が行われています。

　盲児（者）の指導に際しては，①各種の点字図書や録音テープ，②実物・模型・標本，③凸線で描かれた地図などの触覚教材，④点字盤や点字タイプライターなどの各種点字器，⑤**表面作図器（レーズライター）**▷7，⑥そろばん・物差し・時計などの各種盲人用計測器，⑦立体コピー等，盲児（者）用のさまざまな教材・教具がありますので，それらを有効に活用することが重要になります。また，近年，コンピュータなどの発達により，盲児（者）でも使用が可能な情報機器が増えてきていますので，これらの機器を上手に使いこなせるような指導も重要になっています。

◯弱視児の場合

　弱視児の指導について歴史的に振り返ってみますと，弱視児に眼を使わせると視力はいっそう低下するとされ，活字を用いた指導に対して消極的な時代がありました。しかし，現在の弱視教育では，眼の積極的使用に問題のないことを認め，効果的に眼を使うこと，つまり，眼を上手に使いこなすことにより，学習効率を高めることに主眼が置かれています。その際，まず第一に重要となるのが，見やすい環境条件を整備することです。弱視児は，視力だけでなく，

▷3　ブラインディズムが生じる理由としては，視覚障害児は視覚的刺激が不足しているため，自分で身体的な刺激を与えることを通じて充足感を得ている，という説が有力である。ブラインディズムは成長とともに消失していくことが多いが，こうした行動を減らすためには，遊びなどを通じて，外界に対する興味・関心をもたせ，体を使って積極的に物に働きかける喜びをもたせることが重要となる。

▷4　文部科学省「特別支援教育資料」（平成29年度），2018年。

▷5　自立活動
⇒ VI-2 参照。

▷6　現在の6点からなる点字は，フランス人のルイ・ブラーユ（Braille, L.）が1825年に開発した。日本版の点字は，1890年に東京盲唖学校の石川倉次によって開発された。日本版の点字の五十音（よみ）は，左上の3点で母音を，右下の3点で子音を構成し，両者の組み合わせで成り立っている。

▷7　表面作図器（レーズライター）
ゴム上の弾力性のある板の上に，特殊な用紙（薄い上質紙に塩化ビニルを貼ったもの）をのせたもので，ボールペンで強めに線を書くとその部分が浮き上がる。

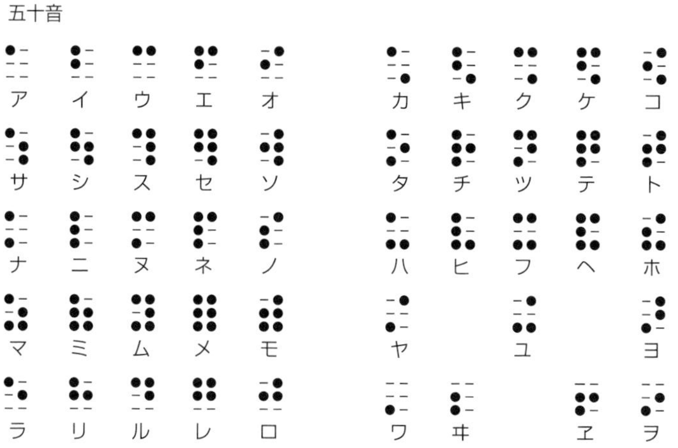

五十音

図13 点字記号（五十音）の凸「よみ」面

（注）　図は点字に触って「よむ」時のパターンだが，点字を打つ時には図を裏側からみた逆のパターン（凹「かき」面）になる。点字を打つ時の方向は右から左だが，よむ時は左から右となる。

出典：三上洋『100万人の点字教室　改訂版』セルバ，1992年，16頁。

視野や色覚にも障害がある場合も多く，周囲の環境によって見え方に差があるため，それぞれにもっとも適した条件を整えるようにしなければなりません。一般的には，教室全体の照明は明るい方がよく，700〜1,000ルクスが必要です。ただし，眼疾患によっては，まぶしさを訴える場合があります（網膜色素変性症，視神経萎縮，無虹彩，全色盲など）ので，その際には配慮が必要です。机の位置は黒板等が見やすい位置にし，灰緑色または黒色の黒板の場合には，白または黄色のチョークを用いる方がよいでしょう。また，子どもの見え具合を確かめながら，太く大きくはっきりと板書するようにしなければなりません。机は，作業がしやすいように机面が広くやや高めのものを用い，必要に応じて書見台や書写台を活用するようにします。

　第二に，弱視児の指導に際しては，教材・教具の工夫と機器の活用が重要となります。具体的には，①文字や絵など対象そのものを拡大する（拡大教科書，拡大コピー），②弱視レンズ（近用と遠用）を活用する，③閉回路テレビ（拡大読書器）を利用するなど，が挙げられます。さらに，見やすい教材を作成するためには，①絵や図など対象を単純にする，②見やすい配色にする，③鉛筆の濃さやノートのマス目の大きさなどを工夫する，といった配慮が必要となります。

　その他，弱視児（者）に対する主な配慮事項を挙げると，以下の通りになります。①小眼球，緑内障，強度近視など衝撃により壊れやすい眼には外圧を与えないように留意する。②左右の視力に差がある場合は，片目で物を見ていることが多く，その場合は立体感や遠近感が捉えにくいので事故に注意する必要がある。③色覚異常がある場合，色で区別されているグラフなどは，黒い線などで境界を縁どると見やすくなる。　　　　　　　　　　　（河合　康）

参考文献
　佐藤泰正編『視覚障害学入門』学芸図書，1991年。

3 聴覚障害

① 医学的基礎と定義

◯ 聴覚器官の構造と機能

聴覚器官は外耳（耳介～鼓膜），中耳（鼓膜～前庭窓），内耳（前庭窓～），聴神経から構成され，音はこの経路順に伝わっていきます（図14）。

まず，外からの音は私たちの耳には空気の振動として伝わってきます。外耳道を通ってきた音としての空気の振動は鼓膜によって固体の振動に変換され，鼓膜の振動は中耳にある耳小骨（つち骨，きぬた骨，あぶみ骨）を経由して前庭窓に伝えられます。耳小骨は，伝えられた振動を蝸牛内のリンパ液を振動させるのに十分な大きさに増幅したり，強すぎる振動に対しては伝達を弱めて内耳を保護する働きをもっています。前庭窓から入った振動は液体（リンパ液）の振動に変換され，その振動が蝸牛内の有毛細胞を刺激し，神経インパルスとしての電気的信号に変換されます。変換された電気的信号は蝸牛神経，聴覚神経路を経て大脳皮質の聴覚野に到達します。聴覚野で電気的信号が合成され，後言語野で音の弁別や言葉としての認識が行われます。

外耳から中耳までは音を振動として伝達するという意味で伝音系といい，中耳までの物理的振動を電気的信号に変換する内耳以降を感音系とよびます。伝音系は内耳までの経路によって気導と骨導に分けられます。気導とは外耳道から先に述べた経路を経て音（振動）が内耳に伝わることです。骨導とは自分の発した声のように，中耳を介することなく頭骨の振動によって直接内耳に振動（音）が伝達されることです。たとえば，VTR などに記録された自分の音声はいつも聞いている自分の声とは違って聞こえます。これは，いつもの自分の声は気導と骨導の 2 つの経路で聞いているのに対し，VTR の声は気導のみで聞いているからです。いいかえれば，いつもの自分の声は自分だけが聞いて

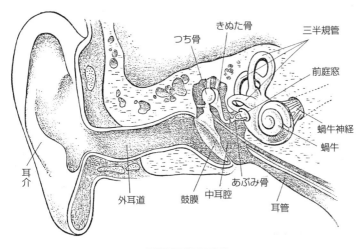

きぬた骨
つち骨
三半規管
前庭窓
蝸牛神経
蝸牛
耳介
外耳道　鼓膜　中耳腔　あぶみ骨　耳管

図14　耳の構造

出所：教師養成研究会特殊教育部会編『聴覚・言語障害児教育』学芸図書，1972 年，174 頁。

いて他人にはVTRのように聞こえていることになります。[1]

● 聴覚障害の定義と分類

　聴覚障害とは，聴覚の構造や機能に異常があり，音が聞こえにくかったり，聞き分けにくい状態をいいます。聞こえの度合い（聴力）は一般にオージオメータという機械で測定し，dB（デシベル）という単位で表示されます。オージオメータから出る40dBの音をやっと聞きとれる状態を40dBの聴力レベルと表現します。聴力レベルの数値が大きいほど聞こえにくい状態を表わします。音の大きさのおおよその目安は表14のようになります。[2]

　聴覚障害は，聴力の程度によって軽度難聴，中度難聴，高度難聴，聾と分類されたり，単に軽度，中度，重度，最重度などと分類されます。聴力の低下は一般には補聴器によって改善されますが，補聴器を使っても改善が難しい場合があったり，聴力レベルでは軽度障害とされるにもかかわらず，聞き分けが重度障害より困難であったりすることがあります。そのため，教育的には，伝音性聴覚障害と感音性聴覚障害という分類を併用することが大切です。

　伝音性聴覚障害は，外耳から中耳までの伝音系に異常があり，音の振動伝達がうまくいかないために生じます。これは補聴器などで振動を増幅すればかなりの程度補うことができます。通常の補聴器（気導補聴器）が使えない場合でも，振動を増幅して直接頭骨に振動を与える骨導補聴器が利用できます。

　感音性聴覚障害は，内耳以降の感音系に異常があり，音の振動を電気的な信号に変換することがうまくいかないために生じます。補聴器は振動を増幅する機器であり，電気的な信号への変換ができないため有効ではありません。近年は音の振動を電気に変換して直接内耳を刺激する人工内耳という機器が開発され，感音性聴覚障害の軽減が図られることもあります。

　補聴器が有効でない理由としては，感音性聴覚障害には特定の周波数が聞こえにくいということもあげられます。とくに子音の周波数が聞こえにくいことが多く，言語音の聞き分けに困難を示します。補聴器はすべての周波数について振動を増幅するものですから，個々の感音性聴覚障害に応じた周波数の選択的増幅は不可能です。さらに，リクルートメント（あるレベルの音が聞こえにくいにもかかわらず少しでも音量が上がると痛いほどの大きさに感じる）が伴う場合にも補聴器の利用は困難です。[3]

● 聴覚障害の病理

　原因不明の聴覚障害も多いのですが，判明している原因としては，遺伝的要因，胎生期や周生期における異常，成長の過程における炎症などがあげられます。児童期における伝音性聴覚障害の原因としては中耳炎が代表的

▷1　内耳は蝸牛，三半規管，前庭から構成されているが，聴覚に関係するのは蝸牛だけで，他の2つは平衡感覚に関係する。聴覚に障害があると平衡感覚にも障害が伴いやすいのはこのためである。

▷2　聴覚障害のない人の平均聴力レベルは0dBである。20〜30dBくらいから教室内での聞きとりミスが多くなる。60dB以上になると補聴器を利用しないと聞くことが難しくなり，80〜90dB以上になると補聴器を使っても音を聞くことはかなり難しくなる。

▷3　伝音性難聴と感音性難聴の鑑別は次のようにすれば比較的容易である。まず気導で，次に骨導で聴力を測定する。骨導で測定した聴力レベルの数値が気導のときより小さくなれば伝音性聴覚障害といえる。気導でも骨導でも数値に変化がなければ感音性聴覚障害となる。

表14　環境音や人の音声の大きさ		
深夜の郊外	ささやき声	0dB
		10dB
		20dB
静かな事務所	静かな会話	30
		40
	普通の会話	
		50
静かな車の中		60
騒がしい事務所	大声の会話	70
せみの声		80
	叫び声	90
電車の通るガード下	30cmの近くの叫び声	100
車の警笛		110
ジェット機の騒音	30cmの近くのサイレン	120

出所：文部科学省初等中等教育局特別支援教育課「就学指導資料」2002年，49頁。

▷4　中耳炎には急性，慢性，滲出性，真珠腫性などのタイプがある。

◁4
です。その多くは医学的な治療により聴力が改善されますが，その間の聞こえの確保が十分でないと学習上問題を残すことがあります。

　感音性聴覚障害は医学的な治療による回復・改善は困難です。妊娠中に母体がウイルス感染したり，抗生物質などの薬物を服用すると重度の感音性聴覚障害を引き起こすことがあります。ウイルス感染としては風疹が有名ですが，現在はワクチンが開発されほとんどみられなくなりました。重度の妊娠中毒症が聴覚障害の原因になることもあります。

　周生期に，低体重，酸素欠乏，分娩外傷，Rh 不適合などがあったり，乳幼児期に，麻疹（はしか），流行性耳下腺炎（おたふくかぜ），インフルエンザに感染することによって内耳に障害を受けることもあります。病気の治療のために服用した抗生物質や頭部外傷が聴覚障害をもたらすこともあります。

❷　障害の特徴と接し方の基本的配慮

◯聴覚の活用と他の感覚の利用

　聴覚障害が重度であってもまったく完全に聞こえないということはありませんので，保有する聴覚を活用することが大切です。言語コミュニケーションに聴覚を活用することが困難な場合でも，音の存在や音についての社会的なルールがあることを指導する必要があります。

　一般的には，聴力の低下は補聴器で補いますが，感音性聴覚障害の場合は，たとえ聴力レベルが軽度でも補聴器で補うことは困難です。補聴器で補うことが難しければ視覚で補うことになります。しかし，すべての情報を補えるわけではありません。補える場合でも，いくつかの条件が必要です。

　眼による視覚情報は対象物が見えなければなりませんから，一定の明るさがあること，一定の視野の範囲内であること，光が通っていること（陰に隠れていないこと）などが必要です。このような条件が整っていてもあまり小さかったり，動いていたりするとよく見えないことがあります。したがって，読話（相手の話し言葉を口形や表情で読みとること）の際には，明るい場所で，顔を合わせて，口をはっきり開けて，ゆっくり話さなければなりません。障害が軽度で，ある程度聞こえる場合にも，相手の口の動きなどで補っていることがあるので，同様の注意が必要です。◁5

▷5　私たち聴者は挨拶代わりに背後から肩をポンと叩くことがありますが，聴覚障害者に対してはまず顔を見せることが原則である。

　どんな情報を補うのかについても考えなければなりません。見える物は視覚で補うことができます。たとえば，りんごが欲しいときに「りんごをちょうだい」といわずに，りんごの絵を見せればりんごを手に入れることができます。では，「私は『りんごをちょうだい』と言ったんだよ」を視覚的に伝えるにはどうすればよいでしょう。文字を知っていれば文字で書くことはできます。手話を習得していれば手話で伝えることはできます。文字や手話を知らない場合，視覚的に伝えることは困難です。言語を視覚的に示すには相手が言語を知って

いる必要があります。

　視覚で補えない情報もあります。聴覚情報は暗くても，見えなくても，全方向から感知されます。緊急時のサイレンや放送が聴覚情報なのもそのためです。後から車や人が近づいていることを振り向かずに音で気づくことができるように，危険予防としても聴覚情報は重要です。緊急事態や危険予防に関しては，聴覚情報を触覚など視覚以外の情報で補うことを考慮する必要があります。視覚情報で補う場合にはシグナルやシンボルなどを用いることになりますが，その意味を十分理解させておかなければなりません。

◯コミュニケーション手段

　図15に示すように聴覚障害者のコミュニケーション手段は多様です。図にはありませんが，筆談なども加えることができます。

　伝音性聴覚障害の場合は，補聴器を使用して音声言語によるコミュニケーションが可能です。音声言語によるコミュニケーションが難しい場合は，視覚を利用したコミュニケーション手段を採用することになります。

　キュード・スピーチは母音の口形と子音を示す手指サインの組み合わせで読話や発声を補う方法です。指文字は50音（濁音，拗音を含む）を指で表現する方法です。手話は語や文を手指の形や動きで表現する方法です。日本手話とは日本の聾者が伝統的に使っている手話です。特有の文法などもあり，日本語とは別の言語であると考えられています。日本語対応手話とは話し言葉を文字化するように手指で表現するものです。

　口話法は，表現するときは音声言語を用い，理解は口形や表情によって判断するというものです。補聴器の性能が向上したので，最近は補聴器によって読話や構音を補う聴覚口話法もあります。

　どちらかというと，手指メディアの場合は聴者に努力が求められ，音声言語メディアの場合は聴覚障害者に努力が求められるといえるでしょう。聴覚障害の状態，言語の発達，視力や手の障害の有無，集中力，年齢，知能の発達などを総合的に判断してコミュニケーション手段を決定する必要があります。

◯言語の発達と指導

　聴覚障害児の言語発達は，聴力の程度，障害の部位，障害を負った時期などによって左右されます。一般に音韻や意味の理解は聞くことによって発達する

```
トータル        ┌ 手指メディア    ┌ キュード・スピーチ
コミュニケーション ┤               ┤ 指文字
                └ 音声言語メディア  └ 手話（日本手話・中間型手話・日本語対応手話）
                                ┌ 口話（読話）
                                ┤ 聴覚口話
                                └ 聴覚活用
```

図15　聴覚障害者のコミュニケーション手段

出所：柳本雄次・河合康編著『特別支援教育第3版——一人ひとりの教育的ニーズに応じて』福村出版，2019年，176頁。

ので，聴力レベル（dB）が大きいほど言語の発達は遅れがちになります。感音性聴覚障害では聞こえにくい周波数があると音韻の理解が困難であり，言葉の発達が遅れます。発声・発語の面では，自分の音声をフィードバックできないことにより，不明瞭な発音になりがちです。

　言語の発達では障害を負った時期が大きな影響を与えます。言語を一旦習得した後で聴覚障害を負った場合は，たとえ，感音性聴覚障害であっても話し言葉によるコミュニケーションが可能です。しかし，自分の発した音声をフィードバックできないので，発音が不明瞭になったり，声が大きすぎたり小さすぎたりすることがあります。その時は意識して発音するよう指導したり，声が大きすぎることや小さすぎることを伝える必要があります。頭の中に言語があれば，口形や動きなどの視覚的な情報を言語で補ったり，文脈を理解することができるので読話も容易です。▷6

　言語を習得する前に聴覚障害を負った場合には，視覚によって言語を習得しなければなりません。本来聴覚的なものである言語を視覚によって習得するのはきわめて困難です。たとえば，「パパ」と「ママ」は音韻的（聴覚的）にはまったく別ですから明確に区別できますが，口形が同じなので視覚的には区別できません。物の名前は物と口形などを示すことで学習可能ですが，助詞を含めた文法は視覚的に示すことが難しく，習得が困難です。

③　教育・福祉的配慮（学齢児を中心に）

○ 教育の場と障害の程度

　文部科学省の『教育支援資料』就学基準によると，特別支援学校（聴覚障害）の対象者は「両耳の聴力レベルがおおむね60デシベル以上のもののうち，補聴器等の使用によっても通常の話声を解することが不可能又は著しく困難な程度のもの」，特別支援学級（難聴学級）の対象者は「補聴器等の使用によっても通常の話声を解することが困難な程度のもの」，通級による指導の対象者は「補聴器等の使用によっても通常の話声を解することが困難な程度の者で，通常の学級での学習におおむね参加でき，一部特別な指導を必要とするもの」です。▷8　なお，通級による指導の対象も含め，通常の学級で指導を受ける聴覚障害児がいることを忘れてはいけない。

　以前の特別支援学校の対象となる基準は「両耳の聴力レベルが100dB 以上のもの」と聴力だけでした。現在の基準が聴力だけではなく，言葉を重視するようになったことがうかがえます。▷9

○ 教育方法としてのコミュニケーション手段

　従来の特別支援学校におけるコミュニケーション手段は口話法（聴覚口話法を含む）のみでした。聾者の言語として手話が世界的に認められるようになり，現在では，特別支援学校においてもさまざまなコミュニケーション手段が採用

▷6　私たちがテレビドラマを見ているとき，途中で音声を消しても登場人物の口の形や動きで何を言っているのか理解できることがある。これは，口の形や動きで音声が想像できたり，ドラマの流れ（文脈）などで次の言葉が予想できるからである。

▷7　文部科学省初等中等教育局特別支援教育課『教育支援資料──障害のある子供の就学手続と早期からの一貫した支援の充実』2013年。

▷8　「一部特別な指導」とは特別支援学校でいう「自立活動」に相当する。各教科の内容を扱いながらの指導も可能である。

▷9　特別支援学校の対象であっても，障害の状態に応じて，指導体制，施設設備等の環境条件が適切に整備され，小・中学校において学習ができ，安全な学校生活を送ることができると判断されれば，小・中学校への就学も可能である。ここには就学指導の柔軟性がうかがえる。

されつつあります（図15参照）。それでも幼稚部では口話法が中心で，中学部や高等部と学年・部が上がるにつれ他の手段の併用が多くなる傾向にあります。

口話法については，日本語を教えると同時に日本語で教えられているのに対して，手話についていえば，教師が手話を意図的に教えることはなく，子どもたちが自然に習得した手話を使って授業が行われています。近年，各地で手話条例が制定され，手話がコミュニケーションとして認められるようになりましたが，まだ，手話を使える教師はきわめて少なく，多様なコミュニケーション手段も幼児が自ら選べるわけではない，という問題もあります。

○ 早期教育と学力の保障

従来から特別支援学校教育では「9歳の壁」といわれる状況が存在しています。重度の聴覚障害児の学力がおおよそ小学校4年生レベルで停滞してしまう現象です。これは，教科内容が具体的なものから抽象的なものへと移行する段階でつまずきやすいことを意味しています。たとえば，「車」や「道路」は視覚的にとらえることができますが，「交通」は視覚的にとらえることは不可能であり，学習が困難です。視覚的な具体物への依存傾向が強いため抽象的概念の理解が困難であるという解釈もあります。しかし，遅れは国語や社会など言語力を必要とする教科に見られ，算数や数学など論理的思考を要する教科では遅れが見られないという報告もあります。

言語力の問題だとすると，できるだけ早い時期に，すなわち言語習得期までに意図的な言語指導を行う必要があります。特別支援学校では教育相談という形で幼稚部以前の乳幼児の指導を行ってきた長い歴史をもち，教育相談担当の教員配置も正式に認められていますが「9歳の壁」は現在も存在しています。コミュニケーション手段としてだけではなく，内言語の習得手段として多様な手指メディア，音声言語メディアの検討が必要でしょう。

○ 自立活動

特別支援学校には自立活動という教育課程の領域があります。これは障害にもとづく種々の困難を主体的に改善・克服することを目的として設けられ，通常の学校の教育課程にはない特別支援学校に特有の領域です。特別支援学校では，主に①聴覚の活用，②発音・発語指導を含めた言語指導が行われています。

新しい学習指導要領では，特別支援学級においては自立活動を取り入れることが義務づけられ，通級指導教室においては，自立活動を参考にすることが求められています。

自立活動の内容は，①補聴器を活用し音を聞く学習である「聴覚学習」，②発音や言葉のリズムの学習である「発音指導」「発語指導」，③「読話指導」，④言語表現や語彙の学習である「言語指導」などです。発音・発語については，長い歴史の中で確立された指導法に加え，最近では視覚的にフィードバックできる発音訓練装置が開発され，効果をあげてきています。　　　　（浦﨑源次）

参考文献

山田宗睦（代表）『耳は何のためにあるか』風人社，1989年。

キャロル・ターキントン／アレン・E．サスマン著，中野善達監訳『聾・聴覚障害百科事典』明石書店，2002年。

4 知的障害

① 知的障害とはどんな障害なのか

　文部科学省は，2002年に就学指導資料の知的障害の概要として「知的障害とは，『発達期に起こり，知的機能の発達に明らかな遅れがあり，適応行動の困難性を伴う状態』をいう。」と説明しています。

　そして，「①発達期とは，18歳以下が一般的で，発達期以降の外傷性頭部損傷や老齢化に伴う知能低下などによる知的機能の障害とは区別される発達障害として位置付けられる。②知的機能とは，認知や言語などにかかわる機能であるが，その発達に遅れがあるということは，精神機能のうち，情緒面とは区別される知的面に，同年齢の児童生徒と比較して平均的水準より明らかに遅れが有意にあるということである。③適応行動の困難性があるということは，適応能力が十分に育っていないということであり，他人との意思の交換，日常生活や社会生活，安全，仕事，余暇利用などについて，その年齢段階に標準的に要求されるまでに至っていないことである」（○数字は筆者）として，知的障害の定義の3つの側面を説明しています。さらに，「知的機能の発達に明らかに遅れがあり，適応行動上の困難性を伴うという状態は，全体的な発達の遅れとして現れる。その原因は多種多様で，具体的には不明なことが多い。概括的にいえば，中枢神経系の機能障害に加えて，心理的・社会的条件がその要因となる。」そのため，「発達の遅れ又は障害の状態は，ある程度持続するものであるが，絶対的に不変で固定的であるということでなく，教育的対応を含む広義の環境条件を整備することによって，障害の状態はある程度改善されたり，知的発達の遅れがあまり目立たなくなったりする場合もある。」と個人の条件と環境的・社会的条件との相互作用で変化することを説明しています。

　我が国では，知的障害者福祉法においても，知的障害を明確に定義していませんが，文部科学省の知的障害の説明は，2001年に国連で提案された**国際生活機能分類**での障害の新しい捉え方や2002年の**アメリカ精神遅滞協会**の「知的障害（Mental Retardation）は，知的機能および適応行動（概念的，社会的及び実用的な適応スキルで評される）の双方の明らかな制約によって特徴づけられる能力障害のことである，この障害は18歳までに生じる。」という定義を踏まえていると思われます。

　近年の知的障害の概念は，知能水準から分類をするという考え方から，支援

のニーズと個人の機能を相互に影響しあう動的なものとみなし，多次元でとらえるという方向へと大きく変化しました。しかし，知的障害児に適切な教育的支援を行うために標準化された**知能検査**[4]を使って，子どもの知能水準や能力のプロフィールを把握することは，教育方針を立てる上では重要です。

2　知的障害の原因

　知的障害の原因は，大きく分けると，生理的要因，病理的要因，環境的要因に分けられます。生理的要因とは，特別な脳の病気があるわけではないが，IQ が70以下で，適応障害を伴う場合です。病理的要因は，出生前，周産期に生じる遺伝や代謝障害，外傷，脳炎などのような傷病が原因である場合です。環境要因とは，発達の過程において知的な発達のための十分な条件が与えられず，不適切な環境の中で育った場合です。

　しかし，実際の知的障害の原因は，直接の原因が不明であることがほとんどであり，原因を特定できる場合の方がまれなのです。しかも，疫学的研究のレ[5]ビューにより，知的障害者の約50％は，原因となる要因を２つ以上もち，しばしば，２つ以上の要因の累積的・相互作用的効果の現れであることも指摘されています。したがって，何らかの特定の原因が推測できたとしても，この３者の原因は複合的に関係していると考えられます。

3　小学校１年の２学期から特別支援学級（知的障害学級）で生き生きと学ぶようになったA太郎

A太郎の家族構成

本人　A太郎（７歳）　小学校１年　２学期から特別支援学級に移籍
姉　　B子（10歳）　小学校４年　A太郎と同じ小学校に通学している
父親　H夫（35歳）　会社員
母親　I子（32歳）　主婦，パート勤務

A太郎が小学校の特別支援学級に移籍するまでの経過

　母I子は，保健所の３歳児健診のときA太郎が，言葉が少なく多動であることを指摘された。これまで気にはなっていたが，そのうちに改善すると思っていたA太郎の発達の遅れについて指摘されたことは，大きなショックだった。保健所で隔週で行われている親子教室を紹介され通うことになった。そこで親子での遊ぶ姿や家庭での様子が観察，聴取された後，児童相談所を紹介された。児童相談所では，これまでの経過や生活状況を聴取され，心理検査を受けた。その結果，知的障害児通園施設S園（現，児童発達支援センターS園）の外来相談を紹介された。

　S園の外来相談に月に１回通いながら，A太郎は保育所に入所した。同時期に200km以上離れた小児専門病院で診察してもらったりもし，A太郎の発達の遅れをなんとかとりもどせないかと必死の思いであった。

　しかし，保育所では，集団に適応できず，すみでひとり遊びばかりしている状態で

▶3　アメリカ精神遅滞協会（American Association on Mental Retardation：AAMR）
2007年 より，American Association on Intellectual Developmental Disabilities：AAIDD と名称変更された。AAMR の知的障害の第９版（1992年）では，IQ 値による分類を一旦やめることになったが第10版（2002年）から，IQ の測定も復活した。医学的原因に重きをおいた分類から，社会的，行動的，教育的要因の多次元的なアセスメントと支援が重視されている。

▶4　知能検査
個人の知的能力の程度を客観的に測定するための道具。ビネー式といわれる田中ビネー・鈴木ビネー知能検査やウェックスラー式といわれる WPPSI 知能診断検査，WISC-Ⅳ知能検査，KABC-Ⅱ心理・教育アセスメントバッテリーなどがある。アメリカ精神医学会（American Psychiatric Association：APA）では，50-55〜70を軽度，35-40〜50-55を中度，20-25〜35-40を重度，20-25以下を最重度の知的障害と分類している。我が国でもこの基準に近い形で知的障害の程度が考慮されて支援の目安とされている。

▶5　McLaren, J., & Bryson, S. E. Review of recent epidemiological studies of mental retardation: Prevalence, associated disorders, and etiology. *American Journal of Mental Retardation*, **92**, 243-254. 1987.

あった。ストレスがたまっているのか家庭では，行動を制止する言葉でかっとなり，植木鉢をなげることもあった。Ⅰ子にとってもっとも苦しい時期であった。

運よくS園に空きができ，4歳から入園することができた。入園当初は，集団に入る自信がなく，何をするにも様子をうかがう傾向が見られた。楽しいことをたっぷりして自信をつけさせるという園の方針で指導したところ，自転車に乗れたことを契機に自信をつけ，集団参加できることが増えてきた。そして，最後までやりきり，生活の見通しと達成感を感じられることを大切にした指導のなかで，友達に手を出したりしてかかわりをもとうとするようになり，むずかしかった言葉でのやりとりに発展していった。そのころから家庭でも楽しみを言葉で表現できるようになった。さらに，集団のリーダー的存在になり，家庭では食事をついでくれたり，お風呂のスイッチを入れたりと，お手伝いができるようになっていった。

A太郎の変化は，Ⅰ子にとって大きな喜びだった。さらにⅠ子にとっては，同じ経験をされたお母さんと出会えたことが，一番の励みになった。保育所では，わが子だけがと孤立感を感じていたが，子どもの悩みを共感しながら話し合える仲間ができたこと，前向きにがんばっている先輩の母親の姿におおいに励まされた。そして，S園の職員に日々相談し，障害や発達，就学についての学習をするなかで，子どもへのかかわりや将来にも見通しがもてるようになってきた。

2年間のS園への通園で大きな変化のあったA太郎であったが，就学にあたって特別支援学級に在籍するか普通学級にするかで大いに悩んだ。S園の職員や就学指導委員会からは，知的障害学級の方が安心して学習できるのではという助言があった。しかし，同じ学校に通う姉が，弟の特別支援学級（たんぽぽ学級）への入級に反対の意思を表明した。子どもとのかかわりが少なかったH夫も同意見だった。Ⅰ子も，かなり変わってきたから，普通学級でもやっていけるのではないかという期待もあり，悩んだ末に普通学級を選択した。

▷ 6　障害の受容
⇒ Ⅰ-4 参照。

▷ 7　児童発達支援センター
児童福祉法の改正により，2012年4月から，知的障害児通園施設，肢体不自由児通園施設，難聴幼児通園施設が，施設の有する専門機能を活かし，地域の障害児やその家族への相談，障害児を預かる施設への援助・助言を行うなど，地域の中核的な療育支援施設としての役割を担うこととなった。肢体不自由児通園施設は，その医療的機能を活かした医療型児童発達支援センターと位置付けられた。

しかし，最初の1週間は元気に通っていたものの，ひらがなの学習が始まったころから，集中力を欠くようになり，学校へいくのもしぶるようになった。家庭でも宿題をするよう促すと泣いて拒否するようになった。Ⅰ子は，B子やH夫にA太郎の状況を話し，A太郎のたんぽぽ学級への移籍について相談したが，そのときはB子の方が拒否的であった。

しかしその後，B子は自分でたんぽぽ学級を見学し，先生に「A太郎がたんぽぽ学級に行くからよろしくね」とA太郎の入級を頼んだという。そこでⅠ子は，H夫といっしょに学校の先生に相談し，2学期からA太郎を特別支援学級に移籍させることにした。

特別支援学級では，書写がまだむずかしいA太郎に合わせて，描画や線引きの課題や絵カードなどを用いた文字学習，遊びの要素を取り入れた教材を用いてのかずの学習などを指導してもらえるので，再び楽しく学校に通えるようになった。

④　A太郎の事例から学ぶ知的障害児の発達特性と教育方法

　A太郎のように健診で何らかの心配がある子どもとその保護者は，保健師，保育士，心理相談員などによって運営されている親子教室を紹介されます。親子教室では，親子遊びや保護者のグループワーク，個別相談などを継続して行い，親子の関係や子どもの様子を十分観察し，総合的に状況を把握します。

　子どもにとっては，できるだけ早く適切な保育や療育が行われることが将来の能力や社会性の発達にとって望ましいのですが，家族がはじめて子どもの障害を知らされたときはⅠ子のように大変なショックを受ける人がほとんどで，子どもの**障害を受容**するには一定の時間が必要です。したがって子どもに知的障害の可能性がある場合，親の悩みを受容し，傾聴する姿勢とともに慎重な配慮を行った告知と情報提供が必要です。

　そして，事例のように保健所の保健師，心理相談員，保育所の保育士，**児童発達支援センター**（2012年4月から知的障害児通園施設が名称変更）の職員，**児童相談所**の心理判定員や児童福祉司など関係機関の専門職が地域内で連携して子どもや家族を支援する姿勢がとても大切です。

　知的障害は，障害が発達期に現れる発達障害のひとつですから，それぞれの年齢段階における子どもの**発達段階**や能力のプロフィールを適切にアセスメントした上で指導計画を立てることがきわめて重要です。A太郎が保育所や小学校の普通学級で適応障害をおこしたのは，それが不十分であったためだろうと思われます。適切な指導計画のもとで，楽しい活動をしっかり行って自信をつけ，子どもが自ら見通しをもって活動を行えるよう，環境や支援方法を工夫し，達成感を自他ともに認められるようになれば，たとえ障害が重度であっても，生き生きと学び，生活することができるようになります。

　またⅠ子も知的障害児通園施設の保護者に悩みを打ち明けられたことでほっとしたように，家族にとっても同じ体験をした人の集団に出会うことで①気持ちが癒され，②先輩の話を聞いたり，集団で学習することで展望が見出され，③同じ目標に向かって社会的アクションをおこすことでニーズを満たす，など大きなメリットが得られるのです。このような集団は，**セルフ・ヘルプ・グループ**と呼ばれ，障害者本人や家族のエンパワメントを引き出す上で注目されています。

　Ⅰ子は，就学にあたってもS通園施設の保護者とともに，特別支援学校，特別支援学級，普通学級などを就学前に見学し，**就学指導委員会**の助言なども参考にし，A太郎にとって一番適切であると思われる場を選択していきました。このように，就学後の知的障害児の学習の場は，学校，就学指導委員会，医療・福祉機関などが連携して，子どもや保護者が十分納得できるよう支援していくことが大切です。

　　　　　　　　　　　　　　　　　　　　　　（高橋　実）

▷8　児童相談所

児童福祉法に基づく児童福祉の専門相談機関。都道府県と政令指定都市に設置義務がある。心理判定員，ソーシャルワーカーである児童福祉司，小児科医，児童精神科医などが配置されている。

▷9　発達段階

ことばの発達を例にとると，指さしなどの身振りから話し言葉に発展していく過程のように，ある特定の行動をある価値的観点から取り上げて，その質的変化の過程を段階的にとらえたものが発達段階である。

▷10　セルフ・ヘルプ・グループ

自助グループ，当事者グループともいわれる。当事者自身が援助者とともに自らの問題を主体的に解決する機能をもつ。専門的援助者と対等の立場で情報を得たり，政策決定に参画したりする機能をもつ場合もある。

▷11　就学指導委員会

市町村の教育委員会は，就学予定児の健康診断を11月末までに行い，適切な就学指導を行うために，就学指導委員会を置くことになっている。2012年7月に中教審初等中等教育分科会が報告した「共生社会をめざしたインクルーシブ教育システムの構築のための特別支援教育の推進」によると，早期からの教育相談・支援，就学指導，就学後の適切な教育及び必要な教育支援全体を一貫した「教育支援」ととらえ直すことが提案されている。

自閉症①
自閉症（自閉症スペクトラム障害）の診断基準

 神経発達障害群

　2013年5月に発表されたアメリカ精神医学会の診断基準である DSM-5（精神疾患の診断・統計マニュアル）▶1 によると，DSM-Ⅳ-TR まで広汎性発達障害の中に位置づけられていた自閉症は，自閉症スペクトラム障害（Autism Spectrum Disorder）▶2 として神経発達障害群（Neurodevelopmental Disorders）というカテゴリーの中に位置づけられることになりました。このカテゴリーの中には，知的能力障害群，コミュニケーション障害群，注意欠如・多動性障害，限局性学習障害，運動障害群，他の神経発達障害群が含まれています。

　DSM-Ⅳ-TR まで広汎性発達障害の中に位置づけられていた自閉性障害，レット障害，小児期崩壊性障害，アスペルガー障害，特定不能の広汎性発達障害は，すべて自閉症スペクトラム障害（自閉スペクトラム症）として診断され，支援の必要性に応じた重症度区分が導入されました（表16）。

2 自閉症スペクトラム障害（自閉スペクトラム症）の診断基準

　自閉症スペクトラム障害（自閉スペクトラム症）の診断基準は，表15のとおりです。DSM-Ⅳ-TR までは，①対人相互反応における質的障害，②コミュニケーションの質的障害，③行動，興味，および活動の限局された反復的で常同的な様式の3条件を満たすことが条件とされていましたが，DSM-5では，①社会コミュニケーションおよび対人相互反応における持続的な欠陥，②行動，興味，または活動の限局された反復的な様式の2つの条件に整理され，②の下位条件に感覚刺激に対する過敏さ，鈍感さが加えられました。また，①の条件のみ認められ，②の条件が認められない症状の場合は，コミュニケーション障害群のカテゴリーの中の社会的（語用論的）コミュニケーション障害（Social (Pragmatic) Communication Disorder）に位置づけられることになりました。

　また，他の神経発達障害や遺伝学的疾患，環境要因，精神疾患等の症状との併存の特定が推奨されることになりました。

（高橋　実）

▶1　American Psychiatric Association 編，髙橋三郎・大野裕監訳『DSM-5 精神疾患の診断・統計マニュアル』医学書院，2014年。

▶2　Autism Spectrum Disorder は，「自閉症スペクトラム」と訳されることが多かったが，日本精神神経学会の日本語版用語監修による『DSM-5 精神疾患の診断・統計マニュアル』では，「自閉スペクトラム症/自閉症スペクトラム障害」と併記されている。ここでは，診断に用いられる用語であり，これまで使用頻度の高かった「自閉症スペクトラム」との関係から「自閉症スペクトラム障害」を主に用いることとし，診断基準の項は，併記とした。今後の診断名は，「自閉スペクトラム症」も増えてくることが予想される。

表15　自閉症スペクトラム障害（自閉スペクトラム症）の診断基準

A. 複数の状況で社会的コミュニケーションおよび対人的相互反応における持続的な欠陥があり，現時点または病歴によって，以下により明らかになる（以下の例は一例であり，網羅したものではない）。

　(1) 相互の対人的-情緒的関係の欠落で，例えば，対人的に異常な近づき方や通常の会話のやりとりのできないことといったものから，興味，情動，または感情を共有することの少なさ，社会的相互反応を開始したり応じたりすることができないことに及ぶ。

　(2) 対人的相互反応で非言語的コミュニケーション行動を用いることの欠陥，例えば，まとまりのわるい言語的，非言語的コミュニケーションから，視線を合わせることと身振りの異常，または身振りの理解やその使用の欠陥，顔の表情や非言語的コミュニケーションの完全な欠陥に及ぶ。

　(3) 人間関係を発展させ，維持し，それを理解することの欠陥で，例えば，さまざまな社会的状況に合った行動に調整することの困難さから，想像上の遊びを他者と一緒にしたり友人を作ることの困難さ，または仲間に対する興味の欠如に及ぶ。

B. 行動，興味，または活動の限定された反復的な様式で，現在または病歴によって，以下の少なくとも2つにより明らかになる（以下の例は一例であり，網羅したものではない）。

　(1) 常同的または反復的な身体の運動，物の使用，または会話（例：おもちゃを一列に並べたり物を叩いたりするなどの単調な常同運動，反響言語，独特な言い回し）。

　(2) 同一性への固執，習慣への頑なこだわり，または言語的，非言語的な儀式的行動様式（例：小さな変化に対する極度の苦痛，移行することの困難さ，柔軟性に欠ける思考様式，儀式のようなあいさつの習慣，毎日同じ道順をたどったり，同じ食物を食べたりすることへの要求）

　(3) 強度または対象において異常なほど，きわめて限定され執着する興味（例：一般的ではない対象への強い愛着または没頭，過度に限局したまたは固執した興味）

　(4) 感覚刺激に対する過敏さまたは鈍感さ，または環境の感覚的側面に対する並外れた興味（例：痛みや体温に無関心のように見える，特定の音または触感に逆の反応をする，対象を過度に嗅いだり触れたりする，光または動きを見ることに熱中する）

C. 症状は発達早期に存在していなければならない（しかし社会的要求が能力の限界を超えるまでは症状は完全に明らかにならないかもしれないし，その後の生活で学んだ対応の仕方によって隠されている場合もある）。

D. その症状は，社会的，職業的，または他の重要な領域における現在の機能に臨床的に意味のある障害を引き起こしている。

E. これらの障害は，知的能力障害（知的発達症）または全般的発達遅延ではうまく説明されない。知的能力障害と自閉スペクトラム症はしばしば同時に起こり，自閉スペクトラム症と知的能力障害の併存の診断を下すためには，社会的コミュニケーションが全般的な発達の水準から期待されるものより下回っていなければならない。

出所：American Psychiatric Association, 2014年。

表16　自閉症スペクトラム障害（自閉スペクトラム症）の重症度水準

重症度水準	社会的コミュニケーション	限局された反復的な行動
レベル3「非常に十分な支援を要する」	言語的および非言語的社会的コミュニケーション技能の重篤な欠陥が，重篤な機能障害，対人的相互反応の開始の非常な制限，および他者からの対人的申し出に対する最小限の反応などを引き起こしている。例えば，意味をなす会話の言葉がわずかしかなくて相互反応をほとんど起こさなかったり，相互反応を起こす場合でも，必要があるときのみに異常な近づき方をしたり，非常に直接的な近づき方のみに反応したりするような人	行動の柔軟性のなさ，変化に対処することへの極度の困難さ，またはあらゆる分野において機能することを著しく妨げるような他の限局された反復的な行動。焦点または活動を変えることへの強い苦痛や困難さ
レベル2「十分な支援を要する」	言語的および非言語的社会的コミュニケーション技能の著しい欠陥で，支援がなされている場面でも社会的機能障害が明らかであったり，対人的相互反応を開始することが制限されていたり，他者からの対人的申し出に対する反応が少ないか異常であったりする。例えば，単文しか話さず，相互反応が狭い特定の興味に限られ，著しく奇妙な非言語的コミュニケーションを行うような人	行動の柔軟性のなさ，変化に対処することへの困難さ，または他の限局された反復的な行動。事情を知らない人にも明らかなほど高頻度に認められ，さまざまな状況で機能することを妨げている。焦点または活動を変えることへの苦痛や困難さ
レベル1「支援を要する」	適切な支援がないと，社会的コミュニケーションの欠陥が目立った機能障害を引き起こす。対人的相互反応を起こすことが困難であるし，他者からの対人的申し出に対して非定型のまたはうまくいかない反応をするような事例がいくつもはっきりとある。対人的相互反応への興味が低下しているように見えることもある。例えば，完全な文章で話しコミュニケーションに参加することができるのに，他者との会話のやりとりに失敗したり，友人を作ろうとする試みが奇妙でたいていうまくいかないような人	行動の柔軟性のなさが，1つ以上の状況で機能することに著しい妨げとなっている。いろいろな活動相互で切り替えをすることの困難さ。組織化や計画の立案をすることでの問題（自立を妨げている）

出所：American Psychiatric Association, 2014年。

6　自閉症②
自閉症研究の歴史と動向

　自閉症研究の始まり

　自閉症は，1943年アメリカの児童精神科医カナー（Kanner, L.）が11人の症例を情緒的接触の自閉性障害として報告し，その研究がはじまりました。カナーは症例の特徴的な症状として，①対人関係の障害，②同一性保持に対する強迫的な欲求，③物に対する異常な執着，④特異な言語障害，⑤良好な潜在的能力をあげました。この当時カナーは，自閉症を他者との情緒的接触の発達を司る生物学的システムに何らかの機能障害があって，人々との情緒的交流や社会性の発達に遅れや歪みが生じるのではないかと考えていました。

　続いて1944年には，オーストラリアの小児科医アスペルガー（Asperger, H.）が，「児童期の自閉性精神病質」として紹介しました。彼が紹介した症例は，カナーの症例に比較して言語能力が高いことが特徴でした。しかし，アスペルガーの症例は，ドイツ語で報告されていたため，しばらくの間，注目されることなく，カナーの症例が世界的に注目され，議論されてきました。

　1940年代から50年代にかけては，アメリカで一世を風靡していた精神分析学などの影響もあり，自閉症が不適切な養育環境に対する心理的な防衛反応であると考える理論家が目立ってきました。

　心因説から認知・言語障害説へ

　一方1960年代の後半，ロンドン大学の児童精神科医ラター（Rutter, M.）が，自閉症の原因は，不適切な養育環境における心理的な反応が一次的な原因ではなく，何らかの生物学的な原因によっておこる，認知・言語的機能障害が一次的な原因であり，情緒や対人関係の障害は，二次的に派生した障害であるという説を主張し，自閉症の原因論は大きな転換期を迎えました。

　自閉症の原因論は，こうして心因論から，脳の機能障害論へと大きく転換することとなり，自閉症の療育も家族のカウンセリングや子どもの遊戯療法などの方法から，自閉症の認知・言語の障害特性を考慮した**発達支援的アプローチ**[1]へと換わっていきました。

　アスペルガー症候群の再発見

　イギリスの自閉症の研究者であるローナ・ウィング（Wing, L.）は，1970

▷1　発達支援的アプローチ
遊戯療法などが，子どものこころの内面への精神療法的アプローチであるのに対し，子どもの認知・言語的発達，社会的スキルの発達など個々の発達領域の水準を評価してその課題に沿った指導をすること。

年代後半から1980年にかけて，自閉症の疫学的調査を行う過程で，言語障害が軽微なグループがひとつの症候群を形成すること，そのグループが，かつてオーストリアの小児科医アスペルガーの報告した症例と一致することに気づき，1981年にアスペルガー症候群として，臨床的報告を行いました。

　その報告の中で，①社会的相互交渉，②コミュニケーション，③想像力の発達が共通して障害されており，その結果としてもたらされる狭く固い，反復的活動や興味のパターンが，カナー型の自閉症やアスペルガー症候群を含むすべての自閉性障害にあることを見出しました。そして，カナー型の自閉症やアスペルガー症候群は，虹のように連続性をもった症候群であるとして，自閉症スペクトラムという概念を提案しました。

　そして，社会的相互交渉，コミュニケーション，想像力の発達の障害を自閉症スペクトラムの診断に欠かせない3つ組と名付けました。▷2

　この報告が世界的な反響を呼び，世界中で，アスペルガー症候群や自閉症スペクトラム障害の有病率が報告されるようになりました。その結果，アスペルガー症候群は，1992年に，世界保健機構（WHO）の国際疾病分類であるICD-10に，1994年には，アメリカ精神医学会の診断基準であるDSM-Ⅳにも記載されることになりました。

❹　認知・言語障害説から社会・情動障害説へ

　自閉症児の認知・言語的な障害の特性に配慮した教育・療育が行われるようになり，文字の読み書きや計算，身辺自立などに関する教育効果は急速に上がっていったのですが，そうした自閉症児が思春期・青年期に達し，社会的自立の課題に直面したとき，問題があまり改善されていないか，場合によってはますます深刻になっている場合が多いこともわかってきました。

　こうした事実が明らかになってきた1980年代ころから自閉症児の社会・情動的発達の障害に直接視点をあてた研究が増えてきました。たとえば，情報処理の神経学的研究において，社会的刺激に対して指向的注意を向ける機能に重篤な歪みがあることが指摘されたり，子どもが他者の信念や意図を推し測る能力である「**心の理論**」▷3に障害があるとする仮説が注目されました。その他，乳児期前半に成立する他者の情動の知覚とそれに基づく情動の共有の障害が本質的障害であるとする「情動─知覚障害説」や前頭葉機能である判断力の障害や感情の読み取りの障害などの仮説が提起されています。これらは，どれも自閉症児の認知障害が，社会情緒的手がかりを処理する必要に直面したとき，もっとも顕著に浮き彫りにされることを説明しようとした研究なのです。

　かくして，自閉症の社会・情動的発達の障害は，自閉症独特の神経学的な異常による一次性の障害があり，それは，認知・言語機能の障害による二次的な障害ではないとする考え方が確認されてきました。

▷2　ウィング，L. 著，久保紘章・佐々木正美・清水康夫監訳『自閉症スペクトル──親と専門家のためのガイドブック』東京書籍，1998年。

▷3　心の理論
ヒトが他者の心の動きを類推したり，他者が自分とは違う信念を持っているということを理解したりする機能のこと。
健常児では4歳くらいで心の理論を獲得するが，同じ発達レベルの自閉症児には困難であることから，「心の理論」の獲得困難が自閉症児の本質的障害であるとする説がロンドン大学のウタ・フリス（Frith, U.）らによって主張された。

❺　認知・言語障害説，社会・情動障害説から共感化－システム化仮説へ

　その後，これらの研究がいくつかの仮説に発展していきましたが，カナー型の自閉症とアスペルガー症候群の特性をもっともよく説明できる仮説として共感化－システム化仮説が提唱されるようになりました。

　共感化－システム化仮説[4]は，社会性とコミュニケーションの困難について，「共感性の発達の遅れと障害」と「完全か平均以上に強いシステム化の技能」との対比によって説明するものです。共感は，心の理論の困難特性を含んでいますが，これは，共感の認知的構成要素の側面です。2つ目の共感の構成要素は，他者の気持ちへの適切な情緒的な反応の側面であり，これは，共感の感情的要素と言われる側面です。

　また，システム化とは，収集，機械，数字，抽象化，自然，社会，運動などの規則性とルールに注目し，分析したり構成したりすることへの衝動です。

　この仮説は，共感化の困難さとシステム化に対する強さとで，自閉症とアスペルガー症候群の社会的－非社会的特徴の両方をよく説明できるとする二要因仮説です。

　この仮説の長所は，社会的コミュニケーションの困難と狭い興味，反復的行動，変化への抵抗・同一性保持を説明できるとともに，こだわりや同一性保持をシステム化の強さとみることで，プラスの側面として捉えることが可能となることです。

　さらに，この仮説は，一般の男性脳，女性脳の特性とも連続性をもっており，自閉症，アスペルガー症候群の人は，男性脳の特徴をより強く持つとする超男性脳仮説へと発展してきています。

　また，前頭葉機能である判断力の障害や感情の読み取りの障害などの仮説は，実行機能仮説として発展してきています。前頭葉の障害は，前頭皮質に損傷を受けた患者に特徴的ですが，自閉症においては，発達的に前頭前野の皮質が定型的には成熟していない可能性があると考えられます。このことは，自閉症の人たちが，注意の切り替えが困難だったり，常同行動，反復行動がよくみられることなどを説明することができます。

❻　自閉症スペクトラム障害の有病率急増の原因

　ウィングによる自閉症スペクトラム障害の報告以来，自閉症の有病率の比率は，次々に書き換えられ，2006年，イギリスの小児科医ジリアン・バート（Baird, G.）が「ランセット」に自閉症スペクトラム障害の有病率を人口の約1％であると報告しました。1978年，ラターは，ビクター・ロッター（Lotter, V.）の出現率調査を引用して，自閉症の出現率を1万人に4人の割合であると報告していたので，この28年間で25倍に増加したことになります。

▷4　共感化－システム化仮説
バロン＝コーエン, S. 著，水野薫・鳥居深雪・岡田智訳『自閉症スペクトラム入門』（中央法規出版，2011年）の中で，バロン＝コーエンが紹介している自閉症スペクトラム障害の特徴をもっともよく説明できる心理学的仮説。

　自閉症スペクトラムの有病率の急増の原因は，これまで見逃されていた知的障害をともなわないアスペルガー症候群などの存在が知られるようになったとともに，自閉性障害の診断基準をすべてみたさない症例も自閉症スペクトラムのサブグループに加えられ，範囲が拡大されたことが考えられます。さらに，小児保健の専門家の理解がすすみ，アセスメントのできる専門家が増えたことも一因と考えられます。

　また，遺伝学的な説明のひとつに，自閉症を持つ大人が，互いに出会い，家庭を持つ可能性が前世代よりも高くなったという説です。たとえば，アメリカカリフォルニア州のシリコンバレーでは，自閉症の出現率が他の地域に比べて明らかに多いという報告があります。このようにシステム化の才能を持つ人たちが社会の中で有力な地位につきやすくなり，同じシステム化に興味や才能を持つ人同士が結婚することで自閉症の有病率を上げているという説です。しかし，まだこの仮説が自閉症出現率の上昇に影響するかどうかははっきりしていません。[5]

　そして，これまでの研究から自閉症スペクトラム障害は，遺伝的な要因が関係していることは明らかですが，その多くは，単一遺伝子の疾患ではなく，複数のリスク遺伝子が関係しており，遺伝的素因の上に不利な環境要因（妊娠中の喫煙など胎児期も含む）が重なったとき，初めて症状があらわれる，多因子疾患であることがわかってきました。すなわち，近年の生活スタイルや養育環境の大きな変化が，自閉症スペクトラムの症状を引き出す不利な環境要因となるために，有病率が急増しているとも考えられるようになってきました。[6][7]

　また，ラターらは，1989年のルーマニア政権崩壊時に育児放棄され，イギリスに里親として引き取られた111人の4歳児を調べたところ，6％に常同行動，行動の切り替えの困難，言語能力の乏しさ，他者の気持ちや自分の気持ちの理解困難などの自閉症に類似した症状がみられたことを報告しました。そして，2年後に再調査したところ，2歳前に養父母に引き取られた子どもの症状に改善が見られたことが報告されました。すなわち幼少時の育児放棄などの養育環境によっても自閉性障害と同様な症状がみられることがあるが，環境の改善によってその症状は軽減することが，見出されたのです。このことから，養育環境の問題によって引き起こされる反応性愛着障害も自閉症スペクトラムの症状と同じような症状を呈することがあり，本当の自閉症スペクトラムと混同されているために増えているようにみえている可能性もあるのではないかという指摘もなされています。[9]

（高橋　実）

▷5　同上書。

▷6　杉山登志郎『発達障害のいま』講談社現代新書，2011年。

▷7　岡田尊司『発達障害と呼ばないで』幻冬舎，2012年。

▷8　Rutter, M., Andersen-Wood, L., Beckett, C., Castle, J., Groothus, C., Kreppner, J., Keavenecy, L., Lord, C., O'Connor, T.G., & the English and Romanian Adoptees（ERA）Study Team., Quasi-autistic Patterns Following Severe Global Privation. *Journal of Psychology and Psychiatry*, **40**(4), 1999, 537-549.

▷9　岡田　前掲書。

自閉症③
7 自閉症スペクトラム児の発達特性と教育方法

 自閉症スペクトラム児の発達特性

　自閉症児の初期の運動発達は，比較的良好でむしろ通常よりも早い場合もしばしばあります。一方で視線があわなかったり，呼んでも振り向かなかったり，言葉が出なかったり，出てもなかなか増えなかったり，電車や自動車など機械に関するものに限定され，そうしたものや事象にこだわって，そのこだわりが乱されると混乱してパニックになることもあります。

　自閉症スペクトラム児がこのような状態になりやすい理由は，発達途上全般にわたって情動的共感や相手の意図や感情を推し量る認知的共感の機能の発達に困難があり，社会・情動的な手がかりを処理する場面で，その社会的意味が理解できず，不安な状態におかれるためです。

　また，近年高機能の自閉症スペクトラムの当事者の自伝や手記が出版され，幼少期の様々な感覚刺激に対する過敏性の大変さに言及した部分が共通して記述されていることが知られるようになりました。大人や周囲の雑音や身体接触などに対しても，想像以上に不快な体験として感じられる場合があることがわかってきました。反復的行動や狭い興味への集中は，自分にとって心地よいと感じられる行動を行うことで，その不快な刺激を軽減させているのだということもわかってきました。

　したがって，自閉症スペクトラム児の「こだわり」から無理に注意を外に引き出そうとするのではなく，子どもの興味や関心に大人の側がゆったりと寄り添い，子どもからみて安心できる信頼関係をつくることが，非常に大切であることがわかってきました。

　こうした自閉症スペクトラム児の社会・情動的な手がかりの処理過程の障害や感覚過敏の問題に直接焦点をあて，日常の社会的文脈のなかで，包括的に教育支援を行うプログラムが開発されてきました。

 自閉症スペクトラム児の社会コミュニケーション，情動調整の困難を支援する発達支援モデルとしての SCERTS モデル

　SCERTS モデル[1]の SCERTS とは，社会コミュニケーション（Social Communication），情動調整（Emotional Regulation），交流型支援（Transactional Support）の頭文字をとったものであり，自閉症スペクトラム障害とその関連障害のある人のコミュニケーションや社会—情動の力を高めることを

▷1　SCERTS モデル
自閉症スペクトラム障害の社会・情動の力を高めるための発達支援に焦点をあて，日常生活という社会的文脈の中で，子どもをその家族と専門家チームが協力して支援するために開発された新しい支援プログラムである。
プリザント，B.M.・ウェザビー，A.M.・ルービン，E.・ローレント，A.C.・パトリック，J.R. 著，長崎勤・吉田仰季・仲野真史訳『SCERTS モデル——自閉症スペクトラム障害の子どもたちのための包括的教育アプローチ』日本文化科学社，2010年。

最も重要な領域と考え，その人の発達とその家族を支援することを目的に作られた包括的教育アプローチのモデルです。

このモデルの中で子どもの発達を支援する試みは，一人の子どもを分離してなされるのではなく，様々な社会状況における日々のルーティーンの中で，養育者や身近なパートナーがかかわり，交流型支援（対人間支援，学習支援など）を行うことにより，目標とした領域内のコンピテンスを促進します。そして，交流型支援を入念に計画し，実行することで，社会コミュニケーションと情動調整の発達が支援されるとき，子どもの発達に対する包括的で長期間にわたるポジティブな効果がもたらされると考えられています。

社会コミュニケーションは，子どもが的確に，自信をもって，能動的に社会的活動に参加するのを助けるという目標を扱う領域で，共同注意とシンボル使用という2つの主要な機能の能力の獲得を目標とします。

情動調整とは，情動的覚醒を調整する子どもの力を支援することに焦点をあてています。子どもが学習可能な最適な状態にあるために，①ストレスフルな状況，過度に刺激的な状況におかれたとき，助けを求めたり，子どもの情動調整を支援しようとする他者の試みに応じたりする「相互調整」，②潜在的にストレスフルな状況においても，状態を維持する「自己調整」，③「極度の調整不全からの回復」の情動調整能力を子どもが高めることにより，他者とかかわることに最も貢献する良好な覚醒状態を維持し，適応し，対処することを支援するものです。

交流型支援[*2]は，学習は，日々の活動の社会的文脈の中で生じるので，複数の活動やパートナーにわたって交流型支援がなされる必要があるとしています。

このように，SCERTS モデルは，自閉症スペクトラム障害とそれに関連する障害児に対し，家族，教育者，セラピストが子どもの支援を最大限にするために，チームとして協力して働くことを助けるようにデザインされた，革新的な教育のフレームワークであるとされています。

❸ 自閉症スペクトラム児の認知機能の特性に応じた TEACCH プログラム

アメリカ・ノースカロライナ州立大学のショプラー（Schopler, E.）らは，1960年代の後半，ラターが自閉症の原因は，不適切な養育環境における心理的な反応が一次的な原因ではなく，何らかの生物学的な原因によって起こる，認知・言語的機能障害が一次的な原因であり，情緒や対人関係の障害は，二次的に派生した障害であるとした頃から，自閉症の脳の機能障害説に立ち，自閉症児の認知的なニーズ（情報処理機能）に合わせた学習や生活のための教材や環境を構成するプログラムである **TEACCH プログラム**[*3]を開発してきました。このプログラムは，全米はもちろん，世界中で取り入れられています。

▷ 2　交流型支援
SCERTS モデルの交流型支援は，次の4つからなるとされている。①対人間支援：コミュニケーションパートナーとの言語表出や情動表出などの相互作用のスタイルの調整，ピア支援の調整。②学習支援：教育環境や日々の活動の中での社会コミュニケーション，情動調整のための視覚援助や，教育カリキュラムの修正や適合を含む環境のアレンジ。③家族支援：有用な情報や資源の共有，教育サポート，家族への情緒的サポート。④専門家やその他のサービス提供者間の支援：教育や治療のスキルを高めたり，難題に対処したり，バーンアウトするのを防ぐ情緒的サポート。

▷ 3　TEACCH プログラム
ショプラーらによって開発された，自閉症スペクトラムの治療教育プログラム。自閉症スペクトラムの認知機能の特性に焦点をあて，環境やスケジュールの構造化をはかることに特長がある。アメリカのノースカロライナ州での実践を基盤に早期発見から生涯にわたる地域支援プログラムに発展し，世界中に普及してきている。

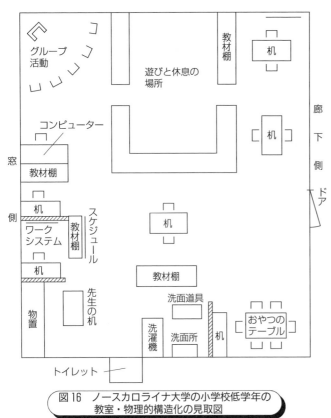

図16　ノースカロライナ大学の小学校低学年の
教室・物理的構造化の見取図

出所：佐々木正美『自閉症療育ハンドブック』学習研究社，1993年，138頁。

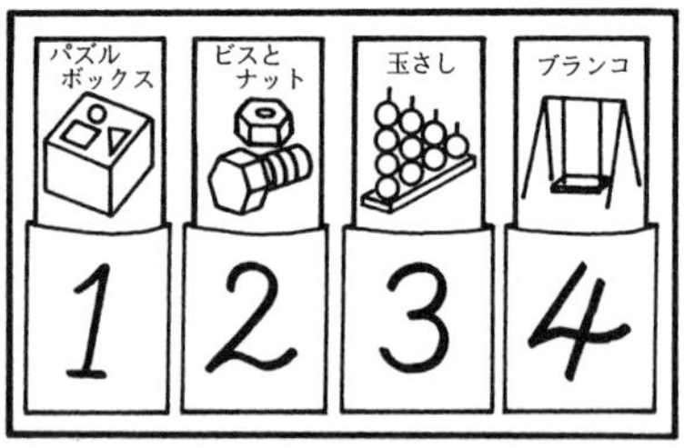

ある自閉症児の予定表で，1，2，3がやら
なければならない作業（課題）で4はそれが
終わると何ができるかを示してある。この場
合はブランコ遊びができることになっている。

図17　タイムスケジュールの例

出所：佐々木正美『自閉症療育ハンドブック』学習
研究社，1993年，143頁。

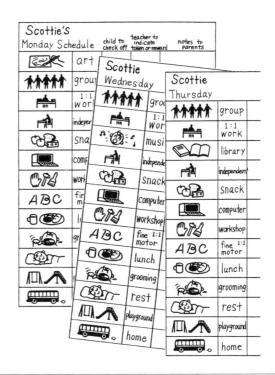

図18　TEACCHの小学校の教室での先生の手書きのスケジュール（チャペルヒル）

出所：佐々木正美『自閉症療育ハンドブック』学習研究社，1993年，144頁。

表17　TEACCHにおけるコミュニケーション・サンプルの例

子どもの名前　ドグ		観察者										マーティン
年　月　日　90.2.9		機　能							文　脈		形態	備考
開始時刻　9：10 修了時刻　11：10		要求	注意喚起	拒否	説明	情報提供	情報請求	その他	どこで	だれに	システムと複雑性	
文　脈	子どもの言動											
1．皿の上のトーストを見て	「パン」				×				おやつ	自分に	S	
2．入ってきたボランティアが見えて	「ママ」				×				教室	自分に	S	
3．牛乳パックに書かれた数を見て	「6」				×				教室	自分に	S	
4．牛乳パックに書かれた数を見て	「20」				×				教室	自分に	S	
5．T「トイレは?」，Tの腕をつかんで	「おしっこ」	×							教室	Tに	S	
6．手を洗ってタオルを取る	「タオル」					×			トイレ	自分に	S	
7．ジェリーの絵を見て	「ジェリー」					×			教室	自分に	S	
8．昼食を運ぶとき，T「何が食べたいの」	「サンドウィッチ」						×		教室	Tに	S	
9．いすに座るとき	「いす」					×			教室	自分に	S	
10．おやつのとき	ピーナツバターに手を伸ばす	×							おやつ	Tに	G	Tの目を見ている

＊新しいコミュニケーションのシステム（形態）を教えていく場合は，慣れている（よく知っている）文脈ですでに獲得している機能（目的）を使って，ワンステップ上のシステムを教えていく（つまり，一つの次元のみしか変化させないということ）。T：教師（治療者），S：話しことば，G：身ぶり（動作）
　出所：佐々木正美『自閉症療育ハンドブック』学習研究社，1993年，151頁。

　TEACCHプログラムの特色のひとつは，住宅の内部や学校の教室内の家具，ついたて，カーペットなどを用いて，その配置に工夫を凝らす「物理的構造化」と，1日のタイムスケジュールを絵や写真，文字を用いてわかり易く示す「スケジュールの構造化」など，生活や学習などの環境やスケジュールなどを構造化する方法にあります（図16，17，18）。

　一般に自閉症児は，発達の初期において自発的なコミュニケーションが少なく，非常に不自然な言葉や身振りなどの方法でしか自分の意思や要求を表現できなかったり，話された言葉に対する理解が予想以上にむずかしいことにしばしば気づかされます。したがって彼らのコミュニケーションレベルを正確に評価した上で，指導することが重要です。そこでTEACCHプログラムでは，自発的に発信されたコミュニケーションを機能，文脈，形態に分類した**コミュニケーション・サンプル**▷4を作成し，①要求，②注意喚起，③拒否，④説明，⑤情報提供，⑥情報請求，⑦感情や共感の表現などの実用的なコミュニケーション・スキルを指導する方法がとられています（表17）。

　また，自閉症児の家族を共同療育者として位置づけ，家族と共同でアプローチしたり，生涯にわたって自閉症児者が暮らしやすいよう地域自体をかえていこうとする姿勢もTEACCHプログラムの特色です。　　　　（高橋　実）

▷4　コミュニケーション・サンプル
近年の研究で，自閉症児も日常生活で大人の要求を拒否するときに反響言語（相手の言葉をおうむ返しにすること）を用いたり，本来の意味とは異なる言葉で要求を伝えたりするなど，独特の表現方法で他者とコミュニケーションをはかろうとしていることが見出された。それを表17のような表でサンプリングしたもの。

肢体不自由

1　肢体不自由とは

　肢体不自由の名称は，1929年ごろ，**高木憲次**が提唱したといわれていますが，その肢体とは四肢と体幹からなり，体幹は頭部や内臓器を含まない頸部までの上半身とされています。

　肢体不自由の分類基準には，①身体障害者福祉法施行規則別表第5号の「身体障害者障害程度等級表」に見られるように，障害の種類・部位を示して，その障害程度を等級化したもの，②学校教育法施行令第22条の3（Ⅱ-3 の表7を参照）に見られるように，「歩行，筆記等日常生活における基本的な動作」や「医学的観察指導」という文言で教育的判別のおおまかな基準としたもの，③医学的起因疾患に基準をおくものなどがあります。

　さらに，上肢・下肢など障害の部位によるもの，先天的・後天的（中途障害）など障害発生の時期によるもの，障害の程度によるもの（最重度～軽度），麻痺などの症状や脳損傷性・非脳損傷性などその障害特性によるもので障害を分類することがあります。

2　肢体不自由の主な起因疾患と子どもたちの現状

　特別支援学校（肢体不自由）在籍児の起因疾患別分類（表18）によると，肢体不自由の原因は，脳中枢神経の損傷に起因するものと他の末梢性神経や運動器の障害とに分けられます。前者は，脳性麻痺に代表される脳性疾患（脳損傷性）が一番多く，その内，脳性麻痺が全起因疾患の約40％を占め，後者は，進行性筋ジストロフィー症に代表される神経・筋疾患が多く，その他に骨関節疾患，形態異常などがあります。

　また，全国の特別支援学校（肢体不自由）在籍児の状況（表19）は，障害の重度・重複化がさらに進み，最近では進学者・就職者がまったくいないという学校もあります。

　そのことを，A高等特別支援学校（肢体不自由）（当時）で見てみると，在籍生徒61人の内，脳性疾患は44人でその内24人が脳性麻痺です。また，ADLに関しては，食事・書字・着脱・排泄において4～5割が，歩行において1～2割が自立できているにすぎないという状況があり，そのことが進学や就職率の低さに表れているといえます（表20）。さらに，2011年度卒業生32人の内，進

表18　肢体不自由の起因疾患別分類

脳性疾患	(77.0)	脳性麻痺（40.7）　脳外傷後遺症　脳水腫症など
脊椎・脊髄疾患	(3.1)	脊椎側わん症　二分脊椎　脊椎損傷など
筋原性疾患	(4.3)	進行性筋ジストロフィー　重症筋無力症など
骨系統疾患	(1.3)	先天性骨形成不全症　胎児性軟骨異栄養症など
代謝性疾患	(1.0)	ビタミンD欠乏症　ムコ多糖体代謝異常症（ガーゴリズム）　マルファン症候群など
弛緩性麻痺	(0.1)	脊髄性小児麻痺　分娩麻痺など
四肢の変形等	(0.4)	ディスメリー　切断など
骨関節疾患	(1.0)	関節リュウマチ　結核性股関節脱臼　先天性股関節脱臼　先天性内反足　ペルテス病など
そ　の　他	(11.8)	

出所：全国特別支援学校肢体不自由教育校長会『全国特別支援学校（肢体不自由）児童生徒病因別調査』2009年，1，2頁をもとに作成。（　）内の数字は2009年5月1日現在の％。

表19　特別支援学校高等部（本科）卒業後の状況―国・公・私立計―

区分	卒業者	進学者	教育訓練機関等	就職者	社会福祉施設等入所・通所者	その他
計	人 21,292 (100.0%)	人 396 (1.9%)	人 381 (1.8%)	人 6,411 (30.1%)	人 13,253 (62.2%)	人 851 (4.0%)
視覚障害	277 (100.0%)	92 (33.2%)	10 (3.6%)	32 (11.6%)	119 (43.0%)	24 (8.7%)
聴覚障害	451 (100.0%)	162 (35.9%)	20 (4.4%)	195 (43.2%)	60 (13.3%)	14 (3.1%)
知的障害	18,321 (100.0%)	66 (0.4%)	276 (1.5%)	6,029 (32.9%)	11,262 (61.5%)	688 (3.8%)
肢体不自由	1,856 (100.0%)	57 (3.1%)	42 (2.3%)	94 (5.1%)	1,574 (84.8%)	89 (4.8%)
病弱・身体虚弱	387 (100.0%)	19 (4.9%)	33 (8.5%)	61 (15.8%)	238 (61.5%)	36 (9.3%)

＊上段は人数，下段は卒業者に対する割合。四捨五入のため，各区分の比率の計は必ずしも100％にならない。

（平成29年3月卒業者）

出所：文部科学省「特別支援教育資料」（平成29年度），2018年。

表20　A高等特別支援学校（肢体不自由）の生徒の障害について

障害区分 生徒数と割合	食事困難	書字困難	着脱困難	用便困難	独歩可能	補装具使用	杖使用	歩行器使用	車いす使用	言語障害
合計61（人）	30	35	37	37	9	16	1	21	47	35
比率（％）	49.2	57.4	60.7	60.7	14.8	26.2	1.6	34.4	77.0	57.4

出所：某県立A高等特別支援学校，2012年度。

学者は3人（専門学校含む）ですが，就職者はなく，福祉施設の入所者が29人という状況です。

❸　脳性麻痺児の発達特性

　肢体不自由児は独自の発達特性が認められることが多いのですが，健常児の発達特性と全く違ったものではありません。しかし，特別支援学校（肢体不自

表21　脳性麻痺の主な分類（麻痺の内容にもとづく分類）

```
１．麻痺の部位からみた分類
　　四肢麻痺：四肢全般に麻痺がある
　　両麻痺：主に両下肢の麻痺だが体幹や上肢にも軽い麻痺がある
　　対麻痺（ついまひ）：両下肢に主なまひがある
　　片麻痺（かたまひ，へんまひ）：左右どちらかの半身麻痺
２．麻痺の性質による分類
　　痙直型（強直型）：筋の伸展反射が亢進し下肢が突っ張る等円滑な動きができない
　　強剛型：どういった動きにも抵抗するようなこわばった状態がある
　　アテトーゼ型：体が不随意に動いてしまい姿勢が安定しない（体全体の強いそりか
　　　　　　　　　えりがある）
　　失調型：四肢全般に揺れやふらつき等の平衡機能の障害があり手足の震えがみられる
３．主な合併症（随伴障害）
　　感覚・知覚の障害　言語障害　知的障害　てんかん発作
```

出所：前川喜平・三宅和夫編『別冊発達22』ミネルヴァ書房，1997年，156-166頁をもとに作成。

由）在籍児の起因疾患で約半分の割合を占めている脳性麻痺は，姿勢や運動の障害が主症状ですが，主な合併症（随伴障害）として，感覚・知覚の障害，言語障害，知的障害，てんかん発作などがあります（表21）。その発達特性は，麻痺の部位や性質，そして，合併症の有無やその症状で大きく影響を受け，この点が非脳損傷性肢体不自由児とは異なっています。

　脳性麻痺の感覚・知覚障害については，脳損傷という器質的障害に起因して，注意散漫，多動性，固執性，**被転導性**▷2などの行動特性を伴うことがあります。また，方向や位置感覚の障害，**図－地知覚の障害**▷3，感覚統合や連合の障害，目と手の協応の障害などがあります。

　そのような感覚・知覚障害は，学習障害（LD：Learning Disability）の症状と類似した点があり，読み書きや計算などの学習活動の大きな妨げとなる場合があります。

　つぎに，言語障害については，言語発達の遅滞と構音障害に分けられ，一般的に障害が重くなるほどその両方を伴うケースが多くなります。また，感覚・知覚障害や知的障害の影響だけではなく，環境要因が不適切な場合にもその遅れとしてあらわれます。たとえば，一見して子どもの反応が乏しいことから，無関心・無反応と誤解されて，言葉がけや子どもの反応に対する母親や周囲の者からの働きかけが少なくなってしまったり，早期入院などによる母子分離の問題が生じたりという不適切な言語環境が言語発達に大きく影響します。構音障害については，唇・舌・口蓋・咽頭・下顎などの構音器官の障害のため，音声言語による会話が非常に困難になります。また，そういった構音器官は同時に，食事場面における**咀嚼・吸啜・嚥下（CSS）**▷4の機能や呼吸機能とも深い関係があります。

❹　肢体不自由児の知的発達

　一般的に非脳損傷性肢体不自由児の知能には大きな遅れは認められませんが，

▷2　被転導性
いろいろな刺激や環境によって注意がそらされやすいことや無関係な刺激に容易に反応し注意の集中ができないこと。

▷3　図－地知覚の障害
視野のなかで，意味のある必要な本質的刺激，形をもって浮きでて見える領域を図，他の不要な刺激でその背景となって見える領域を地という。図－地知覚の障害とは，視覚刺激から図を取り出し地と識別することの困難性のことをいう。

▷4　咀嚼・吸啜・嚥下（CSS）
構音器官は，唇・舌・口蓋・咽頭・下顎などがあるが，それらは，咀嚼（そしゃく）・吸啜（きゅうてつ）・嚥下（えんげ）つまり，CSS（Chewing Sucking Swallowing）という食事機能と関連している。また，呼吸機能も構音器官と深く関連している。

脳性麻痺に代表される脳損傷性肢体不自由児の場合は知能に遅れがあることが多く，それは単に健常児の知能を全体的に低くしたものではないことも数多く報告されています。

その脳性麻痺児の知的発達のアンバランスについては，一般的に表出言語より理解言語の方が良好であるケースが多いといわれています。また，肢体不自由児の多くは，診断や評価のための発達検査を用いることが困難な場合が多いのですが，用いることができた場合，**ウェクスラー式知能検査**で，言語性知能に比べて動作性知能が低くなることが多いです。一般的にこのような場合は，視覚的認知よりも聴覚的認知の方が優位（聴覚優位）だといわれますが，具体的には文字や図形の書き写しが苦手で，対象を視覚的に捉えて再生する力が弱いことがあります。この場合，視覚的な学習よりも聴覚的な学習の方が理解しやすいと思われるので，聴覚的な刺激を利用して文字を学習することで理解が深まる可能性があります。

また，不適切な言語環境が肢体不自由児の言語発達の二次的な遅れとなるように，不適切な環境が知的発達の全般的な遅れとなることもあります。

5 肢体不自由児の心理的特性

肢体不自由児の発達特性がパーソナリティ形成に関与する要因として，動作や活動における身体上の不自由や制限，健康面や体力からくる日常生活上の制限（学習活動を含む），認識の困難や自我意識のアンバランス，障害や容姿・形態に対する障害児自身の態度（障害の認知と受容）などがあります。

さらに環境要因としては，生活経験の偏りや乏しさ，親や周囲の養育態度や不適切な家庭環境，地域や社会の無理解や偏見などが考えられます。

たとえば，就学するまでに体を使って遊ぶことで積極的に同世代の子ども社会のなかに入っていくことが重要ですが，この時期に運動能力の発達と同時に成功や失敗体験，危険回避や社会的ルールなども身につけていきます。しかしながら，限られた条件ではそれも十分できない場合や家族や特定の友達とのかかわりが中心となり，同世代とのかかわりが非常に少なくなることもあります。さらに，パーソナリティ形成においてとくに母親の態度が重要になります。子どもが遊べない，外出が難しい，刺激が少なくなるといったことが連鎖して，ますます親子ともども引きこもるようになる可能性もあります。また，その気はなくてもついつい過保護になってしまい，その子の可能性まで摘み取ってしまうこともあります。

そのような環境で育つとパーソナリティの形成に偏りが見られる可能性が出てきます。つまり，子どもたちにとっては欲求不満の持続，欲求不満耐性の低下，情緒不安定，意欲や自信の喪失，身体的・心理的依存（とくに親子の共依存），社会性の欠如，劣等感などが生じやすいといったことが指摘されていま

▶5 ウェクスラー式知能検査
ウェクスラー（Wechsler, D.）は，1939年に個人の知能を診断的に捉えるための診断性知能検査であるウェクスラー式知能検査を作成した。
日本版は，幼児用のWPPSI（1969），児童用のWISC-Ⅳ（2010），WAIS-Ⅲ（2006）が標準化されている。

す。

　また，進行性筋ジストロフィー症などの疾患の場合，病状の進行に伴い生への不安，喪失体験，外界への無関心，あきらめや無気力，空想への逃避などが生じやすいことも報告されています。

　これらのことは，つきつめれば成育上の環境的要因であり，障害そのものがパーソナリティを決定する要因ではありませんが，環境がいかに重要であるかを示しているといえます。

　しかし，そういったマイナスの側面だけでなく，一方では成長に伴い感性が豊かになり，深い洞察力が育ち，社会変革に大きな影響をあたえる存在にもなります。そういったプラスの面を評価し，個人の能力として認めていくことも環境的要因として心理的特性に大きく影響するといえます。このように障害特性がパーソナリティの形成に与える影響は，マイナスの面だけでなく，プラスの面があることも見のがしてはならないことです。

❻　肢体不自由児の保育・教育について

　肢体不自由児の場合も基本的には一般的な保育・教育と変わりませんが，その子に応じた教育や支援がとくに重要となります。

　以下に，肢体不自由児の保育・教育において配慮すべきことをまとめます。

◯年齢に応じた療育環境を

　障害による個人差はあるにしても，まず，早期に正常な運動発達ができるような療育が必要になってきます。脳性麻痺の場合は，異常な原始反射を軽減して，正常な反射を促すという神経リハビリテーションの原則にもとづいた訓練が基本となります。できるだけ正常な姿勢を保持し（ポジショニング），関節の拘縮や脊柱の変形が進まないようにすることが重要です。また，障害が重度・重複化している場合には，医療器具や医療行為を必要とすることも多く，生活の規制が長期化することもあります。さらに，栄養管理や感染症などに適切に対応するために，家庭や学校でも医療機関との連携を図り身体や健康上の環境に十分配慮する必要があります。

　しかし，年齢がある程度高くなり発育期を過ぎると，そういった医療的な配慮だけでなく，その子がもっている能力を伸ばしていくことが重要になってきます。肢体不自由児の指導は，損失した機能を回復させることから，新たな動作の学習や代償機能の伸張，自助具や支援器具の活用といったQOL▶6の向上につながるような視点が重要になってきます。

◯地域における子育て支援としての親支援を

　医療における早期の神経学的運動発達に関する対応は非常に重要ですが，**親への適切な支援**▶7がもっとも手厚くなされなければならない重要な時期でもあります。母親の精神的安定は，子どもに直接，しかも，大きく影響します。たと

▶6　QOL
⇒ Ⅰ-5 参照。

▶7　親への適切な支援
親支援の重要なものに親の会などの当事者組織がある。こうした組織では，早期療育や学校とのかかわり，法律や福祉サービスの理解と活用，相談や精神的サポートなどの支援をしている。最近では，権利擁護や政府・自治体への働きかけ，具体的提案や政策立案能力などの当事者のエンパワメントを高めることも親支援の重要な課題だと考えられている。そういった親の会などへの公的支援は障害がある子たちへの療育にとって欠かせないが，現状は十分とはいえない。

えば，親への障害の告知やその受容も十分な精神的配慮やその後のサポートがなければ，親は大きなショックを残したまま戸惑うばかりです。また，より専門的な知識や医療的なケアも受けなければなりませんが，特別なレールを用意するだけでは，親は孤立し不安が増すだけでしょう。そのようなときに行政や地域が，地域の皆とともに育てたいという親の思いを尊重して，なおかつ，子育て支援の一部分に障害がある子たちの療育もあるという認識であたることが大切です。たとえば，保育所にも通うが，必要であれば週に1，2度は療育センターにも通い，そこで専門家の療育指導を受けたり同じ立場の親たちとの交流をしたりすることは，孤立しがちな親に大きな支えとなるでしょう。

◯学習レディネスとしての体験を

肢体不自由児は，その障害の程度，入院や施設入所などの期間の長短にもよりますが，一般的に行動の範囲が制限され，接触する人や機会も少ないので，体験や見聞にもとづく具体的な概念形成が弱くなる可能性があります。そういった学習レディネスの基礎となる体験不足を補充して認識の基礎を培うために，より多くの直接経験を用意する必要があります。

たとえば，自然と触れ合う直接経験や社会との交流は，「体験できた」「参加できた」というよろこびや充実感となり，そして，自信につながる可能性があります。さらにそのことは，感性的認識の基礎と具体的思考の土台を培い，質の高い創造的思考へとつながり今後の学習を助ける力となるでしょう。

◯一人ひとりに応じたバリアフリー環境を

物的・環境的に一人ひとりに合わせて支援器具をうまく活用し，さらに，住宅環境や教育環境の改善をすることが非常に重要となります。オン・オフのスイッチひとつで車いすもベッドも電話やパソコンの操作もできます。そのことは，自分で生活を管理し，コミュニケーションをとり，情報を自ら手に入れ発信することにつながります。外の世界と対等に接触できれば，その人が社会に働きかけていくことに発展します。家族や教師，療育にあたる者は，そういったことに関する正確な情報や知識・技術を身につけておく必要があります。▷8

以上のような個別支援機器の知識や技術は，街や地域のバリアフリー環境づくりにも関連します。障害を正しく理解し適切な対応をするためには，それを支える周囲の意識や理解が非常に重要で，そのことに周囲が心がけるようになれば，たとえば，交通機関や街の環境も徐々に改善されるでしょう。また，福祉制度などもますます利用しやすいものに変わっていくでしょう。

教育にあたる者は，そういった個人と社会との関係を理解したうえで，子どもたちの社会へのかかわり意識（自立心など）を育てることが必要でしょう。

（上田征三）

▷8　障害者や高齢者に対して，パソコンが活用できるようにさまざまな支援をしようとするパソコンサポートボランティアとよばれる人たちがいる。全国的にはパソコンボランティアということが多い。「パソコンが単なる事務機器ではなく，障害者にとっては使い方によって千倍・万倍の力にもなる。」広島県府中市のパソコンサポートボランティアマッチボーの呼びかけ人の折坂育志さんの言葉である。ご本人も目が見えないという状況だったが，得意なパソコンの知識・技術で精力的に地域の障害者のサポートをしてこられた。また，筆者がサポートとして関わっている重度の全身性の脳性麻痺女性の方は，はじめてのE-mailによる通信で「これまで，親に頼んでFAXなどを送ってもらっていたが，パソコンだと文面を親に見られないのでうれしい！」といわれていた。
このように障害者の通信や情報保障は非常に重要な意味があるが，パソコンはその重要な支援機器のひとつである。

病　弱

1　病弱教育とは

　病弱という言葉は医学用語ではなく一般的な用語です。学校教育法施行令第22条の3によると，「病弱者」とは「1　慢性の呼吸器疾患，腎臓疾患及び神経疾患，**悪性新生物**▷1その他の疾患の状態が継続して医療又は生活規制を必要とする程度のもの」「2　**身体虚弱**▷2の状態が継続して生活規制を必要とする程度のもの」を示します。

　1960年代後半，病弱教育の主な対象は結核等の感染症でしたが，時代背景の移り変わりとともに呼吸器疾患，腎臓疾患，肥満などが高い比率を占めるようになりました。近年では医療の進歩により，これまで治療に専念せざるを得なかった重篤な疾患を抱えた子どもたちが教育を受けられるようになり，同時に**心身症**▷3，精神障害，発達障害等から不適応を起こし，病弱教育の対象となるケースが大きな割合を占めるようになってきています。

　このように病気の種類が多様化していることに加え，年齢，性別，発達段階，子どものパーソナリティ，家庭環境，地域や学校の特性，いじめや不登校，虐待の経験など，病弱教育にあたって考慮すべき要因は多岐にわたります。また病状の変化に応じて指導内容を見直す柔軟さも求められています。

　やむを得ない事情で就学が困難な場合は，保護者の願い出により就学義務の猶予または免除の教育措置を受けることができます。しかし病弱教育には学力を補償する以外にも，①積極性・自主性・社会性の涵養，②心理的安定への寄与，③病気に対する自己管理能力，④治療上の効果等の意義があることから，病状が許すならなるべく就学することが推奨されています。

2　病弱教育の場

　病弱・身体虚弱児の教育の場としては，図19のようなものがあります。

　特別支援学校（病弱）の多くは病院に隣接または併設されています。また分校・分教室として病院に教室を設置している場合もあります。主に入院している児童生徒を対象としていますが，病気のため地域の学校に通うことが難しい生徒が通学してきたり，自宅療養している生徒に対して特別支援学校の教員が訪問教育を行ったりする形もあります。

　病弱・身体虚弱特別支援学級には病院内に設置されているものと小・中学校

▷1　悪性新生物
悪性腫瘍。主に癌。

▷2　ここでいう「身体虚弱」とは，病気になりやすく治りにくい，疲れやすいなどの，いわゆる「からだが弱い」状態を指す。

▷3　心身症
身体疾患のうち，心理社会的な要因が密接に関与しているもの。身体的治療のみでは治癒しにくい。

内に設置されているものがあります。前者は入院している児童生徒を対象としており，後者は体力的に通常学級での学習が難しい生徒，退院後も医療や生活規制が必要な生徒，通院等で学習に遅れが出やすい生徒などを対象としています。

　2017（平成29）年度の文部科学省の資料によると，病弱・身体虚弱の幼児児童生徒で，特別支援学校に在籍しているのは19,435人，特別支援学級に在籍しているのは3,501人です。かたや同年の厚生労働省の資料では，小児慢性特定疾病医療助成の受給者は113,751人となっています。調査対象にずれがあるため単純に比較することはできませんが，病弱・身体虚弱児の多くが地域の学校の通常学級に在籍していることが推測できます。つまり病弱教育は特別支援学校・学級のみではなく，通常の学級においても実施されるべきものだということになります。

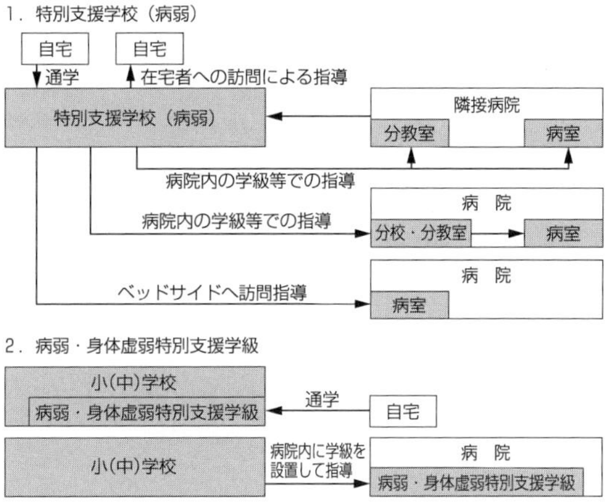

　また近年では医療の進歩や治療方針の変化に伴い，入院が短期化，頻回化する傾向があります。学籍の異動がなくても入院先で学習支援を受けることは可能ですが，出席日数等の問題があり，短期間の入院であってもなるべく学籍を異動させることが望まれます。そのことを踏まえ，2013（平成25）年の文部科学省「病気療養児に対する教育の充実について（通知）」では，療養児の転学手続きを簡素化，円滑化することが求められました。

③　教育的配慮

　病弱・身体虚弱児は病気の療養や入退院で**学習空白**[6]が生じやすく，体調によって学習時間が制限されることも多くあります。特別支援教育では個別の指導計画を策定しますが，病弱教育においては児童生徒の得意分野，苦手分野，理解度，前籍校での進度等を把握した上で，指導内容を精選し，基礎的・基本的な事項に重点を置くよう心がけます。特に数学のような系統的な教科では学習に遅れが出やすく，意欲や興味を失ってしまいがちなので，指導内容の連続性や教科の系統性にも留意します。学習意欲を高めるためには，プリントやドリルに頼り過ぎず，生徒が主体的に学べるよう目標を明確化する，達成感を味わえるような課題構成にする，他者から賞賛されたり認められたりする経験をたくさんもつといった工夫が考えられます。病状を踏まえた指導計画を立てるのはもちろんですが，当日の体調に応じて臨機応変に対応できるよう，いくつかの学習方法を用意しておくことも必要になります。

　病弱・身体虚弱児は活動の制約から経験不足に陥りやすく，学習においても特に体育，工作，実験，行事など体験的な内容の授業で参加が難しい傾向があ

1. 特別支援学校（病弱）

2. 病弱・身体虚弱特別支援学級

図19　病弱・身体虚弱児の教育の場

（注）　病院内の学級：病院内に設置された学級のことで，特別支援学校の分校・分教室や，小中学校の病院内の病弱・身体虚弱特別支援学級のこと。

▷4　文部科学省「特別支援教育資料」（平成29年度），2018年，第1部集計編。

▷5　第61回厚生科学審議会疾病対策部会難病対策委員会・第37回社会保障審議会児童部会小児慢性特定疾患児への支援の在り方に関する専門委員会　資料1-1難病対策及び小児慢性特定疾病対策の現状について

▷6　学習空白
入院や治療，検査などのために授業を受けられず，その結果生じた「学習できなかった部分」のこと。

▷7　文部科学省「小・中学校等における病気療養児に対する同時双方向型授業配信を行った場合の指導要録上の出欠の取扱い等について（通知）」2018年。

▷8　文部科学省「特別支援学校小学部・中学部学習指導要領」2017年，第7章自立活動。

▷9　アレルゲン
アレルギー反応を引き起こす原因物質。ダニ，花粉，化学物質，食品などがある。

▷10　解離
自分が自分であるという感覚が失われている状態。つらい体験を自分から切り離そうとするために起こる一種の防衛反応と考えられる。

ります。しかし体験的な授業は仲間との結束を強め，責任感や社会性を育てる上で大事な学習であり，合理的配慮の観点からみても参加を制限する前にまず，どのような形であれば参加できるのか，どのような配慮があれば安全が確保できるのかを検討すべきです。例えば体育であれば，体を動かせる範囲で可能な内容に調整する，ボードゲームを用いてルールやチームワークを学ぶといった方法が考えられます。

　またかねてより病弱教育において ICT（Information and Communication Technology）活用の有効性が論じられていましたが，2018（平成30）年の文部科学省通知[7]で，同時双方向型授業配信を行った場合に指導要録上出席扱いにすることが認められるようになりました。病院のベッドサイドや自宅では個別授業になりがちですが，テレビ会議システム等を利用してリアルタイムで授業を配信し，療養している児童生徒もそこに参加することで，友達の意見を聞いたり，自分の意見を発表したりすることができます。病室では難しい理科の実験も見ることができますし，工作では友達の作品を鑑賞したり，音楽では合奏の楽しさを味わったりと，工夫によって無限の可能性があります。単に視聴覚教材としてではなく双方向のやりとりを行うことによって，学校生活に関する不安感が解消され，学習意欲が維持されることが期待できます。また特別支援学校教員による訪問教育ではどうしても頻度的，時間的な制約が出てきますが，ICT を活用することで教育機会の確保がしやすくなるというメリットもあります。ハード面の整備は必要になるものの，今後も技術の進歩に従いますます教育現場での ICT 活用は広がっていくと思われます。

　なお，学習の重要な領域として自立活動があります。自立活動の目標[8]は「個々の児童又は生徒が自立を目指し，障害による学習上又は生活上の困難を主体的に改善・克服するために必要な知識，技能，態度及び習慣を養い，もって心身の調和的発達の基盤を培う」ことですが，病弱教育においては自分の病気の知識を得て現在の状態を理解し，生活の自己管理ができるようになることが求められます。アレルギーであればアレルゲン[9]を，運動や食事に制限があるならその内容を，精神的な病気であれば症状が起きる機序を知り，その上で服薬，体温調整，衛生，ストレスコーピングなど病状の維持・回復に必要な対応を身につけます。更には進路の選択，体調に応じた余暇活動，医療費助成や福祉制度についてなど，児童生徒が生きていくために将来にわたって必要な能力，知識を習得できるよう支援していきます。

　千差万別の病状を抱えた病弱・身体虚弱児の教育にあたっては，医療関係者との連携は不可欠です。本人と保護者の了承を得た上で主治医から，どのような活動のときにどのような配慮が必要なのか，起こりうる問題としては何があるのか，万一に備えてどのような準備をしておくべきなのかといった具体的な情報を得ておかなければなりません。校内においてはベッドや AED など必要

に応じたハード的な整備はもちろんのこと，教員，管理職，特別支援コーディ
ネーター，養護教諭，スクールカウンセラー等が各々の専門性を活かし，保護
者も含めて早い段階でチームを作ることが大切です。連携の際は保護者の了解
を得られた範囲で情報の共有を行いますが，特に医療情報の取り扱いに関して
は細心の注意が必要です。

④　心理・社会的配慮

　病弱・身体虚弱児は病気に対する不安，いらだち，劣等感，孤独感など，精
神的に不安定な状態に陥りやすくなります。特に悪化と改善を繰り返す場合や
死を意識せざるを得ない病気を患っている場合は，より大きなストレスにさら
されることになります。心の安定は健康回復への意欲を育てることに繋がるた
め，病弱教育では心理的な配慮が重要になってきます。

　幼児期においては，愛着対象である家族と離れて入院することは大きなスト
レスになります。またなぜ我慢しなければならないのかが理解できず，つい無
理をしてしまって疲労から病状の悪化を招くことがあります。子どもの寂しさ
に寄り添いつつ，さりげなく身体的負担の軽い遊びに誘導する，疲れたら休憩
を促すなどして，体調管理の方法を身につけさせます。体調を気遣うあまりい
ろいろな活動を禁止してしまいがちですが，依存的，受動的にならないために，
自発的な活動をできるだけ妨げないように注意します。

　学齢期以降は社会性と学習の面が問題となります。復学後クラスに溶け込め
るか，勉強についていけるかといった不安，思春期から青年期にかけては仲間
との関係や進路についての不安が生じます。脱毛，治療痕など容貌に変化が生
じる場合はより不安が高まります。ICTを活用して友達との心理的つながり
を維持したり，先輩の体験談を聞いたりすることで，心理的負担を軽減し，将
来の見通しを持って意欲的・主体的に治療や学習に取り組むことができるよう
になると考えられます。病弱・身体虚弱児の多くは忍耐強さ，鋭い感受性，弱
者への理解，人生への深い洞察といった正の特徴を持っているとも言われてい
ます。仮に予後が不良な疾患であっても，他者から肯定され，対人関係を構築
し，自己有用感を持てるようになれば，現実を受容しながら充実した生活を送
るための目標を模索することができるでしょう。

　子どもたちが不安，怒り，恐怖等の感情を抑圧せずに，安心して表出できる
ようにするのも重要なことです。その表現型は詩や絵画といった創作物でも構
いません。病弱教育に携わる者は自らの価値観を安易に押しつけるのでなく，
子どもたちのありのままの姿を受容します。もしも**解離**[10]，うつ状態等の精神的
な問題が疑われるようであれば，小児精神科医や心理職にコンサルテーション
を行い，投薬や自律訓練法，認知行動療法，箱庭療法などの心理療法を取り入
れていきます。　　　　　　　　　　　　　　　　　　　　　（西澤直子）

参考文献

宮本信也・土橋圭子編著『病弱・虚弱児の医療・療育・教育〔改訂2版〕』金芳堂，2015年。

全国特別支援学校病弱教育校長会編著『病弱教育における各教科等の指導——合理的配慮の観点から各教科等の指導と配慮を考える』ジアース教育新社，2015年。

角田哲哉『病気の子どものこころの世界——描画・箱庭・物語づくりから見えてくるもの』創元社，2018年。

猪狩恵美子・楠凡之・湯浅恭正・貝塚養護学校の実践を考える会『仲間とともに育ちあう貝塚養護学校——寄宿舎のある病弱養護学校の実践記録』クリエイツかもがわ，2018年。

全国特別支援学校病弱教育校長会・独立行政法人国立特別支援教育総合研究所『病気の子どもの理解のために』 https://www.nise.go.jp/portal/elearn/shiryou/byoujyaku/pdf/supportbooklet_2.pdf

日下奈緒美「平成25年度全国病類調査にみる病弱教育の現状と課題」『国立特別支援教育総合研究所研究紀要』第42巻，2015年。

独立行政法人国立特別支援教育総合研究所 インクルDB「「合理的配慮」実践事例データベース」http://inclusive.nise.go.jp

文部科学省初等中等教育局特別支援教育課「教育支援資料」http://www.mext.go.jp/a_menu/shotou/tokubetu/material/1340250.htm

言語障害

▷1　喃語
生後1か月ごろから見られる乳幼児が発する話しかけるような発声をいう。「アーアー」「ウーウー」のように同じ音が2回またはそれ以上くり返されることが多い。

▷2　模倣語
自分に向けて大人が話しかけた発声を真似て，話しかけられた語を同じように反復すること。生後7〜8か月ころから現れる。

▷3　一語文
生後12〜18か月ころ，言葉を発し始めて半年位の間に見られ，一語であるが，発話場面等からその単語の意味よりも広い内容を表現するもの。「ブーブ」の一語が，「ブーブが来た」「ブーブに乗りたい」のように文と同じ意味内容を聞き手に伝える発語。

1　言語の発達とコミュニケーション

○言語の発達

　言語は，生後数年という早い時期に習得されます。その発達は，大きく4段階に分けられます。**喃語**[1]を経て**模倣語**[2]が出現する生後1年位までの言語形成の準備期，**一語文**[3]から簡単な文法が習得される1歳から3歳位までの言語体系の基礎形成期，イメージの世界が発展する3歳から10歳位までの時期を経て，10歳以降は言語による**抽象思考**[4]が可能となる時期に入ります。

○コミュニケーションの過程

　情報が人から人へと伝えられるコミュニケーションの過程は，①他者からの情報を聞いたり読んだりする（受容過程：生理学的段階），②聞いたり読んだりした情報を理解し，考えたり判断する（情報処理過程：言語学的段階），そして，③自分の意思や考えを話したり書いたりする（表出過程：生理学的段階）の3つの過程に分けられます（図20）。

　これらのいずれかの過程の機能に障害が生じると言語障害に陥りますが，どの過程のどの機能に障害があるかによって言語障害の状態はさまざまです。

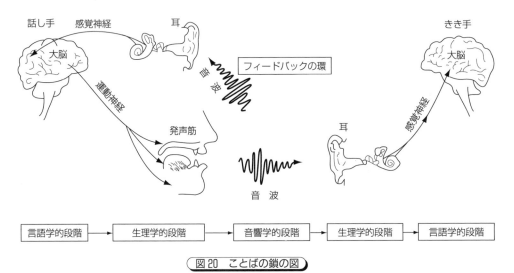

（図20　ことばの鎖の図）

出所：デニシュ，P. B.，ピンソン，E. N. 1966，斉藤義夫他編『知能障害事典』岩崎学術出版社，1984年，368頁。

❷　言語障害とは

　言語障害とは「その子どもの話し言葉や言語の発達が，その年齢段階で期待される水準まで発達しておらず，コミュニケーションに支障が生じたり，その子どもが欲求不満やひけ目を感じたり，社会生活に不都合が生じるような状態」をいいます。

　言語障害の要因として，環境の要因と子ども側の要因が考えられます。

◯ 子ども側の要因

　言語発達に影響を及ぼす子ども自身の大きな要因として，聴力または知的能力，発声発語器官の発達の遅れや機能不全等があります。

　話し言葉は相手の言葉を耳で聞いて覚えるので，聴覚は話し言葉の発達には欠かせません。また，言葉を発するときに使われる発声発語器官である口唇，舌，下顎，口蓋等々の機能の発達が，適切な発音の基盤となります。さらに，知的能力は言語の発達と高い**相関関係**にあり，言語は知的発達に見合った発達をします。言語発達の遅れから知的発達障害の発見につながることも少なくありません。

◯ 環境の要因

　言語発達のプロセスを考えると，環境としてもっとも重要なものは家庭要因であり，とくに主な養育者である保護者（多くの場合に母親）の役割です。養育を通して保護者からどのくらいの言葉掛け（言語刺激）が与えられたか，保護者と子どもとの間の言語的やりとり（言語的相互反応）が十分であったか否か，子どもの発語に対する保護者の反応が受容的であったか否か，さらにこれらを通して育まれる保護者との情緒的関係などが，言語発達の基礎となります。ですから，保護者が養育に対して拒否的であったり，保護者から十分な言葉掛けを与えられなかった場合は言語発達に何らかの影響が生じるのです。

　また，幼児・児童期には周囲の子どもとのかかわりが重要となります。きょうだいとのかかわり，同年代の子どもたちとの遊びを通したかかわりが言葉の発達に大きな役割を果たします。ですから，他の子どもとかかわることなく大人に囲まれて育つ状況などは，対人関係だけでなく言語発達に及ぼすマイナスの影響が大きいといえるのです。

　言語障害が発生する原因はさまざまであり，適切な時期にそれぞれの障害に応じた治療や対応がなされることが最も重要なことですが，言葉でのやりとり以前の人と人とのかかわりであるコミュニケーションを育てることも忘れてはなりません。自分の思いを伝えたい他者との関係が成立していなければ，意思伝達の道具である言葉は必要ないのです。人への関心が薄く，対人関係が育っていないとコミュニケーションは成立しないので，言葉の障害がどのようなものであれ，乳幼児期から人とのかかわりを育てることに留意したいものです。

▷4　抽象思考
11歳位以降現れる思考で，具体物から離れて言語によって進められる思考をいう。たとえば，「親切」「幸せ」といった概念について考えることや，「もし〜であったとしたら」等の仮定にたった思考をいう。

▷5　相関関係
2つの事柄の間に互いに影響しあう関係が存在する場合，その関係のことをいう。高い相関関係にあるということは，知的発達が遅れれば言語発達も遅れるというように互いに深く関係していることを意味する。

❸ コミュニケーションの過程の各レベルの主な言語障害

○言語障害の分類

　その分類は，構音障害，吃音，音声障害，リズム障害，言語発達遅滞，失語症，脳性麻痺に伴う言語障害，聴覚障害に伴う言語障害，口蓋裂に伴う言語障害などがあります。これらの障害を前述の言葉の鎖の過程に当てはめると次のようになります。

①受容過程の障害：生理学的段階

　言葉や環境が発する音を受け止める受容過程の障害は，聴覚障害であり，障害が生じた時期，障害の型，聴力損失の程度によって言語発達が受ける影響はさまざまです。幼児期より，補聴器を装用し，聴能訓練を受けることが重度の言語障害を生じさせないことにつながります。

②情報処理過程の障害：言語学的段階

　脳の障害や機能不全により生じ，言語発達遅滞や失語症，脳性麻痺に伴う言語障害などです。知的発達障害と言語発達の遅れは密接な関連があります。

　知的発達障害は一般的な知的機能の障害であり，言語発達の遅れはそこに起因します。知的機能の障害の度合いによって言語発達の遅れもさまざまです。一般に，話し言葉の発達も通常より遅れ，"始語期"は2歳を過ぎることが多く，知的障害が軽度であれば小学校入学のときに2，3語文を話し，簡単なルールの理解や集団生活が可能ですが，言語を使った抽象思考は困難です。障害が中度以上の場合，理解力も低く，言葉も話せない場合が多くなります。

　脳性麻痺に伴う言語障害は，運動障害による言語表出の障害が主ですが，知的障害が伴う場合は，上記のような言語発達の遅れがさらに加わります。

③表出過程の障害：生理学的段階

　言葉を発する過程での障害の主なものは，構音障害，吃音ですが，発声発語器官である口唇，歯，歯茎，舌，口蓋，舌顎などは，言葉を発する器官であると同時に，物を食べるときに使用する摂食器官でもあり，これら器官の発育発達が摂食行動とともに，言葉の発達に大きな影響を及ぼします（図21）。

　吃音は，はじめの音が出にくかったり，繰り返したり，途中つまる等々，言葉の流暢さの障害で，はっきりとした原因は不明です。

　構音障害は，正しく発音できないことをいいます。言葉を覚え始める時期には発音の誤りはどの子にもありますが，6歳台でほぼ構音に誤りが見られなくなります。この時期を過ぎても，何らかの理由で発音の誤りが続く

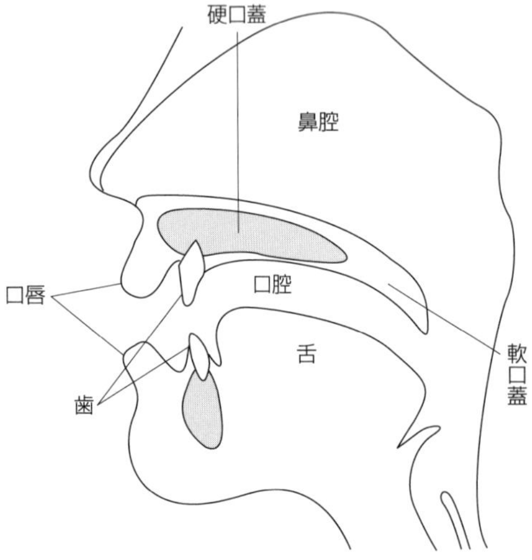

硬口蓋

鼻腔

口唇

口腔

歯

舌

軟口蓋

図21　発声発語器官

出所：石部元雄他編『心身障害事典』福村出版，1983年，83頁。

ことを構音障害といいます。

　口蓋裂に伴う言語障害は，生まれつき口蓋が割れている状態で，医学的処置でほぼ正常な状態にできますが，構音に障害が残る場合が少なくありません。

○ 構音の発達

　2歳ころになると多くの音を正しく構音できるようになります。それらの音は，母音，p，b，m，w（両唇音），t，d，n，tʃ，dʒ（歯茎音），k，g（軟口蓋音），j（硬口蓋音）です。構音の完成が遅い音のうち，ts（歯音）は5歳前半，r（歯茎音），s，dz（歯音）は5歳後半に完成するといわれ，6歳台では大多数の子どもの構音が完成するといえます（表22）。

4 「ことばの教室」への通級

　2018（平成30）年度に東京都の「ことばの教室」に通級する児童は3,940名で，全都の小学生に占める割合は0.65％，1,000人に約7名弱です（表23）。通級人数は構音障害と吃音で割合が2012（平成24）年度と比較して倍増しています。しかし，学年進行に伴い通級人数が減少し，指導の効果が考えられます。

（久芳美恵子）

表22　音の種類

			両唇音	唇歯音	歯音	歯茎音	硬口蓋音	軟口蓋音	喉腔
子	破裂音	無声	p			t	(c)	k	
		有声	b			d		g	
	通鼻音	無声							
		有声	m	(ɱ)		n	ɲ	ŋ ɴ	
	摩擦音	無声	F	(f)	s	ʃ	ç		h
		有声	w	(v)	z	ʒ	j		
	破擦音	無声			ts	tʃ			
		有声			dz	dʒ			
音	弾音	無声							
		有声				r(ɺ)			

出所：石部元雄他編『心身障害辞典』福村出版，1983年，250頁。

表23　「ことばの教室」への通級児童の実態

（平成30年度　小学校　東京都　人数）

障害名	低学年	中学年	高学年	計	割合＊
構音障害	1,181	535	131	1,847	0.30％
吃音	354	357	215	926	0.15％
言語発達遅滞	318	457	299	1,074	0.18％
その他	28	29	36	93	0.02％
合計	1,881	1,378	681	3,940	0.65％

＊割合：全都小学生数に占める障害毎の割合（学校基本調査を基に算出）。
出所：東京都公立学校難聴・言語障害教育研究協議会による。

　情緒障害

1　医学的基礎と定義

　わが国において，情緒障害という言葉が用いられたのは福祉分野において1961（昭和36）年の児童福祉法改正により開設された「情緒障害児短期治療施設（現在の**児童心理治療施設**）」が最初であるといわれています。その後，「心身障害児の判別と就学指導」（1967（昭和42）年 文部省当時）においてはじめて教育分野でも用いられるようになりました。

　情緒障害は，そもそもが行動上の問題（主に不適応行動）をもつ児童生徒を対象としているので，他の障害のようになんらかの具体的な医学的判断基準や明らかな心身の障害を指すものではありません。情緒とは，情動と同じ意味をもち，さまざまな感情（怒り，恐れ，喜び，悲しみなど）のように比較的急激な感情の動きをいい，多くの場合は身体的・生理的変化を伴います。このような感情の動きはだれしも経験するものですが，それを意識的にコントロールできなくなったり，その影響で学校生活や社会生活に支障をきたすような行動が出現した場合を情緒障害といい，そのような状態にある子どもには特別な配慮や教育的対応が必要になってきます。このように情緒障害教育の対象となるのは，さまざまな原因による情緒の障害によって社会適応が困難な状態となり，学校生活などの集団生活や社会生活，あるいは学校における学習活動などに支障をきたすような行動上の不適応や問題を有する児童生徒たちです。従来，わが国では，情緒障害のタイプを大きく2つに分類してきました。第一のタイプは自閉症やその周辺症候群といわれるタイプで，発達障害に分類されていますが，Ⅳ-5～7 で詳しく説明していますのでここでは取り上げません。第二のタイプは主に心理的な原因によりさまざまな問題行動や不適応行動が生じ，学校や社会への適応が困難な状態になることをいいます。この困難な状態は，行動上の障害と精神障害とに分かれ，さまざまな非社会的あるいは反社会的行動や精神症状が現れます。ここ Ⅳ-11 ではこの第二のタイプについて述べていきます。

表24　情緒障害（心因性）の分類

出所：相馬壽明『情緒障害児の治療と教育』田研出版，1995年，12頁より一部改訂抜粋。

第二のタイプを分かりやすく示すと表24のようになります。

　なお，第二のタイプの情緒障害は，英語では emotional disturbance と表記し，日本語で障害を表す deficit や disorder, handicap, disability, impairment などとは異なります。とくに現在の時点では，知的障害のように中枢神経系が原因ではなく，心因性のものと考えられていますので，英語表記にも見られるように厳密には障害という概念が必ずしも適切でない場合もあるということを考慮しなければなりません。

② 障害の特徴と接し方の基本的配慮

○ 情緒障害の種類

　ここで取り上げる心理的な原因によると思われる情緒障害は，広い意味では不適応行動や異常行動，問題行動などの社会症状があらわれますが，表24の分類によれば選択性かん黙や**不登校**などが非社会的行動にあたり，反社会的行動としては反抗や破壊，暴力などの攻撃行動や薬物使用や窃盗，恐喝などの非行が該当します。しかし，反社会的行動については情緒面での問題も考えられますが，情緒障害児として障害児教育の対象としては考えにくいので，慎重な判断が必要になります。また，身体症状として表れる神経性習癖は，指しゃぶりや**チック**などの不適応行動とぜんそくや脱毛症，摂食障害などの心身症がありますが，心身症の場合は基本的に医療の対象となります。同じように，精神症状として表れる神経症（不安神経症や強迫神経症，**不安症**ともいう）や精神病（統合失調症や躁鬱病など）も医療の対象となり，治療が優先されます。

○ 選択性かん黙

　情緒障害教育の主な対象となるのは，主に選択性かん黙や不登校です。選択性かん黙とは，言葉を発声するための器官（口蓋や舌，喉頭，咽頭など）に障害が見られないにもかかわらず，心理的な要因により，場面によっては声が出なくなったり言葉を出せなくなることをいいます。主な原因としては，集団における緊張が強すぎる（過緊張）ことが考えられ，集団に対する極度の恐怖感や人間関係における強度のストレスがあるようです。声や言葉だけでなく，行動面全体で動きが鈍くなったり，反応が遅くなる，食欲がなく給食を食べないなどの様子もあります。状態がひどいときには，問いにも応えなかったり，ノートをとらない（文字を書かない）といった様子も見られることがあります。よくこのような様子から，知的障害児と混同される場合もありますが，知的発達の面では障害はもっていないので，日常から行動をよく観察したり，保護者など関係者から充分な情報を得るなど，総合的な判断を心がける必要があり，注意しておかなければなりません。

○ 不登校

　情緒障害で対象としている不登校は，勉強嫌いや学習意欲がなく学校へ行か

▷2　不登校
文部科学省の定義では，年間30日以上の欠席者をいう。2018（平成30）年度統計資料（「児童生徒の問題行動等生徒指導上の諸問題に関する調査」）によると，2017（平成29）年度は小学生は35,032人，中学生は108,999人である。

▷3　チック
不安を感じたり，緊張したりしたときに，自分の意志と関係なく，反射的に繰り返し出現してしまう運動や動作のこと。運動性チックと音声チックに分類され，軽いケースを含めると10〜20％の子どもに見られる。

▷4　不安症
従来は不安神経症や強迫神経症等を「神経症」といったが，近年は精神医学の進歩により，パニック障害や心的外傷後ストレス障害等も含めた不安障害（不安症）というようになった。不安・抑うつ臨床研究会『不安症の時代』日本評論社，1997年。

ないいわゆる怠学や，特定の考え方，たとえば学校教育に意義を見いだせず学校教育そのものを否定する学校拒否などとは異なります。ここでいう不登校は，本人の登校や学習への意欲があるにもかかわらず，心理的原因もしくは情緒的原因によりさまざまな身体症状がでるなどして，実際に登校できなくなっている場合です。2017（平成29）年の「児童生徒の問題行動等生徒指導上の諸問題に関する調査」によると，2017年度の不登校を理由とする長期欠席は小学校で0.54％程度，中学校で3.25％程度を占めています。過去の数字を見てみると増減傾向は複数年続く傾向があり，2001～2004年は減少傾向，2005～2007年と増加傾向で，2008年から再び減少傾向となり，2011年も減少しました。しかし，2012（平成24）年度以降は，再び上昇傾向にあり，2017年度は小学校で35,032人（185人に1人），中学校で108,999人（31人に1人）と過去最大の不登校数となっており，継続的な対応が必要になります。不登校の場合は，保護者と担任教員，各種相談機関とが連携を密にして，登校を焦らせないことが大切です。登校することにかなりの心理的圧力を感じているわけですから，周囲の「がんばれ！がんばって学校へ行こう！」といった励ましや叱咤激励は却って逆効果になるケースが少なくありません。登校すること＝社会的に望ましい行動といった意識を，本人や周囲が変えていき，登校しないことに新たな価値観を見いだすことも配慮の一つになってきます。最近の研究では，長期にわたり引きこもり状態を呈している不登校の場合は，短期間の不登校とは質的に異なり，中枢神経系の障害が疑われる，ともいわれています。このような場合は，単なる心理的原因以外も考えられますので，相談機関の他に医療機関との連携による医療ケアの必要性も出てきます。

　一般に情緒障害児の指導配慮としては，共通して①障害の原因となっている心理的要因を周囲も含めて本人が正確に把握し，周囲の人たちはそれを克服できるような体制を築き本人が克服へ向けて努力できるよう支援することや，②人間関係を豊かにすることや対人関係を少しでも上手にとれるようになることなどの社会性を培うこと，③知的障害はないので通常の学力を確保できるように特別な配慮が必要であることなどが考えられます。

③　教育・福祉的配慮（学齢時を中心に）

◯自閉症をめぐる混乱

　日本ではじめて情緒障害児を対象にした教育が始まったのは，1969（昭和44）年の情緒障害特殊学級の設置からであるといわれています。当時は，自閉症の存在が大きく取り上げられた時期であり，教育現場でも自閉症児への教育的対応が早急に求められていた時期でした。このころには，**自閉症の心因論説**[5]は間違いであることが指摘され始めたのですが，教育現場ではまだ自閉症が心の病である，という考え方も根強くあり，自閉症児を小・中学校内に設置した

情緒障害特殊学級で受け入れることとなりました。以後，教育現場では自閉症＝情緒障害と考えられる傾向が強くなり，情緒障害の概念に混乱を起こすとともに，自閉症心因論説という誤解が広まる原因のひとつになりました。

○特殊学級を中心とした情緒障害児教育

1978（昭和53）年には，特殊教育に関する研究調査会の「軽度心身障害児に対する学校教育の在り方（報告）」において「自閉，登校拒否，習癖の異常などのため社会的適応性の乏しいもの，いわゆる情緒障害については，必要に応じて情緒障害者のための特殊学級を設けて教育

表25　情緒障害教育における学校教育法施行令改正後と改正前の比較

	情緒障害学級	通級による指導（情緒障害）
改正前	「精神薄弱，病弱などに伴って情緒障害を有するものは，その障害の状態及び程度に応じて養護学校又は精神薄弱者若しくは病弱者のための特殊学級において教育すること。その他の情緒障害者は，そのための特殊学級か又は通常の学級において留意して指導すること」（309号通達）	「自閉，かん黙等情緒障害のある者で，通常の学級での学習におおむね参加でき，一部特別な指導を必要とするもの」（278号通達）
改正後	1．自閉症又はそれに類するもので，他人との意思疎通及び対人関係の形成が困難である程度のもの 2．主として心理的な要因による選択性かん黙等があるもので，社会生活への適応が困難である程度のもの	1．自閉症又はそれに類するもので，通常の学級での学習におおむね参加でき，一部特別な指導を必要とする程度のもの 2．主として心理的な要因による選択性かん黙等があるもので，一部特別な指導を必要とする程度のもの

するか又は通常の学級において留意して指導すること」という提言がなされました。このような経過から情緒障害特殊学級（現，特別支援学級）は自閉症を中心に選択性かん黙，不登校などの児童・生徒を対象とする学級として定着していきました。以後，「教育上特別な取り扱いを要する児童・生徒の教育措置について」（1978（昭和53）年，第309号通達）および「通級による指導の対象とすることが適当な児童生徒について」（1993（平成5）年，第278号通達）により，情緒障害児の情緒障害学級および通級による指導形態が示されていましたが，いずれも情緒障害として自閉症と選択性かん黙などは区別されてきませんでした。

○自閉症と他の障害との明確な区別

しかし，2002（平成14）年に学校教育法施行令の一部改正が行われ，この改正に伴う留意すべき事項として「障害のある児童生徒の就学について」（2002（平成14）年，第291号）の通知が行われました。この通知では，従来からの自閉症を中心とする発達障害と心理的原因による適応行動障害（選択性かん黙など）を明確に区別することとなりました（表25）。2002（平成14）年度の『就学指導資料』によると，情緒障害のある児童生徒の就学指導における留意点として「自閉症等と選択性かん黙等とは，原因も対応も大きく異なることから，就学や学級編成に当たっては，それぞれ別の指導が適切にできるようにするなどの格別の配慮と工夫が必要である」としています。また，情緒障害教育の目的を「適応不全の改善」としており，そのために「情緒の安定を図り，円滑に集団に適応していくことなどができるようにするために，多様な状態に応じた指導が大切」と示されています。したがって，これからの情緒障害教育では，情緒障害を有している児童生徒が，それぞれの生活環境や学習環境において適応的な行動がとれるように支援していくことが大切になってきます。　（田実　潔）

12 重度・重複障害

1 重度・重複障害と重症心身障害

　重度・重複障害児と混同される表現として重症心身障害児があります。この2つの用語は，実態はほとんど同じ子どもの状態を表す表現ですが，福祉や医療現場で対象にしている子どもは重症心身障害児，教育現場で対象にしている子どもは重度・重複障害児といわれています。たとえば，同じ子どもであっても病院では重症心身障害児と呼ばれますが，特別支援学校や特別支援学級では重度・重複障害児と呼ばれることになります。そこで，重度・重複障害の定義を述べる前に，重度・重複障害と重症心身障害という概念について整理しておきます。

◯医療や福祉で取りくまれた重症心身障害児

　昭和30年代初頭のころ，精神発達（知的発達）の障害と身体の重度な運動障害を併せもつ子どもの存在が知られるようになってきました。1959（昭和34）年東京都に重症心身障害児対策委員会が設けられ，そこではじめて「重症心身障害児」という表現が使われるようになりました。当時は，その障害の重さ故に学校からは教育の対象ではないと言われ，医療や福祉からも支援を受けられず，家にいて親たちが介護のすべてを背負っていたのです。このような状態は，一部の先駆者や親の会の働きによって，重い障害をもつ子どもが入所できる療育施設の設立運動へと展開していき，1961（昭和36）年には日本で初の重症児施設・島田療育園が開設されました。続いて1963（昭和38）年にはびわこ学園，1964（昭和39）年には秋津療育園が開設されますが，これら各施設の開設と並行して厚生省（当時）は，1963（昭和38）年に次官通達を出します。この通達では，精神発達の障害と身体の重度な運動障害を併せもつ子どもを「身体的・精神的障害が重複し，かつ，重症である児童」と定義しました。その後，厚生省は1966（昭和41）年に新たな次官通達を出し，児童のみに限定せずに成人まで範囲を広げました（表26）。また，文部省（当時）も1967（昭和42）年総合研究班で定義づけを行いましたが，医療的観点からのものであり，

▷ 1　日赤産院小児科（現・日本赤十字社医療センター）で重い障害をもつ子どもの治療に当たっていた小林提樹や，知的障害児施設近江学園（滋賀県）で知的障害児への取り組みを行っていた糸賀一雄など。

表26　重症心身障害の定義

1963（昭和38）年　厚生省
身体的・精神的障害が重複し，かつ，重症である児童

1966（昭和41）年　厚生省
身体的・精神的障害が重複し，かつ，それぞれの障害が重度である児童および満18歳以上の者

1967（昭和42）年　文部省（原文のまま）
身体的精神的障害が重複し，かつ夫々重度であるものをいう。その知能障害の程度は白痴乃至痴愚*に相当し，身体障害は高度でほとんど有用の動作をなし得ず，相まって家庭内療育が困難な事はもとより，精薄児施設に於ても集団生活指導の不可能のものである。

＊白痴乃至痴愚：現在では，「白痴」や「痴愚」といった表現は差別用語であり使用されていない。発達の障害程度が「重度」あるいは「中度」と表現している。

厚生省の定義と大差はないものでした。1967（昭和42）年以降重症心身障害児の定義に変更はありませんが，このように日本では医療的観点から，知的発達と運動面での重度な障害がある子どもを重症心身障害児と表現してきました。

◯教育の対象となった重度・重複障害児

一方，重度・重複障害児という用語は，教育分野で用いられていますが，最初に用いられたのは，1971（昭和46）年中央教育審議会答申であり，「重度な重複障害児」と表記されていました。1979（昭和54）年には，それまで就学義務が免除もしくは猶予されていた重度・重複障害児にも教育を保障する観点から養護学校義務制が実施されることになりましたが，先がけて1975（昭和50）年に文部省特殊教育の改善に関する調査研究会から「重度・重複障害児に対する学校教育の在り方について（報告）」が提出され，はじめて「重度・重複障害児」という用語が現れました。この報告で示された重度・重複障害児の概念は以下の4点にまとめられます。

（1）法律等で定められている重複障害児（盲・聾・精神薄弱[2]・肢体不自由・病弱のうち2以上併せ有する者）

（2）精神発達の遅れが著しく，ほとんど言語を持たず，自他の意志の交換及び環境への適応が著しく困難であって，日常生活において常時介護を必要とする程度の者

（3）破壊的行動，多動傾向，異常な習慣，自傷行為，自閉性，その他の問題行動が著しく，常時介護を必要とする程度の者

（4）さらに，上記の範疇に入らないが，実際には発達の状況が相当に遅れていてかつ行動面でもかなりの問題行動があると思われる者

以上の経過から，重度・重複障害児と重症心身障害児は，用語の用いられる分野の違いと言えますが，「重度・重複障害児という用語は，概念的には重症心身障害児よりも範囲が広く多様な子どもを含んでいる[3]」という指摘もあり，厳密にはより上位概念として重度・重複障害という用語が用いられていると考えられています。

❷　障害の特徴と接し方の基本的配慮

重度・重複障害について，文部省は1967（昭和42）年『重症心身障害児の系統的研究』において定義と区別を示しました。これをもとに知的障害や身体障害の面から重度・重複障害児を区分したものが表27です。

表27において，区分20ならびに24,25が重度・重複障害（当時は重症心身障害）に該当しますが，区分15に属していて重い行動異常や視覚障害，聴覚障害を有している場合も同じように重度・重複障害としています。

◯動く重症児

また，最近ではこのような発達的側面から分類される重度・重複障害児だけ

▷2　1998（平成10）年，「精神薄弱の用語の整理のための関係法律の一部を改正する法律」により，「精神薄弱」という用語は「知的障害」に改められた。（この法律は1999（平成11）年に施行された。）

▷3　細淵富夫『重症心身障害児における定位・探索行動の形成』風間書房，2003年。

表27　精神発達と身体発達の障害から見た重度・重複障害児の分類

身体障害の程度	知的障害の程度 IQ（DQ）				
	85～ （正常）	75～85 （境界線）	50～75 （軽度）	25～50 （中度）	～25 （重度）
身体障害なし	1	2	3	4	5
日常生活が不自由 ながらできる程度	6	7	8	9	10
制約されながらも 有用な運動が可能	11	12	13	14	15
有用な運動が極め て制限されている	16	17	18	19	20
有用な運動が何ら できない	21	22	23	24	25

出所：文部省『重症心身障害児の系統的研究』1967年，45頁をもとに一部表現を分かりやすく変更した。

> 4　行動障害

DSM-5では，「秩序破壊的・衝動制御・素行症群」項目の中に反抗挑発症/反抗挑戦性障害（Oppositional Defiant Disorder）と素行症/素行障害（Conduct Disorder）が分類されている。素行症/素行障害には放火や窃盗も含まれており，ここでいう行動障害とはこれらの2障害（症候群）を含んでいるものと考えることができる。また，DSM-5では，「秩序破壊的・衝動制御・素行症群」に示された各障害間の多様性を「情動」と「行動」という2つの自己抑制機能の不全におけるバランスの問題としてとらえている。素行症/素行障害は最も情動の制御が乏しいことによる，としている。

ではなく，医療や介護の必要性といった観点から新たな重度・重複障害児の存在が指摘されています。ひとつめは「動く重症児」といわれるもので，1970（昭和45）年の中央児童福祉審議会答申では，①精神薄弱者であって著しい異常行動を有する者，②精神薄弱以外の精神障害児であって著しい行動異常を示す者とされています。つまり知的障害や精神上の障害ももっていてなおかつ強度の**行動障害**をもつ障害児のことを指します。ここでの異常行動とは，反社会的行動（暴行や器物破損，放火，家屋侵入など）と多動行動ならびに難治性のてんかん発作を指します。とくに多動行動の場合は，教育現場や施設においても教師や支援者がほとんどマンツーマンでつきっきりにならなければならないケースが多く，ケアにおける人的必要性が指摘されています。多動行動をはじめとする強度行動障害は自閉症児やADHD児にもよく見られる傾向でもあります。

○超重度障害児

2つめは「超重度障害児（超重症児）」です。近年の医療技術の進歩により，重い障害をもって生まれてきても救命率が伸び，生存期間が長くなってきました。このような障害児は，従来の重度障害児に対する医療体制のなかでは対応できなくなってきたので，新たな医療的対応が必要になってきたのでした。それとともに，就学年齢に達してきた「超重度障害児」に対して，彼らの教育を受ける権利を保障するために，教育現場としてなにをすべきなのか，なにができるのか，といったことが問われるようになってきており，新たな教育内容，彼らの教育ニーズに応える具体的支援の在り方が模索されています。

○重度・重複障害児の特徴

重度・重複障害児の特徴としては，①身体発育の面では，身体虚弱や発育不良，脊柱をはじめとした変形や異常，骨折しやすい，等があげられます。また，運動機能の障害も顕著であり，姿勢・運動面の発達が遅れていたり，脳性麻痺に見られる特徴を多くもつ場合がほとんどです。②生活面では，摂食や排泄，睡眠・呼吸・体温機能の調節において困難が見られます。自力摂食や自力排泄は難しいので介護が必要ですが，口腔機能や排泄機能の障害がありますので慎重な介護が必要です。③行動面では，身体障害がある場合は介護が必要ですので，障害の状態に応じて移動の手段などの支援が必要となります。また身体障害がなく強度の行動障害がある場合もあり，自傷行為や常同行動など社会生活の妨げになることもあります。④対人関係面では，言葉の障害があるので円滑

なコミュニケーションをとることが難しい場合がほとんどです。とくに感情や気持ちの表現がほとんど目立たないことがあり，周囲に伝わりにくいこともあります。

❸ 教育・福祉的配慮（学齢時を中心に）

　重度・重複障害児の指導内容については，障害の特性に対応して主に以下のようなものが考えられます。①健康・身体機能の保持や日常の生活における諸能力に関する支援，②意思伝達をはじめとしたコミュニケーションや対人関係などの社会性を養う支援，③行動上の障害を軽減あるいは改善するための支援などです。特別支援学校では，特殊教育から特別支援教育へ移行して，教育を受ける期間における個別の指導計画を一人ひとりの児童生徒に対して立案することになりましたが，とくに重度・重複障害児においては健康面や生活面での支援やケアが大切になってきます。痰がたまりやすく呼吸がしにくくなったり，気管支炎などを起こすこともありますので，痰を出しやすくする姿勢や痰を出す指導（体位排痰法など）も必要です。同様に食事指導では，噛むことや飲み込むことなどに障害があるので，注意深く指導しなければなりません。実際の指導に当たっては，学校医や専門の理学療法士などと密な連携をとりつつ，チームとして支援していくことが望まれます。コミュニケーションや対人関係を養う支援においては，「動く重症児」を除く重度・重複障害児はほとんどが寝たきりであったり移動が困難であり，表情や自発行動に乏しい場合が多いので，日常的なかかわりを密にし，彼らの微細な反応や自発行為を拾い上げていき，彼らにフィードバックしていくことが望まれます。行動上の問題については，まずその行動がどのような意味をもっているのか，といった行動発生の心理的機序を明らかにする努力を怠ってはならないでしょう。行動には必ず意味があるので，問題となるような行動が現れても，重度・重複障害児にとってその行動のもつ意味がどのような意味をもつのかを理解することにつとめることが大切です。

○思春期危機

　1980年代に，重度・重複障害児の「思春期危機」がいわれたことがありました。呼吸状態の悪化と摂食障害の進行，さらには思春期の身体的変化も加わって10歳ころから20歳ころまでに死亡に至るケースが見られるというものです。これについては，医療や福祉での調査が進み，実際には「死亡率は若年層に高く，加齢に伴って死亡率が低下する」という一致した見解を見ています。思春期には確かに健康上の問題が起こりやすいのですが，それを危機と見るよりもむしろ思春期を豊かに乗り越えることによって，障害をもたない人と同様に心理的成長が期待される時期と見るべきでしょう。

（田実　潔）

発達障害のある子どもの理解①
学習障害

1　学習障害とは

　知的発達に遅れがないにもかかわらず，読み書きをすることを極端に苦手とする子どもたちがいます。また，ある子どもは，読み書きになんら問題はないのですが，算数がまったくといっていいほどできなかったりします。

　こうしたことの背景には，記憶や認知の機能に，特有の困難さがあるといわれています。そのため，通常のやり方で練習をくり返しただけでは，十分な学習成果が上がらなかったり，定着が悪かったりします。

　現在わが国では，学習障害を以下のように定義しています。

▷ 1　文部科学省「『学習障害児に対する指導について』報告」1999年7月。

　　学習障害とは，基本的には全般的な知的発達に遅れはないが，聞く，話す，読む，書く，計算する又は推論する能力のうち特定のものの習得と使用に著しい困難を示す様々な状態像を指すものである。

　　学習障害は，その原因として中枢神経系に何らかの機能障害があると推定されるが，視覚障害・聴覚障害・知的障害・情緒障害などの障害や，環境的な要因が直接の原因となるものではない。[1]

2　学習障害のある子の「困り感」

　学習障害のある子どもは，学校における学習場面や生活場面で，さまざまなトラブルに直面します。大切なのは，そのようなときに，子どもが困っていること，すなわち子どもの抱く「困り感」に気づいてあげることです。

○読むことの学習場面で

　教科書を読むときに，文字を読み違えたり，文字や行を飛ばして読んだりすることがあります。障害の程度が重くなると，ひらがなを見ても，すぐに読み方を思い出せないことがあり，このような子どもは，読みの習得が大幅に遅れます。

　読みに困難を示す子どもは，文字が連なって印刷されていると，読んでいる途中でどこを読んでいるのかが分からなくなってしまうようです。ちょうど，英語の苦手な人が，細かいアルファベットで綴られたテキストを音読させられているようなものです。

　これに加え，漢字がなかなか覚えられないことも，読みに対する苦手意識を

助長させています。

○書くことの学習場面で

帰りの会の前などに，黒板に書いてある次の日の予定を連絡帳に写す場面です。いつまでたっても書き終わらない子どもを見かけます。また，書写の時間に，お手本を見て書くのですが，いつも最後まで仕上がりません。がんばって書いた字も，形が整わず，ときにはマス目や行をはみ出してしまいます。

連絡帳にしても書写にしても，この子たちは，どこを書き写しているのかが途中で分からなくなってしまうのです。一文字書いては黒板を見てというように，なかなかはかどらないのは，けっして彼らが怠けているからではありません。学習障害のある子が連絡帳を書くのには，私たちが駅のホームにある山の手線の時刻表をまるごと写すのと同じくらいの労力がいるのです。毎日そんな苦労をしているこの子たちに，どうして「やる気がない」とか「もっとがんばりなさい」などといえるのでしょうか。

また，字の形が整わないのは，次のような私たちの体験を思い起こすといいでしょう。たとえば，ミッキーマウスなどのキャラクターの絵をお手本にして，模写しようとします。絵が上手な人は別ですが，たいていは，描いている途中で線が変なところにつながってしまったりします。できあがった絵を見ると，何ともかわいくないミッキーマウスにしかなりません。

漢字を書くときにも，こんな思いをしているのが学習障害のある子どもです。見て写すことがとても苦手な彼らに，それをくり返し練習させても，苦痛になるばかりで，上達は難しいのです。

○算数の学習場面で

一口に算数の技能に落ち込みがあるといっても，タイプはさまざまです。

計算はなんとかできても，文章題になるとたちまちできなくなってしまう子。筆算をするときに，位取りがずれてしまう子。図形の問題だけができない子。そしてなかには，算数障害としてはもっとも程度の重い，**数の概念**そのものがつかめない子どもたちもいます。

算数は，できないことが比較的はっきりしてしまうだけに，苦手な子どもはどんどん自信を失っていきます。算数のプリントを見ただけで涙があふれてくる子どももいるくらいです。計算問題の易しいものならいくらか取りくめるのですが，それ以外の問題は，何を問われているのかがまるで理解できず，テストの時間中，教室でじっと耐えるしかないのです。

あげくの果てに，周囲の人からは，何でそんな簡単なことが分からないのかと，冷たい言葉を浴びせられます。こうして，この子たちの「困り感」は，よりいっそう深刻になっていくのです。

（佐藤　曉）

▷2　数の概念
数には集合数と順序数があること，数には大きい小さいがあること（数の大小），数が数直線上に系列をなしていること（数の系列），そして数が（たとえば10が3と7に）分解できること（数の合成・分解）。こういった数の特性の総称を，数の概念といっている。

発達障害のある子どもの理解②
ADHD（注意欠陥多動性障害）

ADHD とは

　気が散りやすく（注意欠陥），落ち着きがない（多動）。しかも，何かに駆り立てられるかのように，衝動的な行動をとることがあります（衝動性）。彼らは，好きなことに熱中しているときには何の問題も感じさせません。しかし，ふだんの生活を見ていると，とても動きが激しく，周囲の人たちが振り回されることもしばしばあります。

　現在，ADHD は，次のように定義されています。

　　ADHD とは，年齢あるいは発達に不釣り合いな注意力，及び／又は衝動性，多動性を特徴とする行動の障害で，社会的な活動や学業の機能に支障をきたすものである。
　　また，7 歳以前に現れ，その状態が継続し，中枢神経系に何らかの要因による機能不全があると推定される。

▷ 1　文部科学省「『今後の特別支援教育の在り方について』最終報告『試案』」2003年 3 月。

② ADHD のある子の「困り感」

　ADHD のある子どもは，片づけができない子ども，乱暴な子どもといったレッテルを貼られがちです。しかし，そういう子どもだからこそ，彼らの抱える「困り感」に気づいてやらなければいけません。彼らなりに，学校生活のさまざまな場面で傷ついているのです。

○不注意について

　ADHD のある子どもの気の散りやすさは，いわゆる悪ふざけとはまったく異なります。

　ふだん私たちが生活している空間では，種々雑多な刺激が私たちを取り巻いています。たとえば，大学で授業を受けているときのことを思い浮かべてください。教室の空調の音，椅子のきしむ音，そして周りの学生さんがノートを書く時の音やときには話し声。目に入ってくるものも，限りなくたくさんあります。隣の席の友だちの持ち物やファッション。外の風景や教員の仕草など。

　こんなにたくさんの刺激がありながら，教員の話に耳を傾け，板書された内容に注目できるのは，私たちが必要な情報に選択的に注意を向けることができるからです。

　ところが，ADHD の子たちは，このようないわば「選択的注意」の機能に弱さがあります。そのため，とくに刺激の多い場所では，無差別に刺激が入ってきて，ひどく混乱している可能性が高いのです。この子たちが，ひとつのことに集中できにくいのは，問題行動というよりはむしろ，否が応でも周りの刺激に反応してしまう彼らの「困り感」だと考えたいのです。

◯多動について

　あちこちに気の散りやすいこの子たちは，その分，とくに幼少のころには多動が目立ちます。

　成長とともに，おおかた小学校の中学年ころからは，顕著な多動は治まってくるようです。しかし，そのような子どもも，小さいときのことを保護者の方に聞くと，スーパーに買い物に行っても親の手をふりほどいて店内を走り回ったり，電車のなかでもじっとさせておくのがたいへんだったりと，親を悩ませ続けてきたエピソードが数えきれないほどあるのです。

　そういう彼らは，動き回るのを制止され，ときには強く叱責されるたびに混乱しています。叱責をくり返すと，親子の関係は悪くなる一方です。また，幼いころから自己肯定感を低下させてしまうと，将来，**二次的な問題**を引き起こしやすくなります。

◯衝動性について

　「注意欠陥多動性障害」という診断名には含まれていない単語ですが，ADHD のある子どもへの教育支援を行ううえで，いちばん問題になるのが衝動性です。

　幼稚園などでは，急に友だちのことを叩いたり，ものを投げたりする子がいます。こういうことが頻繁にあると，目を離せなくて，補助の先生がいつも近くについていなくてはなりません。

　このような子どもは，とかく「問題のある子」だと捉えられがちですが，本人にすれば，けっして好んで乱暴をしているのではないということを分かってあげたいのです。というのも，この子たちにとって，幼稚園の生活場面は刺激が多すぎたり，強すぎたりして，混乱することばかりだからなのです。

　混乱して気分が高揚すれば，なおさら衝動性は強まります。よく「何度いってもくり返すので困っています」という相談を受けますが，注意してやめられるくらいなら「衝動性」とはいわないのであって，問題はそういう場面にこの子たちをさらしている大人の側にあると考えなくてはいけません。

　衝動性は加齢とともにいくぶんは緩和しますが，中学校以降になっても，一部の子どもには激しい行動が残ります。力も強くなり，ちょっとしたはずみで大きな事故につながることもあるので，専門家を交えた綿密なケアが必要とされます。

（佐藤　暁）

▶2　二次的な問題
非社会的な行動や，場合によっては反社会的な行動にまで発展する。また，いったん保護者の手に負えないほど荒れてしまうと，家庭での養育が困難になることもある。

発達障害のある子どもの理解③
高機能自閉症スペクトラム障害

 高機能自閉症スペクトラム障害とは

　自閉症スペクトラム障害のなかでも，知的機能が保たれているグループです。相手の感情や意図を察したり周りの状況に合わせて行動したりするのが苦手です。また，程度の差はありますが，何かにつけてこだわりを示す傾向があります。

　高機能自閉症スペクトラム障害は，それを知らない人には，もっとも理解が得られにくい障害のひとつです。「高機能」とは，あくまで，知的機能に目立った遅れが認められないということであって，知的機能が特段に高いということを意味しているわけではありません。また，「高機能＝能力全般が高い」ということではなく，知的機能は保たれていながらも，自閉症スペクトラム障害の特性として示されている社会性にかかわる困難さは，必ず抱えています。そのため，周囲の無理解による対人関係やコミュニケーションのトラブルを起こしがちです。このような事情を考慮し，「高機能」という用語は，誤解を避けるために，あまり使わない方がいいという意見もあります。

　なお，アスペルガー症候群とは，知的発達の遅れを伴わず，かつ自閉症スペクトラム障害の特徴のうち言葉の発達の遅れを伴わないものをいいます。現在，正式な診断名として使われることはほぼなくなりました。

2 高機能自閉症スペクトラム障害のある子の「困り感」

○過敏性

　自閉症スペクトラム障害の子どもには，感覚に過敏さがあることが指摘されています。

　たとえば，ちょっとした物音や話し声が気になって集中できなくなったり，洋服が濡れたり汚れたりしたことがどうしても我慢できなかったりします。また，この子たちの極端な偏食も，過敏性と関係しています。

　さらに，あまり気づいてもらえないのですが，暑さや寒さにことさら敏感なのも，この子たちによくあることです。冬場になると寒くて体操服に着替えられないこの子たちを，「わがまま」ですませないでほしいのです。

○同時総合機能の問題

　自閉症スペクトラム障害の子どもは，2つ以上のことを同時に遂行するのがたいへん苦手です。「先生の話を聞きながらメモをとる」といった，通常はご

くあたりまえなことが，彼らにはとても難しいのです。

　また，学校生活のなかで見受けられる高機能自閉症スペクトラム障害の子どもの不器用さは，こうした同時総合機能の問題と密接にかかわっています。たとえば，定規を操作しながら平行線を描くといった作業は，この子たちにとってひどくストレスフルな活動なのだということを知っておく必要があります。

◯話を聞いて理解することの困難

　高機能自閉症スペクトラム障害の子どもは，知識が豊富で，自分の知っていることについては饒舌に語り続けることがあります。しかし，その割に，周りの人が話している内容が理解できていないことがしばしばあります。

　彼らは，教師がクラス全体に向けて話した内容や指示したことがらが，あまりよく分かっていないようです。図工の製作の時間に，手順をていねいに説明します。ところが，話が終わって，「さあ，どうぞ」といった途端，担任の近くにやって来て，「先生，何をするの？」と尋ねる子どもがいます。話を聞いていなかったわけではないのですが，いざ始めるとなると，何から着手したらいいのかが分からずに困っているのです。

　これはちょうど，英語があまり得意でない人が，リスニングテストを受けているときと同じような感覚かもしれません。CDから聞こえてくる話の内容が，ぜんぜん把握できなかったわけではないのだけれど，全体として話が漠然としているものだから，結局は分からないのと同じことになってしまいます。だから，問題文に続く質問にはうまく答えられないのです。

　いつもこんな状態で集団生活を送っている彼らは，何をするのもワンテンポ遅れてしまったり，そのときどきで何をしたらいいのかが分からずに途方に暮れたりしています。

◯相手の感情や意図が読み取れない

　高機能自閉症スペクトラム障害の子どもによくある他者の感情や意図を読み取ることの困難さについては，次のようなエピソードがそれを象徴しています。

　高機能自閉症スペクトラム障害の子どもが電話を受けました。相手が，「お母さんはいますか」と尋ねると，すかさず「はい，います」と答える彼です。ところが，いつまで待ってもお母さんが電話口に出てこないものですから，相手は，「もしもし」と声をかけてみました。すると，「はい」と答える彼でした。

　電話の相手は，「お母さんに替わってください」という意図で「お母さんはいますか」と尋ねたのですが，自閉症のその子は，「いますか」と聞かれたから「います」と答えたまま，受話器を握り続けていたのです。

　話し手の意図をくみ取れないこの子たちは，相手とのコミュニケーションの端々でこうしたトラブルに直面します。友だちから言われた冗談を真に受けて傷ついてしまうのは，その場の空気や相手の意図が読み取れないからなのです。

（佐藤　暁）

> ▷ **言葉の理解が難しいひとつの理由**
> 高機能自閉症スペクトラム障害は，「視覚的な生活者」だともいわれる。絵になりにくい言葉を理解するのが難しいようである。よく例にあげられるのが，「待つ」という言葉。リンゴや自転車はすぐ絵にできても，「待つ」を絵に描くのは難しい。

4 発達障害のある子どもへの教育支援①
学習障害

1 学習障害のある子どもへの教育支援の基本

　学習障害のある子どもへの教育支援の基本としては，次の2点がたいへん重要です。

　ひとつは，苦手な部分を克服するために，本人の認知特性に応じた指導法を工夫することです。もうひとつは，苦手な部分を取り出して練習させるだけでなく，得意なところを見つけ，そこを伸ばしてあげることです。

2 学習障害のある子どもへの教育支援の手立て

◯読むことについて

　読みの苦手な子どもには，以下にあげるような支援の手立てが考えられます。

　①行を飛ばしたり，同じところを何度も読んでしまうときに

　教科書の文字を大きくして，分かち書きにした，本人用の「マイ教科書」を用意します。また，間違いやすいところに印を付けておくだけでも効果があります。

　②読むのに時間がかかったり，つかえて先に進まないときに

　読む量を減らして，子どもにかかる負荷を軽減することがまずは大切です。そのうえで，文中の語句を一部絵にしたり，読みにくい漢字にはかなをふったりして，読みに対するしんどさを取り除いてあげましょう。

　③読むことを面倒がるときに

　苦手意識が強く，文字を読むこと自体に嫌悪感をもっている子どもには，本人の関心のある読み物を見つけることから始めます。昆虫や鉄道など，子どもが興味をもつ内容であれば，少し難しめの本でもかまいません。そして，はじめは，親や教師が読んであげましょう。けっして，本人には読ませようとしないことです。書いてあることがおもしろければ，知らぬ間に，子どもは夢中になって読んでいるものです。

◯書くことについて

　書くことのしんどさは，学習障害の子どもの多くが抱える「困り感」です。▷1

　①黒板に書いてあることを連絡帳に写すのが難しいときに

　ノートのマス目に合わせて板書すると，写すのがいくらか楽になります。また，席が黒板から遠い子どもには，連絡帳を書くときだけ，黒板の近くに席を

▷1　書くことに関する「困り感」

小中を問わず，学校というところは，「書く」作業がとても多い所である。書字が苦手な子どもには，授業の「めあて」と「まとめ」だけを写せばよいといったように，書く負担を減らしてあげる配慮が必要である。

用意してあげると負担がずいぶん軽くなります。

それでも難しいようなら，手元にメモを準備して，それをノートに写すようにさせてもいいでしょう。

②文字の形が整わないときに

漢字を書くときに，文字のバランスが整わない子どもがいます。家庭でも保護者がついて，毎日練習させるのですが，どうしてもうまく書けるようになりません。

文字を上手に書き写せない子どもや，漢字をなかなか覚えられない子どもには，通常よくやるような「書いて覚えさせる」方法が使えません。これをくり返すと，子どもたちはだんだんとやる気を失っていきます。

このような場合，次のように，文字を「音声化して」書いたり，覚えたりさせるとよい場合があります。たとえば，「会」という文字を書き写すときには，文字の特徴を言葉で表し（ヘ（屋根）の下にニ・ムのように），文字を構成する線の位置や形を意識させます。

語呂合わせは，子どもの興味に合わせて，いろいろと工夫するとよいでしょう。いわば，「絵描き歌」のように，「聞いて覚える練習」をするのです。

〇算数について

算数を苦手とする子どもへの支援は，算数に対する自信を回復させることから始まるといってもいいでしょう。そのためには，数処理の原理や論理はともかく，まずは「やり方」を教え，とりあえずは正解にたどり着かせてあげることが大切です。

①計算ができないときに

たとえば，筆算をするときに，位取りがずれてしまう子どもには，マス目や罫線を印刷したプリントを用意します。

また，より基本的な数の操作ができない子どもには，加減算の計算式の下に〇を並べて書いた欄を作って，〇を塗りつぶしたり消したりする手順を踏めば，正しい答えが出せるという体験を積ませます。

②文章題ができないときに

計算はできても，文章題ができない子どもは，問題文で問われていることがイメージできていないのです。そのような場合，子どもの身近な出来事を題材にした問題を作ってあげると，あっさり答えられることがあります。

たとえば，差を求める計算で，「あさひ（子どもが通う学校名）小学校の校庭からくつ箱に上がる階段は，12段あります。りょうた君（たとえばその子の弟の名前）は5段昇りました。あと何段で，くつ箱に着くでしょう」といった問題にしてあげると，それまでまったく文章題に手がつけられなかった子どもでも，瞬時に引き算をして答えを出したりします。

（佐藤　曉）

▷2　漢字を絵描き歌で書く

絵描き歌は，子どもといっしょに作るといい。

例　「開」神社（开）の門を→開く

「負」クがくっつくと貝は→負ける

5 発達障害のある子どもへの教育支援②
聞く，話す，読む，書く，計算するなどの指導と学習障害

 気づいてもらいにくい学習障害

　聞く，話す，読む，書く，計算するといった技能を苦手とする学習障害のある子どもは，授業中のさまざまな場面で「困り感」を抱いています。

　しかし，しばしばこの子たちは，その「困り感」を自分から訴えることができずにいます。また，行動面の問題が顕著な ADHD などの子どもと違って，学習障害の子どもは，クラスでさほど目立つ存在でないことが多く，困っていることに担任から気づいてもらえない場合があります。

　一方，小学校の高学年や中学校になると，クラスには漢字が書けなかったり計算ができなかったりする子どもが，たくさん出てきます。そうなると，学習障害のある子どもが授業でつまずいていても，担任からは，「そういう子は，他にもたくさんいる」といった受け止められ方をされるだけで，学習障害を背景とした，この子たちに特有の「困り感」には，まったく目を向けてもらえないことがあります。

　よくいわれることですが，「教師は困っていないけれど，子どもは困っている」という事態が，ずいぶんあるようなのです。学習障害のある子どもの場合，彼らの問題が見過ごされ，必要な支援が受けられずに放置されてしまうケースが跡を絶ちません。

②　支援を行う際のいくつかの問題

　子どもの「困り感」に担任が気づいたとしても，小中学校では，実際に支援を行うにあたって考慮しておくべき問題がいくつかあります。

　特別支援教育に関する雑誌などを開くと，学習障害のある子どもへの効果的な指導法がいくつも紹介されています。ところが，そのほとんどは，個別的な学習場面で適用されたもので，ひとりの担任が，一斉授業のなかで取り入れるには，現実的にかなり難しい面があります。しかも，最近はどこの学校でも，個別指導の時間が確保しにくくなってきているのが実情です。

　一方，なんとか校内のやりくりによって，教室から取り出しての別室支援を計画しても，子ども本人や保護者がそれを望まない限り，実現は不可能です。正式な通級指導はもちろん，校内でのちょっとした個別指導にあたっても，保

▷1　保護者との面談
面談では，子どもの「問題行動」を伝えるのではなく，子どもが学校で「困り感」を抱いているということを分かってもらうようにしたい。そのほうが，保護者には受け入れられやすい。

110

護者の理解を得ることは欠かせません。

③ 通常の学級における支援の充実

　別室での個別指導にしても，通級指導教室における教育支援にしても，子どもが受けられるサービスは限られています。また，学習障害のある子どもの多くは，やはり通常の学級で過ごすことを望んでいますし，彼らにとって学級集団は，大切な学びの場です。

　したがって，学習障害のある子どもの教育支援を考えるときに，もっとも力点を置かなくてはならないのは，通常の学級においてどういった支援の可能性があるのかということになります。ここでは，このテーマについて，①指導法のユニヴァーサルデザイン，および②学級経営における継続の柱，といった側面から述べることにします。

◯ 指導法のユニヴァーサルデザイン ▷2

　学習障害のある子どものために工夫された指導法が，教室のすべての子どもに分かりやすいということはよくあることです。このような，クラスのどの子にとっても分かりやすい指導法を，「指導法のユニヴァーサルデザイン」と呼ぶことにします。

　学習障害のある子どもへの教育支援の成否は，彼らに対する個別的な配慮もさることながら，効果的な「指導法のユニヴァーサルデザイン」をいかに開発できるかにかかっているといっても過言ではありません。

　いくつか例をあげてみましょう。

　小学校低学年の教室です。国語の時間に，黒板に書いた文をプリントに写す場面を思い浮かべてください。学習障害のある子どもは，マス目が小さいと字がはみ出してしまうことがあります。

　こんなとき，その子にだけ大きめのマス目の用紙を用意してあげるのもよいのですが，次のような方法も考えられます。マス目の大きさの違う用紙を3種類用意し，どの子も，自分にあった書きやすいプリントを選んでいいことにします。そうすると，必ずといっていいくらい，何人かの子どもは，マス目の大きいプリントを選びます。この子たちも，小さなマス目の用紙では書きにくかったのかもしれません。

　このように，子どもの力に合わせて複数の教材を準備する別の例として，漢字練習があげられます。レベルⅠを「なぞって書く」，レベルⅡを「手本の漢字を見て書く」，レベルⅢを「書き方のヒントを見て書く」，レベルⅣを「何も見ないで書く」といったようにします。

　こういった一種の「仕掛け」を工夫することで，学習障害のある子どもに限らず，クラスのどの子どもたちも，無理なく学習に取りくめるようになるのです。

▷2　ユニヴァーサルデザイン
障害のある人のために作られたものが，そうでない人にとっても使いやすいということはよくある。これが，ユニヴァーサルデザインである。最近は，自動車や文具などに，そういったデザインがしばしば採用されている。

◯学級経営における継続の柱

とりわけ小学校では，学級経営や集団づくりがとても大切です。子どもたちが1年間を生き生きと過ごせる学級をいかに作るか，これは学級担任の使命であり，腕の見せ所でもあります。

学級経営の手立てとして，しばしば取り上げられるのが「継続の柱」となる活動です。学級全体でくり返し取りくむことによって，それまでなかなか力を発揮できなかった子どもも，クラスのなかに居場所ができてきます。

4年生のある学級では，1年間を通して，大相撲の開催時期に合わせた「漢字五日場所」といった活動に取り組んでいます。「本場所」が始まると，担任は，前日のうちに漢字の問題を10問出します。次の日，この中から5問が出題されます。一問20点で，100点満点です。

子どもたちは，それぞれに自分の目標を掲げます。100点を目指す子もいれば，40点などと，控えめに目標を設定する子どももいます。自分の目標に向けてがんばることをねらいにしているので，点数に違いがあっていいのです。

子どもの達成度に合わせて，問題をいくらか入れ替え，5日間これをくり返します。5日間で，クラス全員が自分の目標を達成できることを目指します。1日目より2日目，2日目より3日目と，目標に届く子どもは増えます。5日目になると，なかなか覚えられない子どもの周りに，班の子どもたちが集まります。「がんばってね」の応援です。

このような活動を1年に6回もくり返すと，子どもたちは，「がんばってやれば，必ずできるようになる」という手応えをつかむようになります。しかも，周りの友だちに助けてもらってばかりだった子どもが，ときには自分が友だちを助けられるようにもなるのです。友だちに教えることのできた経験，そして友だちの役に立ったという喜びは，子どもにとって，それは大きな自信になります。

◀3

このほかにも，練習の成果を友だちに聞いてもらう「リコーダー大会」，剣玉やコマなどの技を楽しむ「むかし遊び大会」といった活動もよくヒットします。学級経営の「継続の柱」としては，国語や算数などの学習に関する内容だけでなく，学習障害のある子どもが真っ先に飛びつくような活動をたくさん用意するとよいでしょう。

▷3　効力感
友達の役に立った，クラスのみんなに喜んでもらえたという実感をもつと，子どもの表情はいきいきとしてくる。これを「効力感」といったりする。何かにつけて「してもらう」ことが多い学習障害のある子どもには，「効力感」をもたせることがとても大切である。

④　自立に向けた支援

◯できた・分かった体験の蓄積

学習障害のある子どもには，「できた・分かった」という体験を積ませることがとても大切です。

子どものころから，「何をやっても，満足にできたことがなかった」という思いしか残っていなければ，いったいどんなことになるのでしょうか。そんな

ことでは，職場で新たな仕事を頼まれても，「どうせ自分はできない」と投げ出すしかなくなってしまいます。

「やれば何とかなるかもしれない」「ならば，チャレンジしてみよう」という気持ちをもてるからこそ，人は「希望」をもって生きていくことができるのです。学習障害のある子どもには，どんなささいなことでもいいので，「できた・分かった」体験を積み上げてやりたいのです。それらはきっと，この子たちの財産になります。

◯ 使えるツールは活用する

とはいえ，計算が複雑になってきたり，覚える漢字があまりに多くなってきたりすると，どんなに努力をしても失敗することが増えます。

そうなりそうなときには，早めに電卓やワープロなどのツールを使った学習に切り替えていった方がよい場合があります。ただし，「できないからツールを使う」というのではなく，「ツールをうまく使いこなして，効率の良い学習を実現させる」のだと考えてください。

苦手なことを上手にカバーする方法を知ることは，将来の自立に向けて，必ず役に立ちます。

5 子どもの「弱さ」を受け入れる

学習障害のある子どもは，クラスの子どもたちと同じようにするので精一杯です。なかには，毎日無理を重ね，小さな心をひどくすり減らしている子どももいます。

彼らへの教育支援にあたってもっとも大切なのは，こういった子どもたちのしんどさを理解してあげることです。努力はするけれどなかなか結果が出ないやり切れなさ。周りの子どもはできているのに，自分だけがいつも取り残されるつらさ。そして，なにより彼らを追いつめるのが，こういうことで悩んでいることを，周囲の人に理解してもらえないことです。

ところで，このような子どもの弱さや悩みを受け止め，いっしょに引き受けてあげられるのは，やはりその子のいちばん近くにいる大人です。それは，多くの場合，親であろうと思います。

子どもにいいことがあったときに祝福してくれる人はたくさんいます。しかし，子どもの「弱さ」やしんどさは，他人からはとても見えにくいものです。子どものことを誉めるのは誰にでもできるかもしれませんが，子どもの「弱さ」を親身になって理解し，引き受けてあげられるのは，実は親しかいないのです。

こういったことを保護者の方々に伝えていくこともまた，教育支援の課題です。

（佐藤　曉）

▷4 「使える知識や技能」を習得する
学習障害のある子どもの指導では，「基礎基本」にとらわれすぎないほうがよいようである。とくに高学年以上になったら，「使える知識や技能」を習得させる指導が大切である。

6 発達障害のある子どもへの教育支援③ ADHD（注意欠陥多動性障害）

1　ADHD のある子どもへの教育支援の基本

　ADHD のある子どもは，彼らの注意散漫，多動，そして衝動性ゆえに，なにかにつけて叱責されたり，マイナスの評価を受けたりしがちです。この子たちに自信をもたせ，自己肯定感を培うことが，教育支援のゴールです。

　そのためには，子どもが叱られずに行動できるような指導上の工夫が欠かせません。

2　ADHD のある子どもへの教育支援の手立て

○ ほめられることを作る

　この子たちは，何の手立ても講じなければ，自発的にほめられる行動をとることが少ないのです。だから，彼らには，ほめられることを作ってあげる必要があります。

　たとえば，片づけや支度ができない子どもがいます。声を掛ければできるので「分かっているのにしない」と思いがちです。しかし，この子たちは，段取りがとても悪いために，ちょっとした整頓をするにしても，ひとりですることが難しいのです。

　いっただけではなかなかできるようにならない場合には，手順を紙に書いて示しておくと，それを見ながら取り組めます。たとえば，朝の支度であれば，「カバンの中身を机の上に出す」→「提出物を先生の机の上のかごに入れる」→「大きい物から順に机の中に入れる」→「カバンをロッカーに入れる」→「○時○分までは，遊んでよい」などといったように，具体的に書きます。

　このようにすることで，示された手順の一つひとつをクリアするたびに，ほめてあげることができます。漠然と「片付けをしなさい」というのではなく，そのプロセスを細かい課題に分析して，ほめることを作ります。「成功するためのスモールステップ」を組むといってもいいかもしれません。

　なお，学校生活における基本的な生活習慣は，小学校の低学年までに身につけておきたいことです。高学年や中学校になってもできていない子どもには，本人のプライドを傷つけないように配慮しながら，必要なことをどのような手順で行えばうまくできるのかを，ていねいに教えるようにしてください。

▷1　実行機能
手順を踏んでものごとを遂行することを「実行機能」と呼んでいる。ADHD の子たちは「実行機能」に弱さがある。だから，手順表などのツールを用意してあげる必要がある。

◯授業に集中して取りくめるように

授業に集中できない理由は，2つ考えられます。ひとつは，授業で取りくむべき課題が終わってしまって，何もすることがなくなることです。もうひとつは，何をしていいのかが分からなかったときに，他のことに気をとられてしまうためです。2つに共通するのは，子どもに「課題の空白」ができているということです。

したがって，指導のポイントは，この「空白」を埋めることです。そのためには，課題を提示するときに，課題が終わった後にすることも，同時に提示しておきます。また，「思ったことを書きましょう」といった課題には取りくみにくいので，課題を Q&A 形式に転換して，答えやすくしてあげる工夫が必要です。

一方，授業の見通しを伝えるのも効果があります。授業のメニューをカードなどに書いて示しておくと，集中力が高まります。

さらに，一日のスケジュールを提示するのも有効です。子どもが登校してすぐに，その日の授業でがんばる目当てを本人と決め，休み時間の過ごし方なども，あらかじめ計画しておきます。スケジュールには，何かひとつ，子どもが楽しみにできる内容を盛り込むと，いっそう意欲が高まります。

◯衝動的な行動をどう修正するか

衝動的に友だちを叩いてしまう子どもには，どのような手立てが考えられるのでしょうか。

衝動的な行動をなくすためには，そういう行動が起こる前の条件と，行動が起こった後にその行動を助長させている可能性がある条件に手を加える必要があります。その上で，衝動的な行動に替わる代替行動を定着させます。

一例として，幼稚園の子どもの事例を考えてみます。通りがかりに周りの子どもを突き倒すことが頻繁にあるケースです。はじめに，どのような状況で，どんなことがきっかけになって，そうした衝動的な行動が起こるのか，記録をとってみました。

その結果，朝登園してシールを貼ってカバンをしまう，その直後にトラブルが集中していることが判明しました。カバンをロッカーに入れてふらっと立ち上がるや，近くにいる子どもに手を出してしまうというわけです。そこで担任は，朝のスケジュールをカードに書いて，壁に掛けておきました。カバンをロッカーに入れた後にすることを決めておくと，その場面での衝動的な行動はほとんど見られなくなりました。

このほかの場面でも，こうした方法で，問題となる行動を軽減させていきました。やってはいけないと叱らずに，それに替わる好ましい行動を作り，ほめてあげたのです。一つひとつの生活場面を取り上げて，このような手立てをとることで，次第に落ち着いた生活が送れるようになりました。　　　（佐藤　暁）

▷2　「空白」を埋める
作業が早く終わった子どものために，子どもが好むプリントを用意しておくのもひとつの方法である。クロスワード，間違い探し，迷路などがよくヒットする。

7 発達障害のある子どもへの教育支援④ 高機能自閉症スペクトラム障害

1 高機能自閉症スペクトラム障害のある子どもへの教育支援の基本

　高機能自閉症スペクトラム障害のある子どもには，彼らの障害の特性である，過敏性，同時総合機能などにかかわる「困り感」に対応した支援が欠かせません。同時に，集団生活のなかで，「今，何を，どれだけし，終わったら次に何をすべきなのか」を明確に伝え，この子たちが混乱せずに活動に参加できるような支援をすることが大切です。

　また，知的機能が保たれている一方で，社会性が育ちにくいこの子たちには，社会的行動を身につけさせるための，地道な取り組みが必要です。これなしには，彼らの自立を保障することができません。

2 高機能自閉症スペクトラム障害のある子どもへの教育支援の手立て

○過敏性などの「困り感」への対応

　給食の混ぜご飯が食べられない子どもに，白いご飯と具とを別々に用意してくれた調理員さんがいました。体育の時間の着替えも，冬場は暖かい部屋を用意し，場合によっては着替えをしなくてもいいことにします。

　こうした対応は，いわゆる「わがままを許す」こととはまったく違います。高機能自閉症スペクトラム障害の子どもは，ちょっとした配慮をしてもらうだけで，心配事がぱっと晴れるかのごとく，穏やかな一日を過ごせるようになるのです。

○集団のなかで動けるようになるために

　クラス全体に出した指示が理解できていない子どもには，「今，何をすべきなのか」を，具体的に伝えることが大切です。分かりにくいときには，とるべき行動を紙に書いて説明するとよいでしょう。

　また，学校生活には，掃除をはじめ，集団で動かなくてはならない活動がたくさんあります。掃除の時間になると走ってどこかに行ってしまう子どもは，掃除がいやでさぼっているのではなく，掃除の意味が理解できていないことが多いのです。こんなときは，床に30cm四方くらいの囲いをビニールテープで作り，その中にゴミを集めるよう指示するだけで，彼らはほうきを手にするようになります。また，窓に小さなマークをつけて，「マークの上に一回ずつスプレーをして，ぞうきんで拭き取る」といったように，具体的に窓ふきの手順

▷1　過敏性について
音に対する過敏性の高い子どもはたくさんいる。よくやる方法だが，机や椅子の脚にテニスボールをつけるだけで，教室内の騒音はずいぶん減らせる。

を示すと，毎日夢中になって掃除に取りくんだりします。

◯社会的な行動を身につける

社会的な行動を身につけるためには，相手の視点に立ったり，周囲の状況を読み取ったりすることができなくてはなりません。ところが，これを苦手とする高機能自閉症スペクトラム障害の子どもは，その子がその年齢で，社会からどのような振る舞い方を求められているのかが，よく分かっていないのです。公共の場で，だれにでも声をかけてしまう子どもがいます。小さいころでしたら，「かわいいね」ですみますが，小学校高学年にもなれば，周りから妙に思われてしまいます。

高機能自閉症スペクトラム障害の子どもたちは，適切な支援がないまま，集団のなかで生活をしていても，十分な社会性を身につけることができません。この子たちには，その場の状況に応じた適切な振る舞い方を，一つひとつていねいに教える必要があります。また，場に応じた言葉遣いやコミュニケーションの方法も，機会があるたびに具体的に教えることが大切です。

◯人間関係のトラブルを避ける

もっと穏やかに過ごせたら，本人も楽になれるのでしょうが，人と接点をもつたびにトラブルが絶えなかったり，辛い思いをしているのが高機能自閉症スペクトラム障害の子どもたちです。

相手の気持ちを察することが苦手なために，相手が傷つくようなことをしたり言ったりしてしまうことがあります。しかも，そのことについて注意されると，自分だけが責められているように思ってしまい，耐えられなくなってしまうのです。

どう見てもそれは通らないと思うときでも，まずは，本人のいい分をしっかり聴くことが大切です。自分の気持ちが受け入れてもらえないと思ってしまうと，教師の話はまったく入っていきません。

そのうえで，友だちともめると，自分も辛いし，相手もいやな思いをするのだということを伝えます。そして，どうしたらそうしたもめごとを起こさないですむのか，具体的な振る舞い方を一つひとつ教えていきます。

一方，いつも周囲の子どもたちが自分のことをからかっているように思いこみ，「いじめ」にあっているのだと訴える子どもがいます。また，小学校の高学年ころからは，自分だけが周りの人と違っているのではないかといった不安を口にするようになります。

このようなときには，教育相談の対応が重要になります。できれば，メモなどを用意して，周りの子どもとの人間関係や，問題になった場面の状況を文字や絵にしながら話をしていくと，話がよく「見えて」理解しやすいようです。問題状況を視覚的に示しながら，解決の方法を具体的に提案してあげるとよいでしょう。

（佐藤　曉）

▷2　ソーシャルストーリーズ

社会性を身につけさせるために，ソーシャルストーリーズを活用するのもよいだろう。問題となる場面の状況（たとえばグループ活動）を分かりやすく説明するとともに，その場に居合せた人がどのように感じたり思ったりしているのかを紙に書く。それを読ませながら，子どもがその場でどう振る舞ったらいいのかを端的に教える。

特別支援学校の教育課程

特別支援学校は，学校教育法第72条に定める目的を実現するために設けられ，「視覚障害者，聴覚障害者，知的障害者，肢体不自由者又は病弱者（身体虚弱者を含む）に対して，幼稚園，小学校，中学校又は高等学校に準ずる教育を施すとともに，障害による学習上又は生活上の困難を克服し自立を図るために必要な知識技能を授けることを目的とする」学校です。教育課程とは，このような学校の目的を達成するために，学校が，幼児児童生徒の障害の状態および発達段階・特性ならびに地域や学校の実態を十分に考慮して，授業時数等との関連において教育内容を選択し組織し配列した教育計画のことです。▷1

1 教育課程の基準

教育課程を編成する作業は，特別支援学校における教育計画を作成し実施していく場合の基準を国の教育行政をつかさどる監督庁＝文部科学大臣が示します。この基準が「教育課程の基準」であり，それは教育法令と学習指導要領において示されています。学習指導要領総則で「各学校においては，教育基本法及び学校教育法その他の法令並びにこの章以下に示すところに従い，児童（又は生徒）の人間として調和のとれた育成を目指し，児童（又は生徒）の心身の発達の段階や特性及び学校や地域の実態を十分考慮して，適切な教育課程を編成するものと」するという場合の法令とは教育関係法令であり，この章以下に示すところとは，学習指導要領のことです。

教育関係法令には，教育基本法における政治教育（第14条）や宗教教育（第15条）の規定，学校教育法における小・中・高の目的・目標，各教科に関する規定などが該当します。特別支援学校の教育課程に関する規定は，とくに学校教育法施行規則第126条から第132条に見られます。施行規則第126条には小学部の教育課程の編成領域が，第127条には中学部のそれが，第128条には高等部のそれが，それぞれ示されています。また，第131条には，重複障害者の教育や教員を派遣して教育を行う場合には，独自に編成した特別の教育課程によることができる，という規定が示されています。また第140条には通級による指導にかかわる規定があります。次に2017（平成29）年4月に改訂された特別支援学校の教育要領，学習指導要領にもとづいて，教育課程改訂の基本方針，その主な特色等について取り上げます。それに先立ってこれらの基本となる教育目標にふれておきます。

▷1　特別支援学校の幼稚部教育要領，小学部・中学部学習指導要領，高等部学習指導要領は，2017（平成29）年4月28日に改訂され，幼稚部については2018（平成30）年度から，小学部については2020（令和2）年度から，中学部については2021（令和3）年度から，高等部は，2022（令和4）年度から全面的に実施することとし，2018（平成30）年度から一部を移行措置として先行して実施することとされた。

❷ 教育目標の統一

　幼稚園，小学校，中学校，高等学校の場合は，学校教育法中のそれぞれ該当する章の冒頭の条文，つまり第22条，第29条，第45条，第50条で，それぞれ学校の目的が，さらにそれに続く第23条，第30条，第46条，第51条で，各学校の教育目標が掲げられています。約60年ぶりに学校教育法が改定されたことにともなって創設された特別支援学校の目的は，学校教育法第72条において，従来の「盲者」「聾者」を「視覚障害者」「聴覚障害者」に，また，同条の後段の「施し，あわせてその欠陥を補うために」を，「施すとともに，障害による学習上又は生活上の困難を克服し自立を図るために」にと，それぞれ改めて規定されています。教育要領・学習指導要領では，学校教育法第72条に定めるこの目的を実現するために，①幼稚園においては学校教育法第23条に規定する教育目標，②小学部においては，学校教育法第30条第1項に規定する教育目標，③中学部においては，学校教育法第46条に規定する教育目標，④高等部においては，学校教育法第51条に規定する教育目標のそれぞれに加えて，「障害による学習上又は生活上の困難を改善・克服し自立を図るために必要な知識，技能，態度及び習慣を養うこと[2]」という教育目標が第1章の「総則」に掲げられています。

❸ 教育課程改訂の基本的ねらい

　「特別支援学校学習指導要領解説　各教科等編[3]」によると，今回の改訂は，「①教育基本法，学校教育法などを踏まえ，これまでの我が国の学校教育の実績や蓄積を生かし，子供たちが未来社会を切り拓くための資質・能力を一層確実に育成することを目指すこと。その際，子供たちに求められる資質・能力とは何かを社会と共有し，連携する「**社会に開かれた教育課程[4]**」を重視すること。」「②知識及び技能の習得と思考力，判断力，表現力等の育成のバランスを重視する平成20年改訂の学習指導要領等の枠組みや教育内容を維持した上で，知識の理解の質を更に高め，確かな学力を育成すること。」「③先行する特別教科化など道徳教育の充実や体験活動の重視，体育・健康に関する指導の充実により，豊かな心や健やかな体を育成すること。」が基本的なねらいです。

❹ 幼稚園，小・中・高等学校の教育課程の基準の改訂に準じた改善

　今回の教育課程の改善は，次の①から④の考え方に基づいて改訂されています。①社会や世界の状況を幅広く視野に入れ，よりよい学校教育を通じてよりよい社会を創るという「社会に開かれた教育課程」の実現。②教育課程を軸に学校教育の改善・充実の好循環を生み出す「**カリキュラム・マネジメント[5]**」の実現。③子供たちが，学習内容を人生や社会の在り方と結びつけて深く理解し，能動的に学び続けることができる「主体的・対話的で深い学び」の実現に向け

▷2　幼稚部教育要領では「障害による学習上又は生活上の困難を改善・克服し自立を図るために必要な態度や習慣などを育て，心身の調和的発達の基盤を培うようにすること」。

▷3　文部科学省「特別支援学校学習指導要領解説各教科等編（小学部・中学部）」2018年。

▷4　**社会に開かれた教育課程**
中央教育審議会は，2016（平成28）年「幼稚園，小学校，中学校，高等学校及び特別支援学校の学習指導要領等の改善及び必要な方策等について（答申）」において「新しい学習指導要領等においては，教育課程を通じて，子供たちが変化の激しい社会を生きるために必要な資質・能力とは何かを明確にし，（中略）社会とのつながりを重視しながら学校の特色づくりを図っていくこと，現実の社会との関わりの中で子供たち一人一人の豊かな学びを実現していくことが課題となっている。」ことを指摘し，「これらの課題を乗り越え，子供たちの日々の充実した生活を実現し，未来の創造を目指していくためには，学校が社会や世界と接点を持ちつつ，多様な人々とつながりを保ちながら学ぶことのできる，開かれた環境となることが不可欠である。」として「社会に開かれた教育課程」の実現を提唱している。

▶5　カリキュラム・マネジメント

教科等の目標や内容を見渡し，特に学習の基盤となる資質・能力（言語能力，情報活用能力，問題発見・解決能力等）や豊かな人生の実現や災害等を乗り越えて次代の社会を形成することに向けた現代的な諸課題に対応して求められる資質・能力の育成のためには，教科等横断的な学習を充実する必要がある。そのため，学校全体として，子供たちや学校，地域の実態を適切に把握し，教育内容や時間の適切な配分，必要な人的・物的体制の確保，実施状況に基づく改善などを通して，教育課程に基づく教育活動の質を向上させ，学習の効果の最大化を図るカリキュラム・マネジメントに努めるものとされた。

た授業改善。④資質・能力の三つの柱（「知識・技能」「思考力・判断力・表現力」「学びに向かう力，人間性等」）に基づく教育課程の枠組みの整理。

　これを受けての小中学校の主な改善事項として，①言語能力の確実な育成，②情報活用能力の育成，③理数教育の充実，④伝統や文化に関する教育の充実，⑤体験活動の充実，⑥外国語教育の充実などについて，総則や各教科等について内容の充実が示されました。

⑤　障害のある子どもへの早期からの適切な対応

　幼稚部の運営に当たっては，障害のある幼児の教育を担当する教師等に対して必要な助言又は援助を行ったり，地域の実態や家庭の要請等により障害のある乳幼児又はその保護者に対して早期からの教育相談を行ったりするなど，各学校の教師の専門性や施設・設備を生かした地域における特別支援教育のセンターとしての役割を果たすよう努めることとされました。また，幼児の指導に当たっては，その障害の状態や特性及び発達の程度等に応じて具体的な指導内容の設定を工夫し，家庭及び地域並びに医療，福祉，保健等の業務を行う関係機関との連携を図り，長期的な視点で幼児への教育的支援を行うために，個別の教育支援計画を作成し，活用することとされました。

⑥　高等部の訪問教育

　1997（平成9）年から高等部の訪問教育は試行的に行われてきた状況を踏まえ，2009年の高等部学習指導要領の改訂において，訪問教育についての規定が設けられています。特別支援学校の訪問教育は，小・中学部では，1979（昭和54）年度から実施されており，高等部の訪問教育も小・中学部の場合と同様に障害の状態が重度または重複しているために学校へ通学して教育を受けることが困難な者を対象にして，学校教育法第72条に基づく特別支援学校の教育の一形態として実施されるのです。高等部の訪問教育についての規定は，具体的には，①生徒の実態等に応じ，適切な授業時数を設定できるようにすること，②小・中学部の訪問教育の規定との適合性を図ること，③生徒の実態等に応じて，自立活動の指導を主とした指導を行うなど，教育課程の編成における特例を活用できるようにすること，④卒業について，校長が生徒の学習の成果にもとづいて，高等部の全課程の修了を認定できるようにすることです。

　訪問教育の場合は，対象となる生徒の実態は多様ですので，国で一律に教育課程の規準を規定しないで，個々の生徒の実態を把握している各学校において，可能な限り柔軟に対応できるように規定しています。

⑦　教育内容等のおもな改善事項

　今回の特別支援学校学習指導要領の改訂で重要とされた基本的な考えは，次

の3項目です。[6]

> 1．社会に開かれた教育課程の実現，育成を目指す資質・能力，主体的・対話的で深い学びの視点を踏まえた指導改善，各学校におけるカリキュラム・マネジメントの確立など，初等中等教育全体の改善・充実の方向性を重視
> 2．障害のある子供たちの学びの場の柔軟な選択を踏まえ，幼稚園，小・中・高等学校の教育課程との連続性を重視
> 3．障害の重度・重複化，多様化への対応と卒業後の自立と社会参加に向けた充実

教育内容等の主な改善事項は，次の3項目です。[7]

> 1．学びの連続性を重視した対応
> ・「重複障害等に関する教育課程の取扱い」について，子供たちの学びの連続性を確保する視点から，基本的な考え方を規定
> ・知的障害者である子供のための各教科等の目標や内容について，育成を目指す資質・能力の三つの柱に基づき整理
> 2．一人一人に応じた指導の充実
> ・視覚障害者，聴覚障害者，肢体不自由者及び病弱者である子供に対する教育を行う特別支援学校において，子供の障害の状態や特性等を十分考慮し，育成を目指す資質・能力を育むため，障害の特性等に応じた指導上の配慮を充実するとともに，コンピュータ等の情報機器（ICT機器）の活用等について規定
> ・発達障害を含む多様な障害に応じた指導を充実するため，自立活動の内容として，「障害の特性の理解と生活環境の調整に関すること」などを規定
> 3．自立と社会参加に向けた教育の充実
> ・卒業後の視点を大切にしたカリキュラム・マネジメントを計画的・組織的に行うことを規定
> ・幼稚部，小学部，中学部段階からのキャリア教育の充実を図ることを規定
> ・生涯学習への意欲を高めることや，生涯を通じてスポーツや文化芸術活動に親しみ，豊かな生活を営むことができるよう配慮することを規定
> ・障害のない子供との交流及び共同学習を充実（心のバリアフリーのための交流及び共同学習）
> ・日常生活に必要な国語の特徴や使い方［国語］，数学を学習や生活で生かすこと［算数，数学］，身近な生活に関する制度［社会］，働くことの意義，消費生活と環境［職業・家庭］など，知的障害者である子供のための各教科の内容を充実

　最後に，特別支援学校が，地域の特別支援教育のセンターとして機能していくためには，幼稚園，小学校，中学校，高等学校等に約6.5%程度在籍していると思われるLD・ADHD・高機能自閉スペクトラム症等の幼児児童生徒へ対応し支援し得るような教職教育が必要であることを指摘しておきます。

（石部元雄・高橋　実）

▷6　文部科学省「特別支援学校学習指導要領改訂のポイント」https://www.mext.go.jp/a_menu/shotou/tokubetu/main/1386427.htm（2019年2月9日閲覧）

▷7　同上資料

2　領域「自立活動」

1　領域「養護・訓練」の誕生

　盲・聾・養護学校学習指導要領の改訂（1971（昭和46）年）において，それまで取りくまれてきた盲学校での「点字指導」や「歩行訓練」，聾学校での「聴能訓練」や「発語指導」，肢体不自由養護学校での「体育・機能訓練」，病弱養護学校での「養護・体育」といった教科のなかでの指導が，精神薄弱養護学校も足並みを揃える形で特殊教育諸学校に共通した指導の一領域として整備され，ここに「養護・訓練」という「領域」が新設されました（表28参照）。したがって，「養護・訓練」誕生の経緯からすると，これは特殊教育諸学校に在籍する児童生徒の各障害にそれぞれ対応した教育的訓練指導の総称であり，この名称自体，折衷的な意味合いがあります。この分野では，「各教科」，「道徳」，「特別活動」，「総合的な学習の時間」と並んで「養護・訓練」が教育課程の編成領域をなし，とくに重要な指導といえます。

表28　「自立活動」の目標および内容の変遷

肢体不自由教育の「教科」	盲学校・聾学校・養護学校教育共通の「領域」			特別支援学校の「領域」
昭和38年「機能訓練」	昭和46年改訂「養護・訓練」 昭和54年改訂「養護・訓練」	平成元年改訂 「養護・訓練」	平成11年改訂 「自立活動」	平成29年改訂 「自立活動」
第1目標：・個々の児童・生徒のもっている機能の障害を改善させるとともに，みずから進んで障害を克服しようとする態度を養い，健康な生活ができるようにすることにある。	・児童または生徒の心身の障害の状態を改善し，また克服するために必要な知識，技能，態度および習慣を養い，もって心身の調和的発達の基盤をつちかう。	・児童又は生徒の心身の障害の状態を改善し，又は克服するために必要な知識，技能，態度および習慣を養い，もって心身の調和的発達の基盤を培う。	・個々の児童又は生徒が自立を目指し，障害に基づく種々の困難を主体的に改善・克服するために必要な知識，技能，態度および習慣を養い，もって心身の調和的発達の基盤を培う。	・個々の児童又は生徒が自立を目指し，障害による学習上又は生活上の困難を主体的に改善・克服するために必要な知識，技能，態度及び習慣を養い，もって心身の調和的発達の基盤を培う。
第2内容	A　心身の適応［3］	1　身体の健康［3］	1　健康の保持［4］	1　健康の保持［5］
		2　心理的適応［3］	2　心理的な安定［4］	2　心理的な安定［3］
				3　人間関係の形成［4］
	B　感覚機能の向上［3］	3　環境の認知［3］	3　環境の把握［4］	4　環境の把握［5］
ア　機能の訓練［3］ イ　職能の訓練［2］	C　運動機能の向上［3］	4　運動・動作［5］	4　身体の動き［5］	5　身体の動き［5］
ウ　言語の訓練［1］	D　意思の伝達［3］	5　意思の伝達［4］	5　コミュニケーション［5］	6　コミュニケーション［5］
項目数合計　　6	12	18	22	27

＊表中，「第2　内容」では内容の区分名のみを記した。［　］数字は下位項目数を表す。「人間関係の形式」は，平成21年の改訂で設けられた。
　『養護学校小・中学部学習指導要領肢体不自由教育編』（1963年・1964年・1971年）『盲学校，聾学校及び養護学校小学部・中学部学習指導要領』（1979年・1989年・1999年）『特別支援学校小学部・中学部学習指導要領』（2017年）より作成。
出所：姉崎弘「肢体不自由養護学校における『自立活動』の今日的課題」『三重大学教育学部研究紀要』第52巻（教科科学），2001年，135頁に一部加筆。

2 「養護・訓練」から「自立活動」に改称

　1999（平成11）年の盲・聾・養護学校の学習指導要領等の改訂において，約30年ぶりに「養護・訓練」を「自立活動」に改称し，この指導の一層の充実を図ってきました（表28参照）。この「自立活動」の主旨は，基本的には従来までの「養護・訓練」と変わりませんが，ただし今日的な状況の変化や認識を踏まえ強調すべき点が明確に示され，教育現場での理解を促すため一部名称や文言等の見直しや追加がなされたものです。この改訂は，従来の「養護・訓練」の基本的な考え方を踏まえ，「個に応じた指導」の一層の充実・徹底を図るため，新たに「個別の指導計画」の作成を義務づけ，自立と社会参加を目指した児童生徒一人ひとりの主体的な活動の育成を重視したものといえます。

　今日，とくに児童生徒一人ひとりの教育的ニーズの検討をもとに，自立に向けて指導を構造的にとらえ直して，教科・領域間の密接な関連を図り，妥当性のある「個別の指導計画」を作成し，系統性と一貫性を重視した教師集団による組織的な指導へと，個々の教師の意識の転換を図ることが求められているといえます。特別支援学校をはじめ，特別な教育課程を編成することのできる特別支援学級や通級指導教室においても，この主旨を生かした創意ある取り組みが期待されています。

3 「自立活動」の改訂の要点

　1999（平成11）年の改訂では，第一に，それまで「養護」と「訓練」という用語の折衷語であった「養護・訓練」に代えて，この学習活動が本来自立を目指して，幼児児童生徒が自ら主体的に学習に取りくむ時間であることを明確にするため，これを「自立活動」と改称しました。また，「自立活動」の名称に関しては，1993（平成5）年に制定された「障害者基本法」において，障害者個人の尊厳が重んぜられ，「自立」（傍点筆者，以下同じ）とあらゆる分野の「活動」への参加が目的として掲げられたこと（第1条の規定）も影響していると考えられます。これまでの「養護」にしても，「訓練」にしても，その語感からどうしても児童生徒が受け身の立場に立つイメージを抱きやすかったことから，この指導本来の特色が表れるように用語上整理しました。今後の授業の展開に際しては，児童生徒の主体的な活動，いいかえれば，児童生徒が興味・関心をもって自ら精一杯取りくむ活動を一層重視する観点を強調したといえます。

　第二に，1971（昭和46）年の「養護・訓練」の新設以来，はじめて目標が見直され，とくに新たに強調された点は，「個々の児童又は生徒が自立を目指し」，「障害に基づく種々の困難を主体的に改善・克服するために……（下略）」と文言を新たに追加し改めたことです。すなわち，この指導における児童生徒一人ひとりの自立を明示したこと，さらにこれまで「心身の障害の状態」を改

▷1　文部省「盲学校，聾学校及び養護学校小学部・中学部学習指導要領　小・中」1999年，25頁。

▷2　文部省「盲学校，聾学校及び養護学校小学部・中学部学習指導要領」1989年，23頁。

▷3　▷1参照。

▷4　文部省「盲学校，聾学校及び養護学校小学部・中学部学習指導要領　小・中」1999年，25-26頁。

▷5　その後，2009（平成21）年の改訂で「人間関係の形成」が加えられた。

▷6　その後，項目数はさらに増え，2017（平成29）年の改訂では27項目となった。

▷7　文部科学省「特別支援学校小学部・中学部学習指導要領」2017年。

善・克服することに主眼が置かれてきましたが，この点については「障害に基づ^{・・・・・}く種々の困難を主体的に」改善・克服することに改めました。この文言は，盲・聾・養護学校の学習指導要領の「第1章　総則」の「第1節　教育目標」に示された盲・聾・養護学校の教育目標の第3の一部に該当していることから，この指導の目指す目標が学校の教育目標に基づくものであることを明確にしました。

　第三に，「第2　内容」の区分の内容はこれまでと同じく5つですが，各区分の名称が見直され，「1　健康の保持」，「2　心理的な安定」，「3　環境の把握」，「4　身体の動き」，「5　コミュニケーション」にそれぞれ改称したことです（表28参照）。また児童生徒の重度・重複化の傾向や社会参加の重視といった今日的な状況の認識からも各下位項目が見直され，必要な項目が新たに追加されて合計22項目に整理され，全体的により平易な表現に改められました。今後児童生徒一人ひとりについて，その教育的ニーズの検討から指導すべき項目を選択し相互の関連を図り，いかに指導を構造化して把握していくかが課題です。とくに自立と社会参加を目指して，「4　身体の動き」と「5　コミュニケーション」の基本的技能に関する指導がより充実するよう各下位項目が見直されました。障害のある子どもにとって，とくに，身体の動作，さらに言葉や表情，身振り，あるいは，コミュニケーション機器の操作等を通じて周りの人々等と主体的にコミュニケーションが取れるようになることは，自立と社会参加を図る上で基本的な要件といえるからです。

　また2017（平成29）年の特別支援学校学習指導要領の改訂で，具体的に指導内容を設定する際には，「興味をもって主体的に取り組み，成就感を味わうとともに自己を肯定的に捉えることができるような指導内容」，「障害による学習上又は生活上の困難を改善・克服しようとする意欲を高めることができるような指導内容」，「発達の遅れている側面を補うために，発達の進んでいる側面を更に伸ばすような指導内容」，「活動しやすいように自ら環境を整えたり，必要に応じて周囲の人に支援を求めたりすることができるような指導内容」さらに，「自己選択・自己決定する機会を設けることによって，思考・判断・表現する力を高めることができるような指導内容」，「自立活動における学習の意味を将来の自立や社会参加に必要な資質・能力との関係において理解し，取り組めるような指導内容」を取り上げることがそれぞれ示されました。その他，全人的な発達を促すために必要な基本的な指導内容を設定し，人間として調和のとれた育成を目指すように努めること，自立活動の指導の成果が進学先等でも生かされるように，個別の教育支援計画等を活用して関係機関等との連携を図ることが示されました。

❹　「個別の指導計画」の作成を義務化

　今日の肢体不自由特別支援学校に在籍する児童生徒等の実態をみると，重複

障害者が 7 割以上を占めている現状があります。なかには重度の障害のため「学習が著しく困難な児童生徒」や通学困難等の理由から家庭や病院などで「訪問教育を受けている児童生徒」，さらに近年は経管栄養，吸引，酸素吸入，導尿などを必要とする，いわゆる「医療的ケアを必要とする児童生徒」も在籍するようになりました。これらの児童生徒には一人ひとりの障害の状態に応じたきめ細かな指導計画を立て，それに基づいた指導や配慮を行うことが当然必要とされることから，1999（平成11）年の学習指導要領の改訂で，「自立活動の指導」と併せて「重複障害者の指導」に関しても「個別の指導計画」を作成することが義務づけられたことは首肯されます。実際，今日では全国の特別支援学校において，すべての教科・領域にわたって「個別の指導計画」が作成されています。また，今日「個別の指導計画」を作成し，これに基づいた確かな教育実践を推進することは，学習障害や ADHD 等の発達障害児の教育を含めた特別支援教育全体における重要な教育課題のひとつであるといえます。

　とくに，各学校において「自立活動の指導」を核としながら教科・領域間の密接な関連を図り指導を構造化し，教育効果の期待される「個別の指導計画」を個々の教師が作成することができるかどうかが真に問われています。

　障害のある児童生徒は，一人ひとり障害の種類や程度もさまざまであり，ある領域の発達がとくに遅れていたり，発達が領域によって偏っていたり，あるいはいくつかの障害を併せもっていたりするなど，一人ひとりさまざまな教育的ニーズを抱えています。そこで，「個別の指導計画」を作成するに際しては，まず何よりも一人ひとりの教育的ニーズを把握して，一人ひとりの指導の長期目標および短期目標が検討される必要があります。そして一人ひとりの指導目標に応じた教材・教具等を用いる指導内容を工夫して用意したり，より効果的な学習集団の編成や指導方法，指導体制等を工夫する必要があります。

　「個別の指導計画」を作成する長所として，たとえば，「個々の児童生徒の指導課題が明確になり，共通理解がしやすい」，「指導の経過を継続的に記録でき，教師間の引継ぎや一貫した指導がしやすい」，および「教師相互の教育観や障害観を深められる」等をあげることができます。また，指導の方針や指導内容等に関して，保護者への十分な説明を行い同意を得ること（インフォームド・コンセント），保護者への説明の責任（アカウンタビリティ）は，今日的な課題といえます。今日学校は保護者から確かな信頼を得ていくことが期待されています。

　2009（平成21）年の特別支援学校の学習指導要領・教育要領の改訂では，子ども一人ひとりの実態に応じた指導を充実するため，障害のある全ての幼児児童生徒に「個別の指導計画」の作成を義務づけました。また学習障害児等の発達障害児の他者との関わり，他者の意図や感情の理解，自己理解と行動の調整，集団への参加等に関する内容の区分として，「人間関係の形成」を新設し，自立活動の内容を 6 区分に増やしました。
（姉崎　弘）

▷ 8　姉崎弘「肢体不自由養護学校における『自立活動』の今日的課題」『三重大学教育学部研究紀要』第52巻（教育科学），2001年，135，140頁。

【参考文献】

　文部省「養護学校小学部学習指導要領肢体不自由教育編」1963年。

　文部省「養護学校（肢体不自由教育）小学部・中学部学習指導要領」1971年。

　文部省「盲学校，聾学校及び養護学校小学部・中学部・高等部学習指導要領」1979年。

　文部省「盲学校，聾学校及び養護学校学習指導要領解説──自立活動編」2000年。

　文部省「盲学校，聾学校及び養護学校学習指導要領解説──総則等編」2000年。

　姉崎弘『特別支援教育──「障害特性の理解」から「教員の専門性向上」へ』大学教育出版，2006年。

　菅井裕行他「全国盲・聾・養護学校における自立活動に関する調査（3）──個別の指導計画をめぐる実態を中心に」『日本特殊教育学会第40回大会発表論文集』2002年，385頁。

③ 知的障害特別支援学校の教育課程

① 教育課程の意義

知的障害特別支援学校において編成する教育課程は，「学校教育の目的や目標を達成するために，教育の内容を児童生徒の心身の発達に応じ，授業時数との関連において総合的に組織した学校の教育計画」（特別支援学校学習指導要領解説総則編の第3編第1章第1節「教育課程の意義」）と解説されています。

学校の目的および目標は，教育基本法と学校教育法に示されており，これらを基盤として，各知的障害特別支援学校では，児童生徒の障害の状態および発達段階や特性，ならびに地域や学校の実態等に応じた教育目標を設定します。また，指導内容，指導形態，年間指導計画，授業時数等は，学校教育法施行規則および学習指導要領に示された基準に則して定めます。さらに，公立特別支援学校では，各都道府県の教育委員会が作成する「公立特別支援学校教育課程編成の手引き」（地方教育行政の組織及び運営に関する法律に基づく教育委員会規則）が規範的な役割を果たしています。

都道府県教育委員会規則は，校長による教育課程の届け出を定めており，学校の教育目標，指導の重点，領域・教科等と配当時間，年間の授業日数，学校行事等の内容を所定の様式に従って記載することとなります。

② 知的障害特別支援学校の教育課程編成の独自性

教育課程の編成は小・中学校の教師にとっては，日常的に取りくむ仕事ではありません。各学年の配当時間に即した各教科の内容は，教科書を見れば一目瞭然であり，しかも全国共通的です。しかし，知的障害特別支援学校の場合は，これと大きく異なります。いわゆる教科書の中味を子どもの実態（障害の特性，発達段階，興味・関心等）に応じて担任団で独自に作成しなければなりません。毎日の授業計画の作成・実施とその反省の蓄積が次年度の教育課程編成の基盤になります。教師によるこの不断の授業づくりの繰り返しにより，その学校の特色ある教育課程が成立しているのです。

③ 知的障害特別支援学校の教育課程の特色

◯ 知的障害特別支援学校の教科

小学部の各教科は，生活，国語，算数，音楽，図画工作，体育の6教科で構

▷　学校教育法施行規則第126条の2，第127条の2，第128条の2。

成されています。

　中学部の必修教科は，国語，社会，数学，理科，音楽，美術，保健体育および職業・家庭の8教科で構成されています。選択教科は外国語のほか，その他特に必要な教科（特別支援学校小学部・中学部学習指導要領第1章第2節第2の8）があり，これらの教科は各学校の必要に応じて設けることができます。

　高等部には，普通教育を主とする学科と専門教育を主とする学科（農業，工業，商業，家庭，産業一般）があります。各学科に共通する教科は，国語，社会，数学，理科，音楽，美術，保健体育，職業，家庭，外国語，情報です。主として専門学科において開設される教科は，家政，農業，工業，流通・サービス，福祉の5教科です。また，地域，学校及び生徒の実態，学科の特色等に応じて学校設定教科を設けることができます（特別支援学校高等部学習指導要領第1章第2節第3款第1の4）。

◯各教科の目標と内容

　知的障害特別支援学校小学部・中学部・高等部の各教科の目標と内容は，特別支援学校小学部・中学部学習指導要領（第2章第1節第2款，第2節第2款），ならびに高等部学習指導要領（第2章第2節）に示されています。各教科の内容は，小学部3段階，中学部2段階，高等部2段階で概括的に示されており，各学校においては，各教科に示す内容をもとに，児童生徒の知的発達の遅滞状態や経験等に応じて具体的に指導内容を設定できるようになっています（学習指導要領第1章第2節教育課程の編成　第2「内容等の取り扱いに関する共通的事項」の7）。

　また，「各教科の具体的内容」は，全国知的障害養護学校長会が試案を作成しています。そこには，生活は1〜3段階，国語，算数，音楽，図画工作・美術，体育・保健体育は1〜6段階，社会，理科，職業・家庭（職業），家庭および外国語は4〜6段階，情報は5〜6段階の内容表が示されています。学校独自に指導内容表を作成しているところもあります。筑波大学附属大塚養護学校の「経験内容表」は，1959（昭和34）年の試案から1985（昭和60）年まで逐次改訂され，この学校の教育課程の特色として役立ってきました。

◯領域・教科を合わせた指導

　学校教育法施行規則第130条の2に，「特別支援学校の小学部，中学部又は高等部においては，知的障害者である児童若しくは生徒又は複数の種類の障害を併せ有する児童若しくは生徒を教育する場合において特に必要があるときは，各教科，道徳，外国語活動，特別活動及び自立活動の全部又は一部について，合わせて授業を行うことができる」の規定があります。

　「日常生活の指導」「遊びの指導」「生活単元学習」「作業学習」が，領域・教科を合わせた指導形態です。知的障害特別支援学校では，従前からこれらの指導形態がとられており，教育課程上の大きな特色となっています。学習内容は

各教科・領域で示されていますが，実際の学習形態では教科・領域を合わせた形態がとられています。自分の生活に根ざし，直接的，具体的，体験的な活動を通して社会生活に役立つ知識，技能，態度・生活習慣を身につける方法が，知的障害児の教育では効果的であるからです。「日常生活の指導」は，靴や衣服の着脱，排泄，手洗い・洗顔，食事など身辺処理に関する内容から，挨拶，掃除，係・当番など社会生活技能や生活習慣の形成などまで多岐にわたる内容が含まれます。「遊びの指導」は，いわゆる自由遊びから体育的遊びや造形的遊びなどのような教師の意図的な設定による遊びも含みます。「生活単元学習」は，行事の事前学習・本番・事後学習など児童生徒の興味関心に即したひとまとまりの活動を教科や領域に分けずに配列して，個々の生活や学習の課題を解決する指導形態です。「作業学習」は，木工，紙工，印刷，農作業などの作業種があり，もの作り（作業）を中心活動とした単元学習です。

◗重複障害への対応

学習指導要領総則第8節では「重複障害者等に関する教育課程の取扱い」を定めています。障害の状態により学習が困難な児童または生徒について，特に必要がある場合は，次に示すところによるものとなっています。

（1）各教科及び外国語活動の目標及び内容に関する事項の一部を取り扱わないことができること。

（2）各教科の各学年の目標及び内容の一部又は全部を，当該各学年より前の各学年の目標及び内容の一部又は全部によって，替えることができること。また，道徳科の各学年の内容の一部又は全部を，当該各学年より前の学年の内容の一部又は全部によって，替えることができること。

（3）視覚障害者，聴覚障害者，肢体不自由者又は病弱者である児童に対する教育を行う特別支援学校の小学部の外国語科については，外国語活動の目標及び内容の一部を取り入れることができること。

（4）中学部の各教科及び道徳科の目標及び内容に関する事項の一部又は全部を，当該各教科に相当する小学部の各教科及び道徳科の目標及び内容に関する事項の一部又は全部によって，替えることができること。

（5）中学部の外国語科については，小学部の外国語活動の目標及び内容の一部を取り入れることができること。

（6）幼稚部教育要領に示す各領域のねらい及び内容の一部を取り入れることができること。

また，重複障害者のうち，学習が著しく困難な児童または生徒については，各教科，道徳科，外国語活動もしくは特別活動の目標および内容に関する事項の一部または各教科，外国語活動もしくは総合的な学習の時間に替えて，自立活動を主として指導を行うことができるものとする規定があります。

◯知的障害児の自立活動

　特別支援学校独自の領域として「自立活動」があります。自立活動の目標は，「個々の児童又は生徒が自立を目指し，障害による学習上又は生活上の困難を主体的に改善・克服するために必要な知識，技能，態度及び習慣を養い，もって心身の調和的発達の基盤を培う」ことです。学習指導要領には，「健康の保持」「心理的な安定」「人間関係の形成」「環境の把握」「身体の動き」「コミュニケーション」の6区分で27項目の内容が示されています。

　知的障害特別支援学校では，知的発達の遅れそのものへの対応は，各教科および領域・教科を合わせた指導を中心に取り扱い，自立活動は知的障害に随伴してあらわれる言語，感覚・知覚，運動・動作，情緒，行動などの顕著な遅れや未発達の状態，もしくは特別に配慮を要する不適応行動等に対する学習として計画されます。

　自立活動の指導に当たっては，個々の児童または生徒の障害の状態や発達段階の的確な把握にもとづき，指導の目標および指導内容を明確にし，「個別の指導計画」を作成することとなっています。

◯「週時間割」の具体例

　表29は，学校要覧に示された小学部の週時程の例，図22は教室に表示された中学部の週時程の例です。

（神田基史）

参考文献

　文部科学省「特別支援学校幼稚部教育要領　小学部・中学部学習指導要領」2017年。

　文部科学省「特別支援学校教育要領・学習指導要領解説　総則編（幼稚部・小学部・中学部）」2017年。

　全国知的障害養護学校長会『新しい教育課程と学習活動Q&A』東洋館出版社，1999年。

　筑波大学附属大塚養護学校「経験内容表」1985年。

表29　小学部週時程

	時間	月	火	水	木	金
1	9：00	合同朝会	着替え・　個別指導			
2	9：30	着替え	あつまり			
3	10：00	あつまり	（教科・領域を合わせた指導）			
4	10：20	グループ別学習 A／運動				
5	11：10	生活	＊	体育	音楽	造形
6	12：00	給食・遊び				
7	13：30	着替え・帰りの会				
	下校時刻	14：00	14：00	14：00	14：00	14：00

＊はグループ別学習B

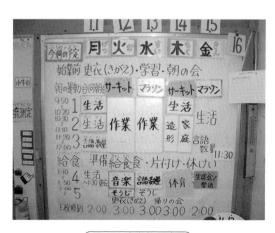

図22　中学部週時程

特別支援学級および通級による指導における教育課程の編成

 特別支援学級における教育課程の編成

　特別支援学級における教育課程は，児童生徒の障害の状態によっては，小・中学校の教育課程に準じて編成することが必ずしも適当でない場合があります。特別支援学級の中には，障害の状態が重度・重複化，あるいは多様化した児童生徒が在籍しており，障害のない児童生徒に対する教育課程をそのまま適用できません。そのため，学校教育法施行規則第138条に「小学校，中学校若しくは義務教育学校又は中等教育学校の前期課程における特別支援学級に係る教育課程については，特に必要がある場合は，第50条第1項，第51条，第52条，第52条の3，第72条，第73条，第74条，第74条の3，第76条，第79条の5及び第107条の規定にかかわらず，特別の教育課程によることができる」と規定しています。すなわち小学校や中学校の目的および目標を達成しつつ，小・中学校の教育課程や授業時数などの規定の適用を外して，特別の教育課程を編成することができることになっています。特別支援学級において特別の教育課程による場合には，学級の実態や児童生徒の障害の程度等を考慮して，特別支援学校学習指導要領を参考として教育課程を編成する必要があります。なお，特別支援学級において特別の教育課程による場合であって，文部科学大臣の検定を経た教科用図書を使用することが適当でない場合には，他の適切な教科用図書を使用することができます。

○特別支援学級の教育課程の多様化

　特別支援学級の教育課程の編成は，法令によるほか，児童生徒の障害の状態，学級や学校の実態等に応じて多様化しています。したがって，教科別の指導を中心とする通常の学級に近似したものから，自立活動の領域を導入したり，各教科等を合わせた合科・統合の指導形態を取り入れたりするなど，特別支援学校に近いものまで多岐にわたっています。個々の児童生徒の実態に応じた指導内容の選択や指導方法の工夫を計画的，組織的に行うため，必要に応じて，個別の指導計画または関係機関と連携した個別の教育支援計画が作成されます。その指導にあたって，学級担任だけでなく他の教師と連携協力して，効果的な指導を行う必要があります。

○交流及び共同学習の拡大と推進

　特別支援学級にはすべての時間をその学級で教育を受ける必要のある児童生

徒がいる一方で，相当の時間を通常の学級との交流及び共同学習のかたちで障害のない児童生徒とともに過ごすことが適切な児童生徒も見られ，その実態は児童生徒の障害の状態や学校の実情に応じてさまざまです。障害のある児童生徒が障害のない児童生徒と行う交流及び共同学習は，実践を通してその意義が明らかにされています。1989年の改訂ではじめて小学校や中学校の学習指導要領に交流教育が規定されて以降，通常の学校の側からも交流の推進が図られています。さらに，「障害者基本法に，障害のある児童生徒と障害のない児童生徒との交流及び共同学習を積極的に進める旨が規定されたことから，交流や共同学習の機会は一層拡大すること」が期待されます。なお，交流及び共同学習の実施に当たっては，双方の教師間の連携を図り，個別の指導計画に基づく活動内容や指導方法を検討して，障害のある児童生徒の実態に応じた配慮を行うなど，効果的かつ継続的に実施することが大切です。

▷　中央教育審議会「特別支援教育を推進するための制度の在り方について（中間報告）」2004年，11頁。

2　通級による指導における教育課程の編成

　通級による指導は，学校教育法施行規則第140条に基づき，小・中学校の通常の学級に在籍している軽度の障害のある児童生徒に対して，主として各教科等の指導を通常の学級で行いながら，その障害に応じた特別の指導を通級指導教室等で行う教育形態です。通級による指導の対象となる児童生徒は，言語障害，自閉症，情緒障害，弱視，難聴，学習障害，注意欠陥多動性障害のある児童生徒で，特別支援学級に在籍するものは除かれます。

　特別の指導とは，障害による学習上または生活上の困難の改善・克服を目的とする指導，すなわち自立活動の指導であり，指導にあたっては，特別支援学校学習指導要領を参考に，個々の児童生徒の障害の状態等に応じた目標や内容を定め，学習を行います。通級による指導の授業時数は，年間35（週1）単位時間から105（週3）単位時間までを標準とします。しかし，学習障害および注意欠陥多動性障害の児童生徒については，年間10（月1）単位時間から280単位時間までを標準とします。また，これに加えて，とくに必要があるときは，特別の指導として，障害の状態等に応じて各教科の内容を補充するための指導を一定時間内で行うこともできます。

　通級による指導は，特別の教育課程によることができ，特別の指導を，小・中学校の教育課程に加えたり，その一部に替えたりすることができることになっています。児童生徒が在籍校以外の学校において特別の指導を受ける場合（他校通級）には，児童生徒の在籍する学校の校長は，これら他の学校で受けた指導を，特別の教育課程に係る授業と見なすことができることを規定しています。この場合には，在籍校の校長は，特別の指導を行う学校の校長と十分協議の上，特別の教育課程を編成する必要があります。

（柳本雄次）

特別支援学校教育における指導要録の改善

 指導要録とは何か

　指導要録とは，児童生徒の学籍および在学中の学習や健康の状況などを記録した公簿であり，校長の責任において作成し保存することが義務づけられています。学籍に関する記録については20年間，指導に関する記録については5年間の保存期間が規定されています。その性格としては，指導の過程およびその結果の要約の記録であるとともに，外部に対する証明等のための原簿であるという2つの面をもっています。すなわち，学級担任等の変更または児童生徒の転学，進学などの際における指導の引き継ぎのための資料であるとともに，進学，就職等の場合の調査書等の原簿になります。校長は，児童生徒が進学または転学した場合には，指導要録の抄本または写しを，相手方の校長に送付しなければなりません。指導要録の様式については，学校の設置者（公立学校にあっては教育委員会）が定めることとされていますが，指導要録の性格を考慮すると，ある程度全国的に統一性が必要であることから，その記載内容については学習指導要領の改訂ごとに文部省（現文部科学省）から様式の参考案が示されてきました。2001年の指導要録の改善においては，地方分権の観点から，各設置者はこれまでの基本的性格を維持しながら，様式等について地域に根ざした教育の立場で創意工夫して定めることになっています。

2　変わる指導要録の評価法

　指導要録は，指導の過程やその結果を要約的に記録するものですから，その様式や記載内容は教育課程との関連を考慮して，文部科学省が参考案を学習指導要領の改訂ごとに改めてきました。第二次世界大戦後，相対評価による5段階評定が各教科で実施されてきましたが，指導要録の改訂にともない，絶対評価を加味した相対評価から，1980年改訂では，到達度評価，すなわち絶対評価のかたちで学習の観点別評価が導入され，そして1991年の改訂では，この観点別学習状況の評価に重心が移されました。1999年の学習指導要領の改訂にともない評価の仕方が次のように大幅に改訂されました。[1]

　(1) 各教科・科目の評定について，学習指導要領に示す基礎的・基本的な内容の確実な習得を図るなどの観点から，学習指導要領に示す目標を実現しているかどうかの評価を重視し，これまで絶対評価を加味した相対評価をすること

▷1　文部科学省『小学校児童指導要録，中学校生徒指導要録，高等学校生徒指導要録，中等教育学校生徒指導要録並びに盲学校，聾学校及び養護学校の小学部児童指導要録，中学部生徒指導要録及び高等部生徒指導要録の改善等について（初等中等教育局長通知）』2001年，1-3頁。

とされていた評定を，目標に準拠した評価に改める。その際，観点別学習状況の評価をどのように総括し評定するかは，各学校における工夫が望まれる。

（2）「総合的な学習の時間」については，行った学習活動及び指導の目標や内容にもとづいた評価の観点を記載し，その観点のうち，学習状況に顕著な事項がある場合はその特徴を記入するなど，児童生徒にどのような力が身についたかを文章で記述する。評価の観点については，問題解決の資質能力や主体的，創造的態度の育成などのねらいを踏まえて，各学校で定める。

2017年の学習指導要領改訂では，特別支援学校（視覚障害，聴覚障害，肢体不自由または病弱）においてもすべての教科等の目標・内容を，主体的・対話的で深い学びの視点からの資質・能力の３つの柱で整理したことを踏まえ，指導要録も「知識・技能」，「思考・判断・表現」，「主体的に学習に取り組む態度」の３観点に改められました。また，学習評価が，児童生徒の学習改善につながっていない，挙手の回数や毎時間ノートを取っているかなどで「関心・意欲・態度」の評価がなされるなどの課題に応え，①児童生徒の学習改善につながるものにしていくこと，②教師の指導改善につながるものにしていくことを基本に，指導と評価の一体化を推進することとなりました。さらに，特別支援学校（知的障害）各教科については，小・中・高等学校等との学びの連続性を重視する観点から小・中・高等学校と同様に学習評価においても観点別学習状況を踏まえて文章記述を行うこととされました。特別支援学校では，指導に関する記録について小学校等における指導に関する記録に加えて，自立活動の記録のほか，入学時の障害の状態についても作成されます。

たとえば，自立活動の欄には，作成された個別の指導計画を踏まえて，指導の目標，内容それに結果の概要を，また障害の状態等に変化が見られた場合はその状況を文章で記述することになっています。また，重複障害者等に関する教育課程の取扱いを適用した場合には，個別の指導計画にもとづきその状況を適切に記入するようになっています。さらに，特別支援学校（知的障害）における各教科等の指導に関する記録は，たとえ各教科等を合わせた指導形態を取った場合でも，学習指導要領の目標，内容に照らし，教育課程や実際の学習状況を考慮して適宜区分して，具体的に指導内容，到達の程度，習得の状況などを文章で記入することになっています。

3 評価にはどんな方法があるか

○基本的な評価法

指導要録に使用される評価には，基準をどこに置くかによって違いがあります。たとえば，クラスとか学年など児童生徒の集団のなかでの順位や割合などを基準とするもの，個別に教育目標をどの程度達成したか，目標を基準とするもの，また，ひとりの児童生徒について１学期の成績を基準として２学期の成

▷2 文部科学省『小学校，中学校，高等学校及び特別支援学校等における児童生徒の学習評価及び指導要録の改善等について（通知）』2019年。

様式2（指導に関する記録）

児童氏名	学校名	区分\学年	1	2	3	4	5	6
		学級						
		整理番号						

各教科の学習の記録

教科	観点\学年	1	2	3	4	5	6
国語	知識・技能						
	思考・判断・表現						
	主体的に学習に取り組む態度						
	評定						
社会	知識・技能						
	思考・判断・表現						
	主体的に学習に取り組む態度						
	評定						
算数	知識・技能						
	思考・判断・表現						
	主体的に学習に取り組む態度						
	評定						
理科	知識・技能						
	思考・判断・表現						
	主体的に学習に取り組む態度						
	評定						
生活	知識・技能						
	思考・判断・表現						
	主体的に学習に取り組む態度						
	評定						
音楽	知識・技能						
	思考・判断・表現						
	主体的に学習に取り組む態度						
	評定						
図画工作	知識・技能						
	思考・判断・表現						
	主体的に学習に取り組む態度						
	評定						
家庭	知識・技能						
	思考・判断・表現						
	主体的に学習に取り組む態度						
	評定						
体育	知識・技能						
	思考・判断・表現						
	主体的に学習に取り組む態度						
	評定						
外国語	知識・技能						
	思考・判断・表現						
	主体的に学習に取り組む態度						
	評定						

特別の教科　道徳

学年	学習状況及び道徳性に係る成長の様子
1	
2	
3	
4	
5	
6	

外国語活動の記録

学年	知識・技能	思考・判断・表現	主体的に学習に取り組む態度
3			
4			

総合的な学習の時間の記録

学年	学習活動	観点	評価
3			
4			
5			
6			

特別活動の記録

内容	観点\学年	1	2	3	4	5	6
学級活動							
児童会活動							
クラブ活動							
学校行事							

図23　小学部の指導要録の様式例（一部）

出所：文部科学省「小学部児童指導要録（参考様式）」2019年。

績を比較するものなどがあります。これらはそれぞれ相対評価，絶対評価，個人内評価と呼ばれます。

　相対評価は，児童生徒の成績について，所属集団のなかで占める相対的位置を見る方法で，それは，順位（序列），パーセンタイル順位，段階評定値（5段階評定など）で示されます。相対評価は，集団内のその児童生徒の順位づけには適していますが，その児童生徒がどれくらい成長したかを表すのには適しません。

　他方，絶対評価は，客観性を重視する相対評価に対して，教育目標を基準として一人ひとりの児童生徒がその基準をどの程度達成したかを見る到達度評価です。このため，教師によっては，同一の児童生徒に対しても評価が厳しかったり甘かったりする主観的評価の弊害もみられます。

　また，個人内評価は，評価の基準を個別の児童生徒自身に置くもので，進歩についての評価といえます。児童生徒一人ひとりの能力や適性，障害の状態，進歩の状況等に応じた指導の目標の実現状況について，個人内評価はとくに重視されるべきものです。その際に，たとえば，児童が以前に比べてどれくらい伸びたかを，自分自身で評価する自己評価も試みることができます。

◯新しい学力観に対応した評価法

評価の考え方に影響を及ぼした背景として，一人ひとりの児童生徒の個性を伸ばす個性化教育の推進，それに従来のテストにより測定される，学校での教科学習により獲得された力を学力と定義した学力観の変化があります。それは，知識・技能など見える学力から関心・意欲・態度や思考・判断などの見えない学力を重視する新しい学力観です。このような学力を適切に評価するには，ペーパーテストだけでなく，レポート，ノート，作品等も評価の対象に取り入れ，児童生徒の学習過程や学習活動までも評価する技法も利用されることとなりました。そうした技法に，ポートフォリオ評価とパフォーマンス評価などの絶対評価があります。

ポートフォリオ評価とは，児童生徒が授業中に作成した作品，調べ学習の結果，答案用紙から，それへの教師のコメントまで，関係の資料を集めたファイルについて進歩状況を，教師が所定の観点から児童生徒と対話しながら確認し評価するものです。この方法は，教師が児童生徒の興味や学習スタイルを把握して，その後の指導に役立てることができ，また児童生徒も自己評価能力や学習意欲を高めるのに有効とされています。

パフォーマンス評価は，たとえば，理科の実験課題を実際に児童生徒にやらせてみて，意欲・態度から複合的な技能までを評価するものです。

④　指導要録と通知表との違いは

指導要録は，前述のように１年間の学習指導の過程や成果を記録した公簿です。その記載は学年末の総括的評価であり，結果についての評価であることから，担任の交替や転学・進学の際の引き継ぎのための資料として利用されても，評価した教師が自らの日常の指導に役立てることにつながらない面があります。しかし，その記録を正確なものにするには，児童生徒の学習や行動の状況等を的確かつ継続的に把握することが重要です。このため，学年当初から計画的に**形成的評価**[3]を進め，日常の指導の改善に利用することができるよう，指導と評価の一体化，評価方法の工夫改善，学校全体としての評価の取り組みが進められる必要があります。

前述の報告でも，学習評価に関する情報を保護者や児童生徒に対して積極的に提供することが指摘されています[4]。各学校では，指導要録とは異なり作成は任意ですが，独自の内容と形式で家庭に対して，児童生徒の教育活動状況について学期末に通知表を発行しています。通知表は，学習や行動について，学校と家庭が相互に理解，協力して，教育効果を向上させること，児童生徒自身に反省の機会を与えることをねらったものです。保護者は子どもの学習の状況や学校での生活の様子がよく理解でき，同時に児童生徒は学習意欲や励みになるような通知表を工夫し作成することが，今日的な課題になっています。　（柳本雄次）

▷3　形成的評価
⇒ VII-2 参照。

▷4　中央教育審議会初等中等教育分科会教育課程部会『児童生徒の学習評価の在り方について（報告）』2010年。

（参考文献）
全国特別支援学校知的障害教育校長会編著『知的障害教育における学習評価の方法と実際――子どもの確かな成長を目指して』ジアース教育新社，2011年。

2 障害児教育における評価のあり方と指導

 教育評価には何があるか，なぜ必要か

　教育活動は，教育の計画－実践－評価（改善を含む）の三者から成り立ち，それがサイクルとして循環しながら進行しています。評価は，一般に指導の実践の終わりに児童生徒の学習や行動等がどう変化したか，それと関係して実践が適切であったか，その結果について行う情報収集を指します。評価はいずれのサイクルでも行われ，後続するサイクルで活用される情報となります。実践過程で得られる評価の情報は，教師には指導計画の立案や修正，展開の工夫のために，児童生徒には学習の目標や努力の仕方の点検のためにフィードバックされる必要があります。

　教育評価の歴史は，1905年にビネー（Binet, A.）とシモン（Simon, Th.）による知能検査の開発から始まるといわれますが，周知のようにそれは知的障害児を鑑別する尺度として開発されたものです。学力検査や性格検査も平均からの逸脱を識別するための道具でした。こう考えると，教育評価は障害児教育と密接な関係にあるということができます。

　教育評価は，橋本重治によると，①授業の教材や指導法の改善のための指導目的，②児童生徒の能力・適性の把握や自己評価のための学習目的，③入学試験や資格試験の認定等の管理目的，④教育計画や指導法を開発するための研究目的のために実施されています[1]。ここでは①指導目的のための評価を中心に取り上げることにします。

　ブルーム（Bloom, B. S.）は，教育評価の類型として，診断的評価，形成的評価および総括的評価とに分けています[2]。診断的評価は，実際の指導に先立って，児童生徒の状況，実態を診断し，最適の指導方法等を準備するための評価活動です。形成的評価は，単元学習の過程で指導の方向を修正したり，確認するために行われる評価活動です。その指導が所期の目的を達成しているか，指導に修正が必要であるか，つまり，児童生徒がどこまで目標を達成し，どこに困難があるかの情報を提供するものです。総括的評価は，単元学習の終了，学期・学年末等にどの程度教育成果が達成されたかを総括的に明らかにする評価活動です（図24）。

▷1　橋本重治『新・教育評価法総説』金子書房，1976年，56頁。

▷2　ブルーム，B. S. 他著，梶田叡一・渋谷憲一・藤田恵璽訳『教育評価法ハンドブック──教科学習の形成的評価と総括的評価』第一法規，1973年。

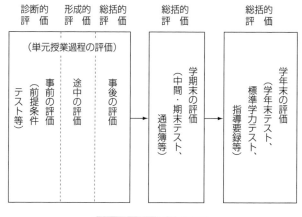

図24　教育評価の類型

出所：橋本重治「形成的評価と総括的評価との関連」，『指導と評価』第28巻，第6
　　　号，1982年，12頁。

 障害児教育における教育評価にはどんな意義があるか

　教育評価は，一般に法令や学習指導要領にそれぞれの学年，学校ごとに定め
られた各教科等の教育目標や教育内容に準拠して行われます。たとえば，小学
校第1学年の算数の内容は6歳レベルの標準的発達を想定して，その発達段階
に達している児童には1年間でこれだけの内容を教授することができることを
建前に設定されており，学習指導要領にもとづいた教科書が作成されています。
障害児のなかにも，視覚障害，聴覚障害や肢体不自由等の障害はあるものの，
障害のない児童と同様の進度で学習が可能な児童もいます。その場合には，小
学校第1学年に準じた教育評価が適用可能となります。

　しかし，知的障害を併せ有する重複障害のある児童生徒が，特別支援学校に
在学する比率が高まるとともに，児童生徒の実態の個人差が顕著になり，学年
（部）や学校種別を超えて，個に応じた教育の必要性が増しています。個人差
というと，個人間の差異に注意が向きますが，障害児教育では個人内の差異に着
目することこそ重要です。これは，「同一の個人でも心身発達の諸側面や能力
に著しい凹凸があり，ある側面の単なる量的な差異の総和というより，それらが
複雑にからみ合って質的に固有の発達特性を形成していること[3]」に配慮する必
要があります。一人ひとりの発達の実態を総合的にとらえ，縦断的に変化を追跡
して評価することが要求されます。したがって，障害児の個人差が著しいことを
考えれば，集団内の位置づけを問う相対評価はあまり意味をなさず，具体的な発
達課題や行動目標を基準した絶対評価，個人内評価が基本となるべきでしょう。

　2017年改訂の特別支援学校学習指導要領では，特別支援学校に在籍するすべ
ての児童生徒を対象に，「各教科等の指導に当たっては，個々の児童又は生徒
の実態を的確に把握し，…（中略）…個別の指導計画を作成すること」「各教
科等の指導に当たっては，個別の指導計画に基づいて行われた学習状況や結果

▷3　藤田和弘「個別の指
導計画の作成──児童生徒
の実態把握」香川邦生・藤
田和弘編『自立活動の指導
──新しい障害児教育への
取り組み』教育出版，2000
年，56-64頁。

を適切に評価し，指導目標や指導内容，指導方法の改善に努め，より効果的な指導ができるようにすること[14]」が明記されています。

❸　個別の指導計画における評価とは

◯作成時における診断的評価

　個別の指導計画を作成するには，何よりも的確な実態把握が不可欠となります。そのためには，対象となる児童生徒本人だけにとどまらず，家庭や地域社会等の環境についてのアセスメントも含まれます。本人の障害の状態や発達段階については医学的検査や知能，発達，性格等の心理検査，観察法による診断的評価が実施されます。心理検査には，「母集団の正常や標準からの偏異を明らかにするための集団基準準拠型検査と，評価・指導項目の達成度をみるための指導目標準拠型検査がある。前者は，発達の遅れや将来の予測を知ること，後者は指導目標や内容を導き出すことに特徴がある[15]」ので，その評価の目的に合わせて選択，利用する必要があります。学習や生活における行動については観察法が用いられますが，重度の障害児は場面の影響を受けやすいので，1回限りの観察ではなく継続的に観察することが望まれます。さらに，指導に関連させて，児童生徒にどのような働きかけをするとどのような行動が生ずるか，周囲の条件と行動の生起との関係を観察することも重要です。たとえば，自発的行動に乏しい寝たきりの児童に，能動的な探索行動を引き出すためにどのおもちゃを用いたらよいか，さまざまな種類のおもちゃを見せて，その反応を観察します。その結果を踏まえ，おもちゃの種類や提示の仕方，介助の方法等を検討します。

　検査や観察法によって把握できない，生育歴，治療歴，家庭環境，親のニーズ，本人のニーズ等については個別面談や家庭訪問のときに，児童生徒を熟知している保護者や関係者から面接法によって情報を得ます。たとえば，食事指導にしても，家庭での状況やしつけの考え方を聞いてから着手しないと，指導の効果があがらないばかりか，危険な場合さえあります。関係機関の専門家（医師・看護師・理学療法士・作業療法士・言語聴覚士等）から専門的な情報を得ておくことも必要です。その場合，指導に必要な情報を収集する際に，面接者とつねに信頼関係のあるネットワークの形成と維持を図っておくこと，個人情報の取り扱いには人権とプライバシー保護の視点から配慮することが大切です。

　この実態把握にもとづいて，指導の目標が長期的および短期的な観点から設定されます。長期目標は1年間で達成される将来を見通した目標で，短期目標はおよそ3か月の学期単位で達成される具体的な目標です。指導目標に照らして，指導内容や方法が選択・組織され，個別の指導計画が作成されます。

◯実践過程における形成的評価

　個別の指導計画を踏まえて，次に学級や小集団単位の年間指導計画が作成されます。これら指導計画をもとに，毎時の学習活動と個別のねらいや手立て，

▷4　文部科学省「特別支援学校小学部・中学部学習指導要領」2017年，68-71頁。

▷5　藤田和弘「重複障害児に対する指導計画と配慮」香川・藤田編，同上書，167頁。

評価の観点が設定され，実践が行われます。毎日の授業後に，教師集団によって授業者の働きかけに対する児童生徒の反応を中心に，指導内容が適切であったか，個人目標は達成されたか，ステップやかかわり方は適正だったかについて形成的評価が行われ，その結果が次時の授業の指導案の修正や調整に反映されます。こうした日常的になされる評価－改善の繰り返しは，教師や児童生徒にとってその後の指導や学習に有効なフィードフォワード機能として重視されています。そこでは，個別の目標を具体的に設定し，それにもとづき何ができて何ができないかなど個人内の達成度の変化と特徴を細かく評価しながら，継続的に指導を進めていくことになります。

◯ 終了時における総括的評価

設定された目標がどの程度達成されたか，期待した指導効果が実現されたかが指導を行った教師および教師集団によって判断されます。その評価結果にもとづいて次の学期や学年の指導計画の修正や新たな課題の設定が行われることになります。

◯ 保護者や関連機関との連携

障害児のニーズに応じたきめ細かな指導を実現するためには，その評価においても保護者や関係機関との連携・協力が不可欠です。それは，指導計画作成時の診断的評価に必要とされる資料や情報の提供だけでなく，作成された個別の指導計画についての説明と同意（インフォームド・コンセント），さらには優先目標の設定や課題の選択における共同参画に始まり，実践過程における日常の子どもの様子と指導記録を記す連絡帳等をとおした情報交換と評価結果の共有による形成的評価を経て，総括的評価にもとづく教師による指導結果の説明責任（アカウンタビリティ）にまで及ぶことになります。場合によっては，児童生徒本人の評価や指導計画作成への参画も考えられてよいでしょう。　（柳本雄次）

実態把握＝診断的評価
・指導の引き継ぎ
・諸検査
・保護者・本人のニーズ
目標の設定（長期・短期）
個別の指導計画の作成
・年間の個別指導計画表
・各教科・領域の年間指導計画表
指導の展開＝形成的評価
・実際の指導

評価＝総括的評価
・学期末の評価
・学年末の評価
次年度の指導

図25　個別の指導計画作成の手順

出所：東京都教育庁指導部『障害のある児童・生徒のための個別指導計画 Q&A
──生きる力をはぐくむ個人別学習支援の方途』1997年，15頁を改変。

障害児保育におけるアセスメントと発達支援

▷1　保育所等訪問支援事業
障害児施設で指導経験のある児童指導員や保育士が，保育所などを2週間に1回程度訪問し，障害児や保育所などのスタッフに対し，障害児が集団生活に適応するための専門的な支援を行う。利用を希望する保護者が事業所に直接申し込むことも可能である。

▷2　高橋実・上田征三・西澤直子「保育所における『気になる子ども』の実態と支援の課題（2）」日本特殊教育学会第41回大会論文集，2003年，9-17頁。

▷3　遠城寺式乳幼児分析的発達検査
九州大学の遠城寺宗徳らによって作成された。0歳から4歳7か月の子どもの移動運動，手の運動，基本的習慣，対人関係，言語理解の5領域の発達プロフィールが分析できる。

▷4　S-M 社会生活能力検査
東京大学の三木安正らによって作成された。身辺自立，移動，作業，意志交換，集団参加，自己統制の領域別の社会生活年齢と社会生活指数が算出される。

▷5　TK 式幼児用親子関係検査
田中教育研究所の品川不二郎らによって作成された検査。親が自分で記入し，拒

1　広い意味での障害児保育と狭い意味での障害児保育

　障害児保育とは，広い意味では，児童発達支援センター，児童発達支援事業，保育所，幼稚園，認定こども園など就学前の障害乳幼児が，通園・通所の場で保育を受けることをいいます。

　狭い意味での障害児保育は，保育所，幼稚園，認定こども園等通常の保育の場で障害乳幼児が保育される場合を指す場合もあります。2012年4月からの改正児童福祉法の実施により，これまでの障害児通園施設が障害種別の枠がはずされ，児童発達支援センターとなり，通常の保育の場の子どもの相談支援，発達支援を行うことが位置づけられ，新たに**保育所等訪問支援事業**，放課後等デイサービス事業等の事業が創設されました。

　そこで，障害児施設でのアセスメントは，Ⅷ-2 にゆずることにして，ここ Ⅷ-1 では，保育所，幼稚園，認定こども園等健常児とのインクルーシブ保育が行われる場合の子どものアセスメントについて考えてみたいと思います。

2　特別な配慮を必要とする子どもの把握

　ノーマライゼーション理念の浸透により，近年ではほとんどの保育所・幼稚園において障害児が受け入れられてきていますし，家族が気づいていなくても発達の遅れが見られたり，対人関係や能力的な発達のアンバランスさをもった子どもたち（いわゆるちょっと気になる子ども）が年々多くなってきているということが随所で指摘されるようになってきています。

　したがって保育所・幼稚園では，クラスのなかの子どもたちで発達の遅れやアンバランス，行動・情緒的課題や生活習慣，社会性等の問題があったりして特別な配慮を必要とする子どもたちがどのくらいいるのかについてのアセスメントがまず必要となります。はっきりと障害があると診断・認定されてくる子どもはほんのひとにぎりであり，それ以外にも保育者（保育士・幼稚園教諭等の職員）が何らかの意味で気になると感じる子どもたちが数人はいるという場合が多くなってきています。

　高橋らの調査によると，A市内の保育所全在籍児6,470人中保育士が何らかの意味で気になると感じた子どもは780人（12.1％）にのぼりました。その内

容は表31の通りで，年齢があがるにつれて気
になる割合は増加して，就学前の5歳児にお
いては16.8%に達しています（表31）。

表30 A市内保育所の保育士が気になるとした子どもの状況

気になる内容	人数	780人中%*	6,470人中%**
粗暴行為・衝動性	145	18.59	2.24
基本的生活能力・習慣がついてない	135	17.31	2.09
親などの養育態度の問題	126	16.15	1.95
友達とうまく関われない	123	15.77	1.90
多動・落ち着きがない	120	15.38	1.85

* 780人は気になるとして報告された子どもの人数
** 6,470人は，調査した保育所の在籍児数

このように気になると感じる子どもの状態
はさまざまであり，しかも保育者の経験，知
識や主観によっても気になり方には大きな差
があるのが通常ですから，必ずしもひとつの
指標でアセスメントできるものではありませ
ん。したがってまずは保育者が複数で子ども
の状況を出し合い，情報交換をしながら子どもの課題や必要な配慮の内容に
ついて明確にしていくことが必要です。

表31 A市内保育所における気になる子の比率

年齢階層	在籍児中%
全年齢	12.1%
5歳児	16.8%
4歳児	15.8%
3歳児	11.9%
2歳児	9.1%
2歳未満児	3.4%

③ 特別な配慮を必要とする子どものアセスメント

保育所・幼稚園においては，特別支援学級のように障害のある子どものみ
を集めたクラスは制度的に設けられていませんので，障害があったり特別な
配慮を必要とする子どもも含めたクラス集団全体の保育・教育計画をどのよう
に立てていくかが，重要な課題となります。そのためにも特別な配慮を必要と
すると思われる子どもの発達段階や発達課題，生育歴や家庭の状況，対人関係
の特性などをできるだけ正確に把握することが大切です。

子どもの生活全体を把握するためには，①家族構成，②生育歴，③専門機関
の所見，④現在の行動の概略，⑤基本的生活習慣の状況などを記入できる個人
票を作成しておくと便利です。また発達段階や発達課題を把握するためには，
標準化された発達検査を実施し，その結果を個人票とともに個人ファイルにと
じて保管しておきます。

保育所・幼稚園で実施できる発達検査としては，津守式乳幼児精神発達診断
法（図26）や遠城寺式乳幼児分析的発達検査が，生活能力を把握する検査とし
てS-M社会生活能力検査があります。また親子関係の課題を把握できる検査
としてTK式幼児用親子関係検査があります。

また相談機関や療育機関の心理や言語等の専門職に依頼して実施し参考にで
きる検査として，新版K式発達検査2020，WPPSI-Ⅲ知能検査，WISC-Ⅴ知
能検査，KABC-Ⅱ心理・教育アセスメントバッテリー等があります。

④ クラスにおける保育・教育計画

子どもの個別の課題を把握したら，その課題を配慮しつつクラスにおける保
育・教育計画を立てます。その際自分の思いがしっかり出せたり，仲間のなか
で達成感が感じられたり，いっしょにやって楽しいと感じられる少人数のグル
ープを編成して活動したり，クラス保育中にも個別対応できる時間を設けたり，

否的，支配的，保護的，服従的，矛盾的態度についてのプロフィールを作成し，自己分析できる。

▷6 新版K式発達検査2020
京都児童院で開発された発達検査で，新生児から14歳までの子どもに適用できる個別検査である。姿勢・運動領域，認知・適応領域，言語・社会領域に分かれた発達プロフィールが把握できる。

▷7 WPPSI-Ⅲ知能検査
ウェクスラー式の知能検査でもっとも適用年齢が低い知能検査。2歳6か月から7歳3か月までの子どもに適用できる，個別式の知能検査である。

▷8 WISC-Ⅴ知能検査
ウェクスラー式知能検査で，適用年齢は5歳0か月～16歳11か月。言語理解指標，知覚推理指標，ワーキングメモリー指標，処理速度指標からなるプロフィールが作成できる。

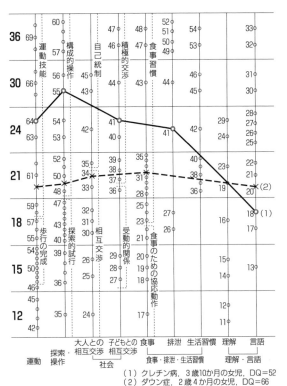

(1) クレチン病，3歳10か月の女児，DQ＝52
(2) ダウン症，2歳4か月の女児，DQ＝66

図26　津守式乳幼児精神発達診断法による子どものプロフィール

出所：佐々木正美『自閉症療育ハンドブック』学習研究社，1993年。

より発達年齢の近い子どもたちの集団での保育場面を設定したりなど，子どもの発達課題やニーズに沿った多様な集団を組織することが有効です。

　また子どもの動線等にも配慮し，見通しがもちやすいよう，保育環境を設定し，絵や実物，身振りなど視覚的情報も含めた教示を行う工夫も大切です。そして，運動会等の行事においては，発達的に課題のある子どもも挑戦でき，他の子どもにとっても楽しい課題を工夫したり，課題のある子どもを含めていかにみんなでがんばれるか，子ども自身が工夫できるよう援助し，みんなでがんばった達成感を感じられると集団全体が思いやりのある集団へと発展するきっかけになります。

⑤　粗暴行為など行動上の問題のある子どもの保育

　保育現場でもっとも気になる行動は，粗暴で衝動的な行為です。子どものこうした行動には必ず，原因があります。その原因を探るためには，①困る行動を明確にし，改善の優先順位をつける，②子ども

▷9　KABC‐Ⅱ心理・教育アセスメントバッテリー
障害児の心理・教育的アセスメントのためにカウフマン（Kaufman, A. S.）によって開発された個別検査。継次尺度，同時尺度，計画尺度，学習尺度の下位項目からなる認知総合尺度と語彙尺度，読み尺度，書き尺度，算数尺度からなる習得総合尺度から成り立っている。適用年齢2歳6か月から18歳11か月。

▷10　以上の，理解力や要求表現力が未発達な子どもへの指導についての説明は，以下の文献を参照した。津田望『ことばのない子のことばの指導』学習研究社，1998年。

とかかわっている人にインタビューしたり，一定期間観察して，頻度，程度，起こっている場面の前後関係などの情報を集める，③その行動の目的や機能についての仮説を立てる（表32），④仮説にもとづいた指導計画を立てる（表33），⑤指導計画を評価することで仮説を検証する，⑥新たな仮説に基づいた指導計画を立てる，というような手順をとることが有効です。

⑥　理解力や要求表現力が未発達で関係がつくりにくい子の指導

　言葉の理解力や要求表現力が未発達で，保育者や子どもとの関係がつくりにくい子どもの指導では，身ぶり動作やサイン言語などを用いて言葉を視覚化すると，もっとも基本的な言語理解を促すために有効な場合があります。

　その際，指導に入る前に子どもがどのような要求をもっているのか，どのような場面を好み，どのような場面を避けようとしているかなど，子どもの行動特性を複数の目でしっかり観察し記録しておくとよいでしょう。

　そして理解面の基本的な指導としては，「ここでは座っていなさい」「ぶってはだめ」などの日常指導の会話の下線部分を表す保育者間で決めた共通した動作を併用したり，人気のある体操や手遊び歌のタイトルに図27のようなサインをつくってみせたり，指人形等のお話を聞かせ，あとでサインや動作も含めて話の内容を確認します。

表出面の基本的な指導としては，ドアを開けてほしいときに取っ手に保育者の手を引いていったら「やってね」といって子どもが見ているのを確かめてから「やって」（ちょうだいと同じサイン）をしてみせ，要求時に子どもからサインを出せるよう指導します。次に子どもの好きなものとサインとを結びつける指導をおこなった後，「○○（子どもの好きな物）ちょうだい」といった2語文につなげていきます。さらに絵カードや写真などを使って語彙を増やしていきます。

このような指導により，子どものコミュニケーション能力が発達するだけでなく，日常の適切なかかわりが増えることにより，子どもが落ち着いてくることが期待されます。

❼ 保育所・幼稚園におけるアセスメントと保育・指導計画

2008年に改正された保育所保育指針において，「障害のある子どもの保育については，一人一人の子どもの発達過程や障害の状況を把握し，適切な環境の下で，障害のある子どもが他の子どもと生活を通して共に成長できるよう，指導計画の中に位置づけること。また，子どもの状況に応じた保育を実施する観点から，家庭や関係機関と連携した支援のための計画を個別に作成するなど適切な対応を図ること。」とされ，同年改正された幼稚園指導要領においても「特別支援学校などの助言または援助を活用しつつ」関係機関と連携して「支援のための計画を個別に作成すること」とされました。

したがって，保育所・幼稚園における障害児のアセスメントは，家庭や福祉，医療機関との連携の中で行われ，保育所での保育計画や幼稚園での指導計画の中に位置づけられるとともに，子どもが中・長期的に家庭や地域，学校などでどのように支援されるべきかの個別支援計画にも活かされる必要があります。

したがって，障害児のアセスメントは個別のアセスメントとともに子ども集団や家庭・地域の中でのアセスメントも適切に行うことがとても重要です。そして実践した結果を家庭や関係機関とも連携して随時再評価する機会をもち，新たな指導方針・支援計画を立てていく，評価と計画の柔軟で継続的な見直しが，子どもの成長・発達にとってより高い効果を生むと思われます。　　　　　（高橋　実）

表32　仮説の例

例1：注目を得る
　アユミは一人ぼっちのまま10分以上経過すると大人の注目を得るためにモノを投げる。

例2：逃避
　アイは，難しい課題を援助なしで終わらせるように言われると，テーブルに頭を叩きつける。

例3：モノを得る
　タイチは，コンピューター・ゲームをするために，コンピューターの方に移動させられることを狙って，許可なくおしゃべりしたり，友だちに話しかけたりする。

例4：感覚刺激を得る
　トモヤは一人で居て，何も吸うモノをもっていないときに，自分の洋服の糸を引き抜く。

例5：具合が悪いことを訴える
　ヒロシは気分がよくないときに，他の人を叩く傾向が高まる。

例6：セッティング事象
　ケンは睡眠時間が8時間以下だったときに，難しい課題を一人で終わらせるようにいわれると，こぶしで自分の頭を叩くことが多くなる。
　アミは朝の一連の活動が妨害されて学校に遅れると，好きでない活動を行うようにいわれたときに，自分自身や友だちを引っかいてしまうことが多くなる。

出所：デムチャック，M.・ボサート，K. W. 著，三田地真実訳『問題行動のアセスメント』学苑社，2004年，47頁。

表33　表32の仮説に対する指導計画の例

例1：アユミと日常的にかかわれる小集団を組織して，ひとりぼっちになる場面をなくす。

例2：アイの発達検査等を行い，適切な課題を見つけ，上手くできたところを評価する声かけを必ず行う。

例3：活動の課題をしっかり行ったら，コンピューター・ゲームを決った時間行うという約束をする。

例4：トモヤの発達検査を行って能力の状況を把握し，発達段階にあった課題を与えたり，かかわり方を工夫したりする。

例5：具合の悪さを伝える方法を教え，そのときは休ませる。

例6：家庭との連携をはかり，8時間以上眠るように支援する。

表32の仮説の例をもとに高橋が作成

図27　体操や手遊び歌のタイトルのサイン

出所：津田望『ことばのない子のことばの指導』学習研究社，1998年，49頁。

知的障害児のアセスメントと発達支援

① 知的障害児のアセスメント

　知的障害児の発達支援をより効果あるものとするためには，最初に**アセスメント**を行います。アセスメントの結果が得られたら，その結果にもとづいて支援計画を立てることになります。支援計画が立てられたら，その計画に沿って，支援を行います。支援の結果について**モニタリング**を行い，支援内容の検討を行います。モニタリングのなかには再アセスメントも含まれます。モニタリングの結果にもとづいて，よりいっそう効果的な支援を展開していきます。

◯アセスメントの目的

　知的障害児の発達支援を行おうとする場合，どのような根拠にもとづいて，どのようなアプローチを行えばよいのかについて検討することが必要となります。そのようなときに，根拠となる手がかりを与えてくれるのが一人ひとりのアセスメントの結果です。アセスメントを通して，支援に必要な情報を得ていきます。アセスメントは，知的障害児を選別したり順位づけしたりするために行うのではありません。彼らを正しく，客観的に理解することを目的として行います。したがって，アセスメントは知的障害児の発達支援の見通しを立て，より効果的に支援を実施するために行うものでなければなりません。

◯アセスメントの方法

　知的障害児のアセスメントの方法には，以下のようなものがあります。

①面接法

　知的障害児を理解しようとする方法のひとつとして，面接法があります。

　面接は，多くの場合，知的障害児の母親（または父親）と本人とを対象として行います。母親との面接ばかりではなく，本人との面接も大切になってきます。知的障害児を言語面から見ると，音声による言葉を話せる子どもから話せない子どもまでいます。たとえ，言葉を話せない子どもであっても，こちらからの問いかけに対する反応などから多くの情報を得ることができます。さらに，言葉を話せる知的障害児の場合には，本人からの聞き取りが大切になってきます。話の内容に少々まとまりが欠けていたとしても，本人から直接聞き取りをして得られた情報は貴重なものといえます。

②観察法

　行動の観察を通して，子どもを理解しようとする方法です。観察法には，条

▷1　アセスメント
アセスメント（assessment）とは，「評価」「査定」という意味である。教育や福祉の領域においては，もう少し広い意味で用いられている。すなわち，種々の検査，現在の状況や生育歴の調査，などを通して，児童，生徒の情報を把握することをいう。

▷2　モニタリング
モニタリング（monitoring）とは，「監視」「点検」という意味である。教育や福祉の領域においては，支援の実施が，支援計画に沿って行われているか，また支援計画や支援の実施に無理や問題となる点などがなかったかどうかを，確認・点検することをいう。

件を統制せず，自然に起こる行動や事象を観察・記録する自然観察法と，観察
場面に統制を加え，目標となる行動を起こさせて，その行動にかかわる要因を
明らかにしようとする実験的観察法とがあります。

　観察法は，知的障害児を理解しようとする場合には，非常に大切な方法とい
えます。その対象は，言葉を話せなくて，面接法から十分に情報が得にくい子
どもばかりではなく，言葉を話せ面接法が可能な子どもについても，不安や緊
張から解放された場面での行動観察を通して得られる情報はたくさんあります。

③検査法

　知的障害児を対象として実施する心理検査としては，発達検査，知能検査，
言語検査などがあります。その主なものについて，表34に示しました。これら
の検査から，知的障害児の認知的側面を中心としてアセスメントを行います。
WISC-Ⅴ知能検査，田中ビネー知能検査Ⅴなどの個別式知能検査が実施でき
ない場合には，発達検査や社会生活能力検査を行います。なお，言語の発達段
階については，発達検査の下位検査結果やWISC-Ⅴの結果等からも情報が得
られます。

④その他：現況，生育歴

　さらに，本人にかかわる記録を収集します。まず，本人が今現在どのような
状況にあるのかを調べます。誰と生活しているのか，家庭から学校に通学して
いるのか，あるいは，入所施設で生活をしており，そこから学校に通学してい
るのか，特別支援学級に通っているのか，通常学級に通っているのか，また，
訓練機関に通っているか，など本人の現在の状況について把握します。

　次に，本人の生育歴を調べます。どのような環境のなかで育ってきたのか，
育ってきた経過のなかで，心に傷を負うような体験はなかったかどうか，など
本人の生育の歴史について調べます。

表34　よく使用される心理検査

検査名	特徴	適用年齢	発行年	出版社
遠城寺式乳幼児分析的発達検査法	乳幼児の発達を運動，社会性，言語の領域ごとに評価する	0歳-4歳7か月	2009	慶應義塾大学出版会
乳幼児精神発達診断法	乳幼児の行動を運動，探索・操作，社会，生活習慣，言語の領域ごとに評価する	0歳-7歳	1961-1965	大日本図書
WISC-Ⅴ知能検査	児童生徒の知能構造を明らかにする	5歳-16歳11か月	2021	日本文化科学社
田中ビネー知能検査Ⅴ	児童生徒の知能水準を明らかにする	2歳-成人	2003	田研出版
PVT-R絵画語い発達検査	基本的な「語いの理解力」の発達度を測定する	3歳0か月-12歳3か月	2008	日本文化科学社
S-M社会生活能力検査 第3版	子どもの日頃の様子から社会生活能力の発達を評価する	乳幼児-中学生	2016	日本文化科学社

出所：松原達哉編著『心理テスト法入門』日本文化科学社，1995年を参考にして作成。

　以上，アセスメントにあたっては，面接や観察の結果，種々の検査の結果，現況や生育歴について調べた結果などを総合して，子どもを多面的に把握していく必要があります。

② 知的障害児の発達支援

　知的障害児の発達支援にあたっては，一人ひとりの種々の側面を客観的にアセスメントした結果にもとづいて，進めていくことが大切になってきます。

○発達支援の場

　知的障害児の発達支援を行う場としては，表35に示したような所が考えられます。すなわち，子どもの生活の中心となる家庭や知的障害児施設，子どもが集団生活のために通う種々の学校，遊んだり行事を催したりする地域社会のなかの種々の場，個別治療を受けたりするリソースルームなどです。これら知的障害児が支援を受ける種々の場においては，さまざまなプログラムが用意されます。これらのプログラムの連携がうまくとれたとき，支援の効果が一層あがることになります。

○発達支援の方法

　知的障害児の発達支援にあっても，家庭，学校，地域社会などでの支援環境が，子どもの知的側面，情動的側面，運動面，など種々の側面における発達に大きな影響を及ぼします。さらに，表35に示したリソースルームなどにおいて，支援についての指導を受け，その方針に沿って家庭や学校などで支援を展開してゆけばより一層の効果が期待できます。そうした支援のうち，ここでは，長崎・古澤・藤田を参考にして，2つのアプローチについて簡単に触れます。

　ひとつは，子どもの発達段階に焦点をあて，子どもとどのようにかかわり，手助けをしていけばよいのかを考慮しながら支援を展開する発達論的アプローチです。この場合，発達のアセスメントを正しく行うことが重要となってきます。このアプローチにおいては，発達水準から見て達成可能な課題を選びます。

▷3　長崎勤・古澤頼雄・藤田継道編著『臨床発達心理学概論』ミネルヴァ書房，2002年。

▷4　同上書。

表35　知的障害児の発達支援を行う場

場	場 の 説 明
家　庭	養育者(主に親)，きょうだいなどと暮らす，子どもの生活の中心となる場である。
知的障害児施設	さまざまな理由から家庭での養育が困難であったりした場合に支援を行う場である。
クラス	子どもが集団生活のために通う，幼稚園，保育所，通園施設，通常学級，特別支援学級，特別支援学校，学童保育，などの場である。
地域社会	地域行事，買い物，遊び，レクリエーション，ボランティア活動，親の会活動，などの場である。
リソースルーム	クリニックなどの医療機関，相談室，通級指導教室など，主に個別治療，指導を行う場である。

出所：長崎・古澤・藤田，2002年を参考にして作成。

そして，その課題に対してどのような支援を行えば達成可能となるかを検討しながら，子どもに働きかけてゆきます。

もうひとつは，子どもの行動に焦点をあてて，行動を細かく分析しアセスメントを行いながら，新しい行動の形成をはかったり，不適切な行動の軽減・消失を試みたりする行動論的アプローチです。この行動論的アプローチは，食事に関連した行動や排泄行動など，子どもの身辺自立行動を形成しようとする場合などに多く用いられます。その他，自傷や他害など，問題行動と呼ばれる行動を軽減・消失しようとしてしばしば適用されたりします。

◯発達の支援にあたって

発達支援を行うにあたっては，個別性を重視し，子どもたちの自己選択・自己決定権を尊重していく姿勢が大切になってきます。

①個別性の重視

知的障害といわれる子どもを見ますと，言語理解のレベルに比べて発語のレベルが低い子ども，日常生活の中でのさまざまな事象の理解はよくできても数の理解が苦手な子ども，すぐに興奮して怒りやすい子ども，などその個人差には大きなものがあります。したがって，子どもたち一人ひとりの個別性を重視して発達支援にあたることが必要となってきます。近年多くのところで取り上げられてきている個別教育計画（IEP），個別の支援計画は，こうした考え方に沿ったものといえます。

知的障害児を個人として理解しようとする姿勢は，知的障害児を尊重する，ということにもつながっていきます。発達支援は，一人ひとり異なったニーズをもっていることを前提として行います。

②自己選択，自己決定権の尊重

知的障害児も，自分で選択し，決定することを通して，知的にも，社会的にも成長を遂げていきます。たとえば，誰と遊びたいのか，どのような遊びをしたいのか，何を食べたいのか，どこへ行きたいのか，など自分で選んだり，決めたりできる場面においては，支援にあたる者は可能な限り，本人の意思を尊重する姿勢が大切になってきます。自己選択能力，自己決定能力にも個人差があり，必ずしも本人から自己選択，自己決定のメッセージがスムースに得られるとは限りません。しかし，そのような場合にあっても，知的障害児の発達支援にあたる者は，本人の自己選択，自己決定を尊重し，それらをひき出そうとつねに工夫しながら支援を進めていくことが必要となります。

以上，知的障害児の発達支援にあたっては，子どもたち一人ひとりの個別性を重視し，自己選択・自己決定権を尊重しながら，進めていくことが大切であるといえましょう。

（生川善雄）

（参考文献）

日本知的障害者福祉協会調査・研究委員会『知的障害者のためのアセスメントと個別支援計画の手引き』日本知的障害者福祉協会，2004年。

③ 個別の教育支援計画

▶1　21世紀の特殊教育の
在り方に関する調査研究協
力者会議「21世紀の特殊教
育の在り方について——
一人一人のニーズに応じた
特別な支援の在り方につい
て（最終報告）」2001年。

▶2　厚生労働省「障害者
基本計画」2002年。

▶3　特別支援教育の在り
方に関する調査研究協力者
会議「今後の特別支援教育
の在り方について（最終報
告）参考資料」2003年。

① 「個別の教育支援計画」策定の社会的背景

　まず第一に，「21世紀の特殊教育の在り方について（最終報告）」（2001（平成13）年1月）のなかで，「教育，福祉，医療，労働等が一体となって乳幼児期から学校卒業後まで障害のある子ども及びその保護者等に対する相談及び支援を行う体制を整備する」と提言されました。この最終報告の主旨を受けて，各都道府県で「障害のある子どものための教育相談体系化推進事業」が推進され，「障害のある子どものための教育相談マスタープラン」が策定されています。

　第二に，今後10年間の障害者施策の基本的方向について定めた「障害者基本計画」（2002（平成14）年12月）に示された基本方針として，「障害のある子ども一人一人のニーズに応じてきめ細かな支援を行うために，乳幼児期から学校卒業後まで一貫して計画的に教育や療育を行うとともに，学習障害，注意欠陥多動性障害，自閉症などについて教育的支援を行うなど教育・療育に特別なニーズのある子どもについて適切に対応する」ことが示されました。また，この「障害者基本計画」には，重点施策実施5か年計画，いわゆる「新障害者プラン」が併せて示されました。そのなかで「盲・聾・養護学校での個別の支援計画の策定」（2005（平成17）年度まで）が明示されました。これは，障害のある子どもの「個別の教育支援計画」の策定を目指したものといえます。

　第三に，「今後の特別支援教育の在り方について（最終報告）」（2003（平成15）年3月）のなかで，今後の特別支援教育を推進していく際の新たな仕組みとして，障害のある幼児児童生徒一人ひとりへの教育的支援の内容を明らかにした「個別の教育支援計画」の策定などが提言されました。これは，障害のある幼児児童生徒を生涯にわたって支援する観点から，教育・福祉・医療・労働などの関係者・関係機関が相互に連携し合い，障害のある幼児児童生徒の多様なニーズに適切に対応する教育的支援を効果的に行うためです。

　上記のような社会的背景を踏まえて，今日障害のある幼児児童生徒一人ひとりについて「個別の教育支援計画」を新たに策定することが求められています。

② 「個別の教育支援計画」の概要

　「今後の特別支援教育の在り方について（最終報告）」（2003（平成15）年3月）の参考資料に掲載された「『個別の教育支援計画』について」を，以下に一部

引用します。⁴

▶ 4 同上書。

（1）計画の概要

1）作成の目的

「個別の教育支援計画」は，障害のある児童生徒の一人一人のニーズを正確に把握し，教育の視点から適切に対応していくという考えの下，長期的な視点で乳幼児期から学校卒業後までを通じて一貫して的確な教育的支援を行うことを目的とする。

また，この教育的支援は，教育のみならず，福祉，医療，労働等の様々な側面からの取組が必要であり，関係機関，関係部局の密接な連携協力を確保することが不可欠である。他分野で同様の視点から個別の支援計画が作成される場合は，教育的支援を行うに当たり同計画を活用することを含め教育と他分野との一体となった対応が確保されることが重要である。

2）対象範囲

障害のある幼児や児童生徒（以下，単に「児童生徒」という。）で，特別な教育的支援の必要なもの。※幼稚園から盲・聾・養護学校の高等部，高等学校段階までの者を中心に考える。

　　○障害の範囲

視覚障害，聴覚障害，知的障害，肢体不自由，病弱，言語障害，情緒障害，LD，ADHD，高機能自閉症　等

3）内容

計画の作成を担当する機関を明らかにして，以下の内容を盛り込んだ計画を作成・改訂を行う。

①特別な教育的ニーズの内容

②適切な教育的支援の目標と内容

障害の状態を克服・改善するための教育・指導を含め必要となる教育的な支援の目標及び基本的内容を明らかにする。福祉，医療等教育以外の分野からの支援が必要となる場合はその旨を併せて記述する。

なお，従来より，盲・聾・養護学校において学期毎又は年間の具体的な指導の目標，内容等を盛り込んだ指導計画として毎年作成されてきた個別の指導計画は，一人一人の教育的ニーズに対応して指導の方法や内容の明確化を図るものであり，学校でのきめ細かな指導を行うために今後とも有意義なものと考える。この個別の指導計画は，乳幼児期から学校卒業後までを通じて長期的な視点で作成される「個別の教育支援計画」を踏まえ，より具体的な指導の内容を盛り込んだものとして作成される。なお，この個別の指導計画が既に「個別の教育支援計画」の内容を包含するなど，同様の機能を果たすことが期待される場合には，その学校の個別の指導計画を「個別の教育支援計画」として扱うことが可能である。

③教育的支援を行う者・機関

保護者を含め，教育的支援を行う者及び関係機関と，その役割の具体化を図る。

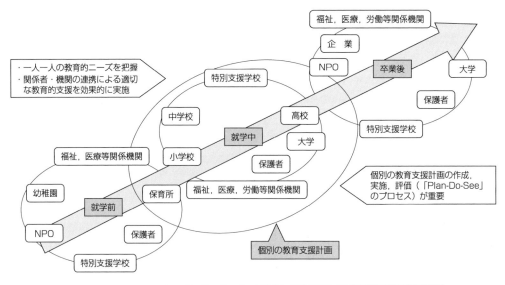

図28　「個別の教育支援計画」の概要——障害のある子どもを生涯にわたって支援

出所：全国特殊学校長会「盲・聾・養護学校における『個別の教育支援計画』について（中間まとめ）」2004年，103頁の図を一部改変。

　.4）プロセス

　　作成を担当する機関が以下の手順で計画の作成・点検を行う。

　①障害のある児童生徒の実態把握

　②実態に即した指導目標の設定

　③具体的な教育的支援内容の明確化

　④評価

❸「個別の教育支援計画」と「個別の指導計画」との関係

　「個別の教育支援計画」は，障害者基本計画において示された「個別の支援計画」と基本的には同じものであると考えられます。厳密には，「個別の支援計画」を教育機関が中心となって策定する場合に，これを「個別の教育支援計画」と呼びます。すなわち，「個別の教育支援計画」は，障害児者の生涯にわたって策定される「個別の支援計画」の中に包含されるものであり，その教育版であるといえます。

　「個別の教育支援計画」は，障害のある子どもが生活していくうえで必要な支援を保健，福祉，医療，労働等の各機関等との緊密な連携協力体制の下で，学校等の教育機関が中心となって策定するものです。このことは，障害のある子どもを，地域社会に住む一員として地域社会全体で支援していくという考え方に立って，児童生徒や保護者等の家族一人ひとりが必要としているニーズに対して，地域社会のなかで生涯にわたって必要な支援をしていくことでもあります。

　これに対して，「個別の指導計画」は，これまでの学校内での障害のある子

ども一人ひとりの教育課程をより具体化したもので，一人ひとりの指導目標や指導内容・方法を明確化したものであり，個に応じたきめ細かな指導を行うために作成されてきました。障害のある子ども一人ひとりの障害の状態や発達段階等に応じた適切な指導目標を設定して指導を行うよう，自立活動や各教科等の指導において作成されています。

　したがって，「個別の教育支援計画」と「個別の指導計画」は観点は異なりますが，両者とも障害のある子どもを支援し，指導していく上で不可欠なツールといえます。基本的には，まず長期的なスパンで策定される「個別の教育支援計画」を策定し見通しをもった上で，学校内での「個別の指導計画」をきめ細かに作成して実践していくということになります。

　2017（平成29）年の特別支援学校の学習指導要領の改訂では，特別支援学級や通級指導教室においても，自立活動の指導が一層重視され，新たに，個別の教育支援計画と個別の指導計画を作成し，効果的に活用することが示されています。

❹ 「個別の教育支援計画」策定のための条件整備

　障害のある子どもの生涯において，とくに，就学期と卒業期は，本人はもちろんのこと，家族においても，生活環境が大きく変化する移行期に当たります。この時期を「個別の教育支援計画」に基づいた適切な支援を受けながら，よりスムーズに移行できるようにすることが大切です。そこで次に，「個別の教育支援計画」の策定を推進する上で必要な条件整備について述べます。

　〇**特別支援学校から小・中学校等への策定支援**

　特別支援学校は，地域における特別支援教育のセンター的役割を発揮し，「個別の教育支援計画」のこれまでの策定経験を生かして，地域の小・中学校等における「個別の教育支援計画」の策定を支援していく役割があります。

　〇**「個別の教育支援計画」の個人情報保護の鉄則**

　「個別の教育支援計画」の策定に当たっては，多くの関係機関や関係者がかかわることになるため，その管理には個人情報保護の観点から十分に留意する必要があります。

　〇**進級時や進学時等の「個別の教育支援計画」の引き継ぎ**

　児童生徒の進級や進学，卒業等に際し，「個別の教育支援計画」の策定担当機関等が変更になる場合には，引き続き一貫した支援ができるように，策定業務の引き継ぎを行うことがとくに重要です。

（姉崎　弘）

参考文献

　姉崎弘『特別支援教育──「障害特性の理解」から「教員の専門性向上」へ』大学教育出版，2006年。
　菅井裕行他「全国盲・聾・養護学校における自立活動に関する調査（3）──個別の指導計画をめぐる実態を中心に」『日本特殊教育学会第40回大会発表論文集』2002年，385頁。

個別の移行支援計画

 個別の教育支援計画

　2003（平成15）年３月に文部科学省より，「今後の特別支援教育の在り方について（最終報告）」が出された際，そのなかで教育，福祉，医療，労働等が一体となって乳幼児期から学校卒業後まで，障害児とその保護者等に対する一貫した「個別の教育支援計画」の必要性が強調されました。

　この教育支援計画において，高等部・高等学校レベルにある生徒およびその保護者に重点においた社会的自立を目ざす支援計画は，後述するように「個別移行支援計画」といわれています。

　「個別の教育支援計画」は，もともとは，アメリカにおける1975年の「全障害児教育法」（Education for All Handicapped Children Act: P. L. 94-142）におけるIEP（Individualized Education Program, 個別教育プログラム）の影響かと思われます。その後，同法が改正されていった際に，IEPの一貫をなすものとして学校卒業期にあるすべての生徒を対象に，生徒が卒業後に学校から就職の場へ円滑に移行できることを目ざしたITP（Individualized Tradition Program 個別の移行プログラム）の作成が要求されてきました。わが国における個別の移行支援計画は，これに示唆を受けたものです。

 個別の移行支援計画と個別の教育支援計画

　障害のある子どもの「個別の教育支援計画」においては，上記の最終報告に見られるように子どもの発達段階に応じて，乳幼児期から学校卒業後まで一人ひとりのニーズに対応して，就学前（小学校または特別支援学校の小学部就学前），就学中（小・中学校，高等学校または特別支援学校に就学している段階），卒業後（高等学校，特別支援学校の高等部卒業後）のそれぞれの段階で個別の支援を行う計画を策定します。

　その際，その計画の一貫である個別の移行支援計画は，障害のある生徒一人ひとりの就業を促進して各生徒が就労先を得て社会生活へ参加していくのを支援するための計画であるので，この計画の主対象は，特別支援学校高等部に在学する生徒とそこを卒業する生徒になります。しかし，実際には，在学する生徒を一般企業等への就労を目指して進路指導を行っても，それぞれの生徒が希望する職種のところに就労して社会生活へ移行することは困難です。というの

は，卒業時になっても就労先がなかなか決まらない生徒がいたり，卒業後短期間に就労先を変えたりする者がいたりするからです。また，生活の場を家庭から通勤寮などへ変えようとする者もいるからです。

○ 個別の移行支援計画

それ故，「個別の移行支援計画」については，すべての生徒が在学中に活用する「個別の移行支援計画(1)」に加えて，卒業後においても必要とされる支援内容を関係機関の協力で，明確にしておく必要からしばしば「個別の移行支援計画(2)」をおくことがいわれています。「個別の移行支援計画」は，生徒の学校を中心とした生活から，卒業後の就労を中心とした社会生活への移行を目指した支援計画であるので，この計画には，進路相談，進路学習，インターンシップ（就業体験），移行の課題達成の具体的な手立てなどが含まれています。

○ 移行とは

なお，「個別の移行支援計画」においていわれる「移行」は，学校生活を中心とした生活から，卒業後の就労を中心とした地域社会での生活への移行の意味で使われますが，このような「移行」の概念は，アメリカで1975年の「全障害児教育法」を修正して1990年に公布された「障害者教育法」（IDEA, P. L. 101-476）（Education of the Handicapped Act Amendments of 1990）における移行サービス（tradition services）の規定に由来しています。同法ではIEPと関連づけてITPとして「移行」の内容が示されています。そこでいわれているITPは，「IEP（個別の教育支援計画)」に含めて解されています。

○ 個別の移行支援計画(1)

「個別の移行支援計画」における「移行」には，次の段階へ向けての準備期ないしは節目といった意味も考えられますが，移行期を，高等部への入学から卒業までの3年間と卒業後の3年間を合わせた計6年間と考える立場もあります。前半の3年間については，入学してから3年間にわたって生徒とその家族の状況等を知って，個別の指導等をしてきた学校が，「個別の移行支援計画(1)」で当該生徒の進路選択において中心的な役割を果たすことになります。

○ 個別の移行支援計画(2)

また，卒業後のおおむね3年間にわたる「個別の移行支援計画(2)」においては，卒業期に内定していた進路先が，しっかりと定着していくように支援したり，定着困難で，離・転職に関する支援が必要となる場合に就労支援関係機関との連携を図ったりします。この支援期間は3年間程度が妥当とされています。

要約していえば，「個別の移行支援計画(1)」は，個人のニーズにもとづいて自立と社会参加へ向けて生徒を指導することに，また，「個別の移行支援計画(2)」は，就労直後の生徒が職場へ定着するように導くことに，それぞれ重点をおいています。

（石部元雄）

▷1　東京都立青鳥養護学校編『一人一人のニーズに応じた社会参加へのサポート——個別移行支援計画Ｑ＆Ａ応用編』東京都生活文化局。全国特殊学校長会編『障害児・者の社会参加をすすめる個別移行支援計画』ジアース教育新社，2002年。

▷2　IDEA
Individuals with Disabilities Education Act の略。ヒューワード，W. L. 著，中野良顯他監訳『特別支援教育』明石書店，2007年の第1章を参照。

▷3　こうした立場については，▷1の文献を参照。

特別支援学校教諭等の資格と養成

　障害児教育・療育は，特別支援学校の教員や障害児施設の職員をはじめ多くの専門職員によって支えられています。これらの職員になるには，それぞれの専門職に応じた資格を取得する必要があります。資格の取得の方法は職種により違いはありますが，多くは認定を受けた養成機関で必要な単位を履修すること，ときには国家試験を受け合格することが要求されます。ここでは，教育関係の特別支援学校教諭等，福祉関係の保育士・社会福祉士・介護福祉士，さらに医療関係の理学療法士・作業療法士・言語聴覚士などの資格と養成について述べることにします。

 特別支援学校教諭（特別支援教育コーディネーターを含む）等の資格と養成

◯特別支援学校教諭免許状にはどんな種類があるか

　障害児教育において，特殊教育から特別支援教育への体制移行に向けて，学校教育法や教育職員免許法が一部改正されました。これにより，従来の盲・聾および養護学校が障害種別を超えた特別支援学校に一本化されるにともない，これまでの盲学校，聾学校および養護学校ごとの教諭免許状を総合化した特別支援学校教諭免許状に変更されました。

　障害児教育は，障害の種類や程度に応じて必要な指導や適切な支援が行われることから，特別支援学校の教員になるには，通常学校の教員に比べて特別なニーズに対応できる高度の専門性が要求されます。特別支援学校の教員になるためには，まず基礎資格として通常の学校，すなわち幼稚園，小学校，中学校，高等学校の教諭免許状（これを基礎免許状といいます）を所有しなければなりません。そのうえに，障害児教育の種別に応じて，たとえば，視覚障害者，聴覚障害者，知的障害者，肢体不自由者，病弱者（身体虚弱者を含む）に関する特別支援教育の領域のなかから1または2以上の領域について授与される特別支援学校教諭免許状を取得する必要があります。つまり，特別支援学校教諭免許状は，基礎免許状を有する者に，大学等で特別支援教育の領域について所定の科目と必要単位数を修得したとき，授与権者である都道府県教育委員会により授与されます。

　特別支援学校教諭免許状には，これまでの盲・聾および養護学校教諭の普通免許状の場合と同様に，一種免許状，二種免許状および専修免許状の3種が定められています。免許状を取得する基礎資格として，それぞれ一種免許状につ

いては学士の学位を有し，当該の基礎免許状を所有すること，二種免許状については基礎免許状を有すること，および専修免許状については修士の学位を有し，基礎免許状を所有することが必要です。

　また，学校の教員として良好な成績で勤務した一定の教職経験年数を有し，大学等で所定の単位を修得した者で，所持免許状より上級の免許状を求める者あるいは他教科の免許状の授与を求める者に対しては，教育職員検定により，授与権者である都道府県教育委員会がその資格の有無を検査し，充足している者に資格が認定されます。

●教諭免許状を取得するのに必要とされる履修科目と修得単位

　基礎免許状を所有したうえで，特別支援学校教諭の普通免許状を取得するために必要とされる特別支援教育に関する専門教育科目の最低修得単位数は，一種免許状の場合には合計26単位を，二種免許状の場合には16単位を，また専修免許状を取得するには50単位をそれぞれ修得することになっています。特別支援教育の専門科目としては，表36に示すように，第一欄には特別支援教育の基礎理論に関する科目が，第二欄には特別支援教育領域に関する科目として，心理，生理及び病理に関する科目と，教育課程及び指導法に関する科目が，第三欄には免許状に定められることとなる特別支援教育領域以外の領域に関する科目が，第四欄には教育実習がそれぞれ，最低修得単位数とともに規定されています。

表36　特別支援教育に関する科目および最低修得単位数

特別支援教育に関する科目		左の科目に含めるべき科目	担任可能領域	最低修得単位数					
				二種		一種		専修	
第一欄	特別支援教育の基礎理論に関する科目		全領域	2		2		2	
第二欄	特別支援教育領域に関する科目	心身に障害のある幼児，児童又は生徒の心理，生理及び病理に関する科目	視覚又は聴覚	1	4	1	8	1	8
		心身に障害のある幼児，児童又は生徒の教育課程及び指導法に関する科目		1		2		2	
		心身に障害のある幼児，児童又は生徒の心理，生理及び病理に関する科目	知的，肢体又は病弱	1	2	1	4	1	4
		心身に障害のある幼児，児童又は生徒の教育課程及び指導法に関する科目		1		2		2	
第三欄	免許状に定められることとなる特別支援教育領域以外の領域に関する科目	心身に障害のある幼児，児童又は生徒の心理，生理及び病理に関する科目	全領域	3		5		5	
		心身に障害のある幼児，児童又は生徒の教育課程及び指導法に関する科目							
第四欄	心身に障害のある幼児，児童又は生徒についての教育実習		全領域	3		3		3	

（二種欄8，一種欄16，専修欄16）

表37　特別支援教育コーディネーター養成研修の内容例

形態	講義等の題目
講義	特別支援コーディネーター概論
講義	コーディネーターに求められる個人情報の管理
講義	支援体制の構築とチームによる支援
講義	関係機関とのネットワークの構築
講義	特別な教育的ニーズのある子どもの教育の実践に関すること
演習	事例研究―チームによる支援―
演習	事例研究―ネットワークの構築―
演習	連絡・調整力の養成・向上
講義	コーディネーションの計画と評価

出所：文部科学省「特別支援教育コーディネーター養成研修について――その役割・資質・技能，及び養成研修の内容例」2004年，2頁。

○特別支援教育コーディネーターの役割と養成研修

　特別支援学校の教員には，障害に応じた特別支援教育領域の専門性が求められるほかに，特別支援学校が地域の小・中学校等に対する支援を行うといった特別支援教育のセンター的機能を実施するため，特別支援学校が対象とする5種類の障害種別（視覚障害・聴覚障害・知的障害・肢体不自由・病弱）および言語障害，情緒障害に加えて，学習障害・ADHD（注意欠陥多動性障害）・高機能自閉症等の発達障害に関する幅広く基礎的な知識を有していることが期待されています。

　特別支援教育コーディネーターの役割としては，①校内の関係者や関係機関との連絡・調整，②保護者に対する学校の窓口，③小・中学校等への支援，④地域内の特別支援教育のセンターとして関係機関とのより密接な連絡・調整が期待されています。

　現在のところとくに特別支援教育コーディネーターに指名される教員については，特別な免許状や資格に関する要件は規定されていませんが，しかし職務遂行に対してはより高度の資質能力が要求されます。このため，都道府県および市町村レベルで特別支援教育コーディネーターの養成研修が教育委員会を中心に実施されています。その研修内容は，表37のように，発達障害を中心にした講義からコーディネーションの演習まで内容も形態も多方面にわたっています。さらに，大学院レベルでも，演習・実習を中核にした特別支援教育コーディネーター養成コースが開設されています。

❷ 特別支援学校教諭の養成

○大学学部・大学院課程における教員養成

　障害児教育教員の養成は，原則として大学において行われ，教諭免許状は所定の教職課程を置くいずれの大学で履修した者にも授与されます。養成は，標

準4年間の学部課程および大学院課程において，①国立大学法人の教員養成系大学・学部に設置された当該の教員養成課程，②その他の教職課程の認定を受けた課程認定大学で行われています。その場合，これら教員養成課程以外の課程に在籍する学生でも，特別支援学校教諭免許状取得に必要な単位を修得すれば，該当する免許状を取得できます。

○特別専攻科・臨時教員養成課程

特別支援学校教員養成課程に併設して，一般の教員養成課程の卒業者および現職教員を対象とする修業年限1年の養成課程として，特別専攻科と臨時教員養成課程が設置されています。前者は，学生として入学させ履修基準を満たせば課程修了を認定するのに対して，後者は聴講生の課程です。入学資格は，両者とも基礎免許状を有する（取得見込を含む）必要はありますが，特別専攻科は大学卒業資格を有することが必要です。課程修了によって，一種免許状を取得できますが，特別専攻科のなかには専修免許状を取得できるコースも設置されています。

○自立教科等担任教員の特別免許状

普通免許状の他に，特別支援学校には理療（あん摩，マッサージ，指圧等に関する基礎的な知識技能の修得を目標とした教科をいいます），理学療法，理容その他の職業についての知識技能の修得に関する教科および学習上または生活上の困難を克服し自立を図るために必要な知識技能の修得を目的とする教育に係る活動（自立活動）といった自立教科等を担当する教員の特別免許状があります。この免許状を所有していれば，いわゆる基礎免許状を所持しなくても当該学校の高等部の教員になることができます。

○特別支援教育（自立活動）教員資格認定試験

特別支援学校において自立活動を担当する教員を広く確保するため，とりわけ医療関係の理学療法士，作業療法士，言語聴覚士等に教員資格を与えるため設けられたのが，教員資格認定試験制度です。視覚障害教育，聴覚障害教育，肢体不自由教育，言語障害教育ごとに自立活動教諭の教員資格認定試験が隔年ごとに実施されており，合格者は当該教育の自立活動教諭免許状を取得できます。

○免許法認定講習

特別支援学校の教員等で基礎免許状のみを有する者に，特別支援教育の当該領域の免許状を取得させることを目的として，文部科学省は教育委員会または大学と共催で免許法認定講習を実施しています。認定講習を開設することができる者は，講習の課程に相当する課程を設置する大学，あるいは免許法に定める授与権者である都道府県教育委員会です。

認定講習における単位は，授業時数の5分の4以上出席し，開設者の行う試験，論文，報告書その他による成績審査に合格した者に授与されます。講習の多くは夏期休業や土・日曜日に開催されています。　　　　　　（柳本雄次）

（参考文献）

石部元雄・柳本雄次編著『ノーマライゼーション時代における障害学』福村出版，2000年。

文部科学省初等中等教育局特別支援教育課「平成16年度特別支援教育の推進に関する資料」2004年。

文部科学省「特別支援教育の推進のための学校教育法等の一部改正について（通知）」2006年。

特殊教育研究会編『新・特殊教育概論』八千代出版，1992年。

福祉関係専門職の資格と養成

　障害児療育に関連する専門職と職務内容は，児童福祉施設を例にあげると，施設長・事務職員などによる施設の経営・管理的業務，児童指導員・保育士などによる生活指導・介護・教育，医師・看護師・療法士・栄養士などによる専門的処遇と多種多様であり，福祉領域はさまざまな専門職によるチームワークが不可欠であることがわかります。ここでは，そのうち，保育士・社会福祉士・介護福祉士の福祉関係専門職の資格と養成を取り上げます。

 保育士

　保育士は，児童福祉法に定められた施設，たとえば保育所，児童養護施設，障害児入所施設，児童発達支援センターなどに置かれて，児童の保育や保護者への保育に関する指導を行う職員です。

　保育士になるためには，厚生労働大臣の指定する保育士を養成する学校その他の施設を卒業するか，都道府県の実施する保育士試験に合格しなければなりません。

　養成機関への入学資格は，学校教育法による高等学校を卒業した者もしくは通常の課程による12年の学校教育を修了した者または文部科学大臣においてこれと同等以上の資格を有すると認定した者で，修業年限は昼間部については2年以上，夜間部および昼間定時制については3年以上です。

　保育士養成課程の教科目は，表38に示す必修科目と，選択必修科目および教養科目から編成されています。必修科目51単位，選択必修科目9単位以上，教養科目8単位以上で，保育士資格取得に必要な総履修単位数は68単位以上となります。

　また，保育士試験の受験資格は，①学校教育法による大学に2年以上在学して62単位以上修得した者，または高等専門学校を卒業した者，その他その者に準ずる者として厚生労働大臣の定める者，②学校教育法による高等学校を卒業した者もしくはそれに準ずる者であって，児童福祉施設において2年以上児童の保護に従事した者，③児童福祉施設において，5年以上児童の保護に従事した者，④厚生労働大臣の定める基準に従い，都道府県知事において適当な資格を有すると認

表38　保育士養成課程の必修科目および単位数

系　列	教科目	授業形態	単位数
保育の本質・目的に関する科目	保育原理	講義	2
	教育原理	講義	2
	子ども家庭福祉	講義	2
	社会福祉	講義	2
	子ども家庭支援論	講義	2
	社会的養護Ⅰ	講義	2
	保育者論	講義	2
保育の対象の理解に関する科目	保育の心理学	講義	2
	子ども家庭支援の心理学	講義	2
	子どもの理解と援助	演習	1
	子どもの保健	講義	2
	子どもの食と栄養	演習	2
保育の内容・方法に関する科目	保育の計画と評価	講義	2
	保育内容総論	演習	1
	保育内容演習	演習	5
	保育内容の理解と方法	演習	4
	乳児保育Ⅰ	講義	2
	乳児保育Ⅱ	演習	1
	子どもの健康と安全	演習	1
	障害児保育	演習	2
	社会的養護Ⅱ	演習	1
	子育て支援	演習	1
保育実習	保育実習Ⅰ	実習	4
	保育実習指導Ⅰ	演習	2
総合演習	保育実践演習	演習	2

定した者，のいずれかに該当する必要があります。

保育士試験の試験科目は，社会福祉，子ども家庭福祉，保育の心理学，子どもの保健，子どもの食と栄養，保育原理，教育原理，社会的養護，保育実習理論で，連続した3年間ですべての科目に合格すれば，資格を得ることができます。

② 社会福祉士

社会福祉士は，児童・障害者・高齢者関係の福祉施設，相談機関，社会福祉協議会，保健・医療機関などで，ソーシャルワーカー，生活指導員，生活相談員として働く職員の，業務独占ではなく名称独占の資格です。その職員は専門的知識および技術をもって，身体上もしくは精神上の障害があることまたは環境上の理由により日常生活を営むのに支障がある者の福祉に関する相談に応じ，助言，指導その他の援助を行うことを業とします。社会福祉士国家試験を受験する資格要件には，①社会福祉系大学で指定科目を修め卒業した者，②3年制（2年制）福祉系の短期大学等で指定科目を修め卒業し，指定施設において1年（2年）以上相談援助業務に従事した者，③福祉系大学で社会福祉の基礎科目を修め卒業し，短期養成施設で6か月以上修業した者，④3年制（2年制）福祉系の短大等で基礎科目を修め卒業し，1年（2年）以上相談援助業務に従事し，短期養成施設で6か月以上修業した者など，13のルートが規定されています。

国家試験は年1回実施され，試験科目は，現代社会と福祉，相談援助の理論と方法，地域福祉の理論と方法，障害者に対する支援と障害者自立支援制度，児童や家庭に対する支援と児童・家庭福祉制度他14科目です。

③ 介護福祉士

介護福祉士は，障害者や高齢者関係の福祉施設，在宅介護の相談機関，地域型支援センターなどで，介護職員，ケアワーカー，ホームヘルパーなどとして働く職員の，業務独占ではなく名称独占の資格です。その職員は身体上または精神上の障害があることにより日常生活を営むのに支障がある者につき心身の状況に応じた介護（喀痰吸引その他のその者が日常生活を営むのに必要な行為であって，医師の指示の下に行われるものを含む）を行い，ならびにその者およびその介護者に対して介護に関する指導を行うことを業とします。

介護福祉士の資格は，3年以上介護業務に従事するか，福祉系高等学校で所定科目を修得した者は試験に合格しなくてはなりませんが，介護福祉士養成施設を卒業した者は無試験で資格を取得できます。国家試験は年1回行われ，試験は筆記試験と実技試験に分かれ，筆記試験は，人間の尊厳と自立，介護の基本，人間関係とコミュニケーション，コミュニケーション技術，社会の理解，生活支援技術，介護過程，発達と老化の理解，認知症の理解，障害の理解，こころとからだのしくみ，医療的ケア，総合問題の科目です。　　　　（柳本雄次）

（参考文献）
石部元雄・柳本雄次編著『ノーマライゼーション時代における障害学』福村出版，2002年。
障害者福祉研究会監修『障害保健福祉六法』中央法規，2001年。

　医療関係専門職・心理関係専門職の資格と養成

　医療関係専門職（理学療法士・作業療法士・言語聴覚士）の資格と養成

○理学療法士（Physical Therapist：PT）

　理学療法士は，身体に障害のある者に，主としてその基本的動作能力の回復を図るため，治療体操，その他の運動を行わせ，および電気刺激，マッサージ，温熱その他の物理的手段を加えることを行う職員で，業務独占の資格です。

　理学療法士になろうとする者は，国家試験に合格し，厚生労働大臣の免許を受けなければなりません。理学療法士受験の資格要件には，①学校教育法による高等学校を卒業後，理学療法士養成学校か養成施設で3年以上理学療法の知識と技術を修得した者，②作業療法士資格保持者で，文部科学大臣指定の学校か厚生労働大臣指定の養成学校で2年以上理学療法の知識と技術を修得した者，③日本以外の国で理学療法に関する学校を卒業したか，免許を取得した者で，厚生労働大臣が適当と認定した者，の3ルートがあります。国家試験は年1回実施され，筆記試験と口述・実技試験が行われています。

○作業療法士（Occupational Therapist：OT）

　作業療法士は，身体または精神に障害のある者に対して，主としてその応用的動作能力または社会的適応能力の回復を図るため，手芸，工作その他の作業を行わせることを医師の指示のもとに行う職員で，業務独占の資格です。

　国家試験の受験資格は，理学療法士に準じ，①学校教育法による高等学校を卒業後，作業療法士養成学校か養成施設で3年以上作業療法の知識と技術を修得した者，②理学療法士資格保持者で，文部科学大臣指定の学校か厚生労働大臣指定の養成学校で2年以上作業療法の知識と技術を修得した者，③日本以外の国で作業療法に関する学校を卒業したか，免許を取得した者で，厚生労働大臣が適当と認定した者，の3ルートがあり，国家試験も年1回実施され，筆記試験と口述・実技試験が行われています。

○言語聴覚士（Speech Therapist：ST）

　言語聴覚士は，従来は言語療法士と総称され関係団体の認定資格でしたが，1997年法制化された国家資格です。音声機能，言語機能または聴覚に障害のある者に対して，その機能の維持向上を図るため，言語訓練その他の訓練，必要な検査および助言，指導その他の援助を行うことを業とする者をいいます。

　資格を取得するには，大学・短期大学やリハビリテーション学院などの養成

機関で必要な知識・技能を修得し，言語聴覚士国家試験に合格することが必要となります。

2　心理関係専門職の資格と養成

○公認心理師

わが国で初の心理職の国家資格として2015年9月に公認心理師法が公布され，2017年9月に全面施行されました。公認心理師とは，保健医療，福祉，教育その他の分野において，心理学に関する専門的知識及び技術をもって，①支援を要する者の心理状態を観察し，その結果を分析すること，②その心理に関する相談に応じ，助言，指導その他の援助を行うこと，③関係者に対し，その相談に応じ，助言，指導その他の援助を行うこと，④心の健康に関する知識の普及を図るための教育及び情報の提供を行うことを業とする者をいい，名称独占の資格です。受験資格は，①大学において心理学その他の公認心理師となるために必要な科目を修めて卒業し，大学院において必要な科目を修めてその課程を修了した者，②大学において必要な科目を修めて卒業し，施行規則で定める施設において一定期間以上特定の業務に従事した者等に与えられます。試験は，2018年に第1回試験が行われ，毎年1回以上実施されることになっています。

○臨床心理士

臨床心理士は，臨床心理学の知識と技術を用いて心理的な問題を扱う心の専門家です。財団法人日本臨床心理士資格認定協会による認定資格ですが，心理関係の資格としてはもっとも専門性が高く，人気のある資格です。

臨床心理士は，①心理的な問題をもつ人の特徴を明らかにし，どのような援助が適切か検討するための面接，観察や心理テストによるアセスメント，②その人の特徴に応じてさまざまな心理学的技法を用いた相談，助言等の援助，③その人の問題を解決するため地域や周囲の人々に働きかける援助（コンサルテーション）を行います。教育の分野では，学校の相談室，教育センターなどでカウンセラーとして，子どもの発達，学業，生活面の問題に対する相談や指導等の心理的援助を本人や保護者に行い，教師への働きかけや必要があれば他の機関への橋渡しも務めます。福祉の分野では児童相談所，障害者更生相談所，障害児福祉施設などで，子どもの心身の発達，非行や障害のある人の福祉に関して心理的側面からの援助を担当します。

臨床心理士の資格を取得するには，原則として協会が認可する指定大学院の心理学系コースを修了後1年以上の心理臨床経験を経て，臨床心理士認定試験を受験することが基本になります。試験は，年1回，筆記試験と口述面接試験により行われています。

（柳本雄次）

▷　その他，現在学会を中心にさまざまな心理職の資格が認定されている。日本カウンセリング学会認定の認定カウンセラー，日本学校教育相談学会認定の学校カウンセラー，日本進路指導学会認定のキャリアカウンセラー，学校心理士認定機構の学校心理士，日本LD学会認定の特別支援教育士，日本教育カウンセラー協会認定の教育カウンセラー，日本福祉心理学会認定の福祉心理士などがある。

（参考文献）

石部元雄・柳本雄次編著『ノーマライゼーション時代における障害学』福村出版，2002年。

障害者福祉研究会監修『障害保健福祉六法』中央法規，2002年。

合理的配慮

▷1　障害者の権利条約
条約は2008年5月3日に発効した。日本は2007年9月28日に署名を行い，2014年1月20日に批准した。条約は，教育関係においては日本国憲法と教育基本法の間に位置するものであり，特別支援教育にも大きな影響が及ぶことになる。なお，本稿での条文の訳は，外務省の訳（http://www.mofa.go.jp/mofaj/gaiko/jinken/index_shogaisha.html）に基づいている。

▷2　原文は文部科学省のホームページ（http://www.mext.go.jp/b_menu/shingi/chukyo/chukyo3/044/houkoku/1321667.htm）を参照。

▷3　具体的には，「障害のある子どもが，他の子どもと平等に『教育を受ける権利』を享有・行使することを確保するために，学校の設置者及び学校が必要かつ適当な変更・調整を行うことであり，障害のある子どもに対し，その状況に応じて，学校教育を受ける場合に個別に必要とされるもの」であり，「学校の設置者及び学校に対して，体制面，財政面において，均衡を失した又は過度の負担を課さないもの」と定義されている。

1　障害者の権利条約と合理的配慮

　合理的配慮は，2006年12月13日に国連で採択された「**障害者の権利条約**[1]」の中で用いられている新しい重要な概念です。条約の第2条で合理的配慮とは，「障害者が他の者との平等を基礎として全ての人権及び基本的自由を享受し，又は行使することを確保するための必要かつ適当な変更及び調整であって，特定の場合において必要とされるものであり，かつ，均衡を失した又は過度の負担を課さないもの」と定義されています。合理的配慮とは 障害のある人がない人と同じように自らの権利を行使できるようにするための必要かつ適当な配慮を指します。

　条約では第24条において教育に関する規定がなされていますが，合理的配慮についても，同条第2項(c)で，「個人に必要とされる合理的配慮が提供されること」と明示されています。

2　日本における合理的配慮をめぐる動向

○「障害者基本法」の改正

　障害者の権利条約の締結に必要な国内法の整備を始めとする日本の障害者に係る制度の改革について検討が進められる中，2011（平成23）年に「障害者基本法」が改正されました。その中の第4条において障害を理由とした差別の禁止と合理的配慮に関する規定がみられます。教育に関しては第16条に規定されていますが，その第1項で，障害のある子どもとない子どもが共に教育を受けられるように明示しています。合理的配慮もこの点を踏まえて，特別支援学校から通常の学級までさまざまな教育の場を視野に入れて考えていくことが必要となります。

○中央教育審議会の報告

　文部科学省は，2010（平成22）年に中央教育審議会の初等中央教育分科会に「特別支援教育に関する特別委員会」を設置しました。同委員会は，2012（平成24）年7月に「共生社会の形成に向けたインクルーシブ教育システム構築のための特別支援教育の推進（報告）[2]」（以下「報告」）をまとめました。「報告」においても合理的配慮がキーワードとなっており，障害者の権利条約に基づいた定義となっています[3]。また，「報告」では合理的配慮の基礎となるものを「基礎的環境整備」と呼んでいます。合理的配慮の充実を図る上で，国，都道

表39　合理的配慮の例

観点		障害種別の合理的配慮の例
教育内容・方法	〈内容〉 1　学習上又は生活上の困難を改善・克服するための配慮	〈肢体不自由〉道具の操作の困難や移動上の制約等を改善できるように指導を行う。(片手で使うことができる道具の効果的な活用，校内の移動しにくい場所の移動方法について考えること及び実際の移動の支援　等)
	2　学習内容の変更・調整	〈視覚障害〉視覚による情報が受容しにくいことを考慮した学習内容の変更・調整を行う。(状況等の丁寧な説明，複雑な図の理解や読むことに時間がかかること等を踏まえた時間延長，観察では必要に応じて近づくことや触感覚の併用，体育等における安全確保　等)
	〈方法〉 1　情報・コミュニケーション及び教材の配慮	〈聴覚障害〉聞こえにくさに応じた視覚的な情報の提供を行う。(分かりやすい板書，教科書の音読箇所の位置の明示，要点を視覚的な情報で提示，身振り，簡単な手話等の使用　等)また，聞こえにくさに応じた聴覚的な情報・環境の提供を図る。(座席の位置，話者の音量調整，机・椅子の脚のノイズ軽減対策(使用済みテニスボールの利用等)，防音環境のある指導室，必要に応じてFM式補聴器等の使用　等)
	2　学習機会や体験の確保	〈知的障害〉知的発達の遅れにより，実際的な生活に役立つ技術や態度の習得が困難であることから，調理実習や宿泊学習等の具体的な活動場面において，生活力が向上するように指導するとともに，学習活動が円滑に進むように，図や写真を活用した日課表や活動予定表等を活用し，自主的に判断し見通しをもって活動できるように指導を行う。
	3　心理面・健康面の配慮	〈病弱〉入院や手術，病気の進行への不安等を理解し，心理状態に応じて弾力的に指導を行う。(治療過程での学習可能な時期を把握し健康状態に応じた指導，アレルギーの原因となる物質の除去や病状に応じた適切な運動等について医療機関と連携した指導　等)
支援体制	1　専門性のある指導体制の整備	〈肢体不自由〉体育担当教員，養護教諭，栄養職員，学校医を含むサポートチームが教育的ニーズを把握し支援の内容方法を検討する。必要に応じて特別支援学校(肢体不自由，知的障害)からの支援を受けるとともにPT，OT，ST等の指導助言を活用する。また，医療的ケアが必要な場合には看護師等，医療関係者との連携を図る。
	2　幼児児童生徒，教職員，保護者，地域の理解啓発を図るための配慮	〈学習障害〉努力によっても変わらない苦手なことや生まれつき得意なこと等，様々な個性があることや特定の感覚が過敏な場合もあること等について，周囲の児童生徒，教職員，保護者への理解啓発に努める。
	3　災害時等の支援体制の整備	〈注意欠陥多動性障害〉落ち着きを失ったり，指示の途中で動いたりする傾向を踏まえた，避難訓練に取り組む。(項目を絞った短時間での避難指示，行動を過度に規制しない範囲で見守りやパニックの予防　等)
施設・設備	1　校内環境のバリアフリー化	〈視覚障害〉校内での活動や移動に支障がないように校内環境を整備する。(廊下等も含めて校内の十分な明るさの確保，分かりやすい目印，段差等を明確に分かるようにして安全を確保する　等)
	2　発達，障害の状態及び特性等に応じた指導ができる施設・設備の配慮	〈自閉症・情緒障害〉衝動的な行動によるけが等が見られることから，安全性を確保した校内環境を整備する。また，興奮が収まらない場合を想定し，クールダウン等のための場所を確保するとともに，必要に応じて，自閉症特有の感覚(明るさやちらつきへの過敏性等)を踏まえた校内環境を整備する。
	3　災害時への対応に必要な施設・設備の配慮	〈知的障害〉災害等発生後における行動の仕方が分からないことによる混乱した心理状態に対応できるように，簡潔な導線，分かりやすい設備の配置，明るさの確保等を考慮して施設・設備を整備する。

出所：文部科学省初等中等教育分科会「共生社会の形成に向けたインクルーシブ教育システム構築のための特別支援教育の推進（報告）」（平成24年7月23日）の別表（http://www.mext.go.jp/b_menu/shingi/chukyo/chukyo3/044/attach/1323312.htm）より抜粋。

府県，市町村には，必要な財源を確保し，「基礎的環境整備」の充実を図ることが求められています。

◯合理的配慮の観点

「報告」では，合理的配慮を①教育内容・方法，②支援体制，③施設・設備の3つの観点から障害種別に整理し，具体的な内容を例示しています。表39はその一例を示したものですが，この他にも，一人ひとりの子どもの実態に応じて，個別に適切な合理的配慮を検討し，提供していく必要があります。

障害者の権利条約においては，合理的配慮の否定は，障害を理由とする差別に含まれるとされています。また，2016（平成28）年に施行された「障害者差別解消法」においても，合理的配慮の提供は，国や地方公共団体等については法的義務，民間事業者については努力義務であることを明示しています。今後，教育委員会，学校，各教員には，合理的配慮について正しく認識し，本人および保護者に適切な情報提供を行いながら，障害のある子どもに対する教育の充実を図っていくことが求められています。　　　　　　　　　　　（河合　康）

▷4　各障害種別の詳細については「報告」の中の別表（http://www.mext.go.jp/b_menu/shingi/chukyo/chukyo3/044/attach/1323312.htm）を参照のこと。

▷5　条約では第4，5条で障害を理由とした差別を禁止しており，第5条の第3項において合理的配慮について言及している。

就学前障害児保育のあり方

1　子ども・子育て支援新制度と新しい要領

　2015（平成27）年4月,「子ども・子育て支援新制度」がスタートして, それまでは幼稚園, 保育所に対する財政措置が, 学校教育の体系と福祉の体系とに別々になされてきたのを, 新制度では, 認定こども園, 幼稚園, 保育所に共通の給付である「施設型給付」を創設し, 財政支援を一本化することになりました。新制度になって, 保育所保育指針, 幼稚園教育要領, 幼保連携型認定こども園教育・保育要領が, 2017（平成29）年3月に告示され, 2018（平成30）年度から全面実施されています。

　就学前の障害のある子どもの保育については, 指針, 要領に書かれていますが, 内容が重なっているので, ここでは「こども園教育・保育要領」の内容に沿って説明します。

2　新要領における「障害のある園児などへの指導」

　こども園教育・保育要領の中では,「第1章　総則」の「第2　教育及び保育の内容並びに子育ての支援等に関する全体的な計画等」の「3　特別な配慮を必要とする園児への指導」の中に,「(1)　障害のある園児などへの指導」として, 次のように書かれています。

　「障害のある園児などへの指導に当たっては, 集団の中で生活することを通して全体的な発達を促していくことに配慮し, 適切な環境の下で, 障害のある園児が他の園児との生活を通して共に成長できるよう, 特別支援学校などの助言又は援助を活用しつつ, 個々の園児の障害の状態などに応じた指導内容や指導方法の工夫を組織的かつ計画的に行うものとする。また, 家庭, 地域及び医療や福祉, 保健等の業務を行う関係機関との連携を図り, 長期的な視点で園児への教育及び保育的支援を行うために, 個別の教育及び保育支援計画を作成し活用することに努めるとともに, 個々の園児の実態を的確に把握し, 個別の指導計画を作成し活用することに努めるものとする。」

3　「解説」における「障害のある園児などへの指導」

　内閣府・文部科学省・厚生労働省が2018（平成30）年3月に出した「解説」の中では, よりくわしく次のように書かれています。

▷1　内閣府・文部科学省・厚生労働省「幼保連携型認定こども園教育・保育要領」2017年。

▷2　内閣府・文部科学省・厚生労働省「幼保連携型認定こども園教育・保育要領解説」2018年。

①障害のある園児などへの指導

　認定こども園法第26条において準用している学校教育法第81条第1項では，幼保連携型認定こども園において，障害のある園児などに対し，障害による学習上又は生活上の困難を克服するための教育及び保育を行うこととなっている。

　また，我が国においては，「障害者の権利に関する条約」に掲げられている教育の理念の実現に向けて，障害のある子どもの就学先決定の仕組みの改正なども踏まえ，各幼保連携型認定こども園では，障害のある園児のみならず，教育及び保育上特別の支援を必要とする園児が在籍している可能性があることを前提に，全ての保育教諭等職員が特別支援教育の目的や意義について十分に理解することが不可欠である。

　幼保連携型認定こども園は，適切な環境の下で園児が保育教諭等や多くの園児と集団で生活することを通して，園児一人一人に応じた指導を行うことにより，将来にわたる生きる力の基礎を培う経験を積み重ねていく場である。友達をはじめ様々な人々との出会いを通して，家庭では味わうことのできない多様な体験をする場でもある。

　これらを踏まえ，幼保連携型認定こども園において障害のある園児などを指導する場合には，幼保連携型認定こども園の教育及び保育の機能を十分生かして，園生活の場の特性と人間関係を大切にし，その園児の障害の状態や特性及び発達の程度等（以下「障害の状態等」という。）に応じて，発達を全体的に促していくことが大切である。

　障害のある園児などには，視覚障害，聴覚障害，知的障害，肢体不自由，病弱・身体虚弱，言語障害，情緒障害，自閉症，ADHD（注意欠陥多動性障害）などのほか，行動面などにおいて困難のある園児で発達障害の可能性のある者も含まれている。このような障害の種類や程度を的確に把握した上で，障害のある園児などの「困難さ」に対する「指導上の工夫の意図」を理解し，個に応じた様々な「手立て」を検討し，指導に当たっていく必要がある。その際に，教育・保育要領のほか，文部科学省が作成する「教育支援資料」（平成25年10月文部科学省初等中等教育局特別支援教育課）などを参考にしながら，全ての保育教諭等が障害に関する知識や配慮等についての正しい理解と認識を深め，障害のある園児などに対する組織的な対応ができるようにしていくことが重要である。（一部略）

　一方，障害の種類や程度によって一律に指導内容や指導方法が決まるわけではない。特別支援教育において大切な視点は，一人一人の障害の状態等により，生活上などの困難が異なることに十分留意し，個々の園児の障害の状態等に応じた指導内容や指導方法の工夫を検討し，適切な指導を行うことであるといえる。

　そこで，園長は，特別支援教育実施の責任者として，園内委員会を設置して，特別支援教育コーディネーターを指名し，園務分掌に明確に位置付けるなど，園全体の特別支援教育の体制を充実させ，効果的な園運営に努める必

要がある。その際，各園において，園児の障害の状態等に応じた指導を充実させるためには，特別支援学校等に対し専門的な助言又は援助を要請するなどして，計画的，組織的に取り組むことが重要である。

こうした点を踏まえ，指導計画に基づく内容や方法を見通した上で，個に応じた指導内容や指導方法を計画的に検討し実施することが大切である。

例えば，幼保連携型認定こども園における個に応じた指導内容や指導方法については次のようなものが考えられる。

・自分の身体各部位を意識して動かすことが難しい場合，様々な遊びに安心して取り組むことができるよう，当該園児が容易に取り組める遊具を活用した遊びで，より基本的な動きから徐々に複雑な動きを体験できるよう活動内容を用意し，成功体験が積み重ねられるようにするなどの配慮をする。
・園における生活の見通しがもちにくく，気持ちや行動が安定しにくい場合，自ら見通しをもって安心して行動ができるよう，当該園児が理解できる情報（具体物，写真，絵，文字など）を用いたり，保育教諭等や仲のよい友達をモデルにして行動を促したりするなどの配慮をする。
・集団の中でざわざわした声などを不快に感じ，集団活動に参加することが難しい場合，集団での活動に慣れるよう，最初から全ての時間に参加するのではなく，短い時間から始め，徐々に時間を延ばして参加させたり，イヤーマフなどで音を遮断して活動に参加させたりするなどの配慮をする。

さらに，障害のある園児などの指導に当たっては，全ての保育教諭等職員において，個々の園児に対する配慮等の必要性を共通理解するとともに，全職員の連携に努める必要がある。その際，保育教諭等は，障害のある園児などのありのままの姿を受け止め，園児が安心して，ゆとりをもって周囲の環境と十分に関わり，発達していくようにすることが大切である。また，障害のある園児など一人一人の特性等に応じた必要な配慮等を行う際は，保育教諭等の理解の在り方や指導の姿勢が，他の園児に大きく影響することに十分留意し，温かい人間関係づくりに努めながら，園児が互いを認め合う肯定的な関係をつくっていくことが大切である。

②個別の教育及び保育支援計画，個別の指導計画の作成・活用
（一部略）

ア　個別の教育及び保育支援計画

平成15年度から実施された障害者基本計画においては，教育，医療，福祉，労働等の関係機関が連携・協力を図り，障害のある子どもの生涯にわたる継続的な支援体制を整え，それぞれの年代における子どもの望ましい成長を促すため，個別の支援計画を作成することが示された。この個別の支援計画のうち，園児児童生徒に対して，教育機関が中心となって作成するものを，個別の教育支援計画という。

障害のある園児などは，園や学校生活だけでなく家庭生活や地域での生活を含め，長期的な視点で乳幼児期から学校卒業後までの一貫した支援を行うことが重要である。このため，教育・保育関係者のみならず，家庭や医療，福祉などの関係機関と連携するため，幼保連携型認定こども園では，それぞ

れの側面からの取組を示した個別の教育及び保育支援計画を作成し活用していくことが考えられる。具体的には，障害のある園児などが生活の中で遭遇する制約や困難を改善・克服するために，本人及び保護者の願いや将来の希望などを踏まえ，園のみならず，例えば，家庭，医療機関における療育事業及び福祉機関における児童発達支援事業において，実際にどのような支援が必要で可能であるか，支援の目標を立て，それぞれが提供する支援の内容を具体的に記述し，支援の内容を整理したり，関連付けたりするなど関係機関の役割を明確にすることとなる。（一部略）

イ　個別の指導計画

　個別の指導計画は，個々の園児の実態に応じて適切な指導を行うために園で作成されるものである。個別の指導計画は，「全体的な計画」を具体化し，障害のある園児など一人一人の指導目標，指導内容及び指導方法を明確にして，きめ細やかに指導するために作成するものである。そのため，障害のある園児などの指導に当たっては，適切かつ具体的な個別の指導計画の作成に努める必要がある。

　各幼保連携型認定こども園においては，個別の教育及び保育支援計画と個別の指導計画を作成する目的や活用の仕方に違いがあることに留意し，二つの計画の位置付けや作成の手続きなどを整理し，共通理解を図ることが必要である。また，個別の教育及び保育支援計画と個別の指導計画については，実施状況を適宜評価し改善を図っていくことも不可欠である。

　こうした個別の教育及び保育支援計画と個別の指導計画の作成・活用システムを園内で構築していくためには，障害のある園児などを担任又は担当する保育教諭等や特別支援教育コーディネーターだけに任せるのではなく，全ての保育教諭等の理解と協力が必要である。園の運営上の特別支援教育の位置付けを明確にし，園の組織の中で担当又は担任する保育教諭等が孤立することのないよう留意する必要がある。このためには，園長のリーダーシップの下，園全体の協力体制づくりを進めたり，二つの計画についての正しい理解と認識を深めたりして，全職員の連携に努めていく必要がある。

　また，障害のある園児の発達の状態は，家庭での生活とも深く関わっている。そのため，保護者との密接な連携の下に指導を行うことが重要である。園においては，保護者が，来園しやすく相談できるような雰囲気や場所を用意したり，保育教諭等は，園児への指導と併せて，保護者が我が子の障害を理解できるようにしたり，将来の見通しについての不安を取り除くようにしたり，自然な形で園児との関わりができるようにしたりするなど，保護者の思いを受け止めて精神的な援助や養育に対する支援を適切に行うように努めることが大切である。

以上のように，支援計画と指導計画を重視する要領です。

（堀　智晴）

統合保育

 統合保育とは

　統合保育とは，障害のある子とない子を一緒に保育する，という意味です。インテグレーションと言われ，英語で Integration と書きます。文字通り「統合する」という意味です。なぜ統合する必要があるのでしょうか。それは，これまで障害のある子は障害のない子たちとは別の場で保育を受けてきたから，これからは統合し一緒に保育しようというのです。障害のあるなしで，子どもを分けて保育するのを，分離保育（セグレゲーション）と言い，英語で Segregation と書きます。障害を理由に子どもの生活する場，育つ場を分けるのは，そもそも子どもの人権を侵害しているのではないか，というのが統合保育を推進する基本的な理由です。

　統合保育には，健常児の中に障害児を受け入れる「統合保育」と，障害児だけの集団の中に健常児を受け入れる「逆統合保育」とがあります。

　統合保育の下でも，障害のある子どもに障害に応じた指導や訓練が必要とされる場合は，訓練などにかかわる専門家が保育所や幼稚園を巡回して訓練をする場合もあります。

 統合保育の歴史的経過

　1974（昭和49）年に，厚生省通達「障害児保育実施要綱」が出され，障害のある幼児を障害のない幼児たちと同じ場で保育するという統合保育が，国の事業となりました。1980（昭和55）年には，この要綱を改めて，厚生省児童家庭局長通知「保育所における障害児の受け入れについて」が示されました。

　現在の統合保育は，「特別保育事業の実施について」（1998（平成10）年）の通知に基づいて行われています。一定の条件を満たしている場合には入園の申請をすることができますが，予算の制約や，それぞれの自治体や保育所の受入態勢や保育方針などにより，希望する子どものすべてが入園できないのが現状です。

　また，保育園に入るには「保育に欠ける（仕事などの事情で，家庭で保育ができないことを言う）」という条件を満たす必要があります。厚生省の基準は次のとおりです。1980年の局長通知においては，保育に欠ける障害児であって次の①及び②に該当するものであることが条件でした。

　①集団保育が可能で日々通園できるもの。

②特別児童扶養手当の支給対象障害児。（所得により手当の支給を停止されている場合も含む。）

　この厚生省の基準では「障害児の特性等に十分配慮して健常児との混合により行うものとする」とされていて，統合保育という形態で行われています。

　現在では，①集団保育が可能という条件については，保護者の強い要求や保育士の力量との関係で，一見集団保育が困難に見える子どもも入所しています。

3　統合保育の実践

　長い間障害のある子どもは保育の場に受け入れられず，障害のある子どもたちは訓練と療育の場しかありませんでした。障害のある子どもの親が中心になって保育所入所を強く訴え運動をしました。その結果，障害があることが，保育所入所基準の「保育に欠ける事項」や「その他事項」に該当するとみなすことを認めさせました。このような経過を経て障害のある子どもの統合保育が始まり，拡大してきました。障害のある子どもとない子どもが同じ保育所や幼稚園で育ち合うことは，双方の子どもの発達と人間的な育ちにとって必要なことです。

　保育実践においては，保育者中心の保育の下で，障害のある子どもたちは，はじめは保育者の言うことをなかなか聞こうとせず，保育者は戸惑ったのですが，それを機にこれまでの保育を見直すことになりました。子どもの興味・関心を尊重し，子どもの思いを大事にする中で，子ども中心の保育に転換することになったのです。そして，子ども同士のかかわり合いを重視する保育を推進することになり，障害のある子とない子が相互に影響を与え合って育ち合うすがたが見られるようになりました。

　最近では障害のある子の統合保育の実践研究も積み重ねられてきています。

4　統合保育からインクルーシブ保育へ

　現在では，統合保育からインクルーシブ保育への転換が求められています。これまでのように，健常児の中に障害児を参加させていくという考え方ではなく，一人ひとり子どものちがいを尊重した保育への転換が求められているのです。障害があるといっても一人ひとり異なります。健常児も一人ひとり異なります。また，外国の子どももいるし，男の子もいるし女の子もいる。そして，その外国の子も一人ひとり異なり，男の子，女の子も一人ひとり異なります。

　このような一人ひとりのちがいを大事にして，子ども同士が育ち合う保育，異質だからという理由で子どもを排除しないで受け入れる保育，ソーシャル・インクルージョン（Social Inclusion）をめざす保育をインクルーシブ保育といいます。インクルーシブ保育はインクルーシブ教育へと引き継がれていく必要があるのですが，この教育体制はまだ日本では整っていないのが実状です。

（堀　智晴）

▷1　堀智晴『保育実践研究の方法──障害のある子どもの保育に学ぶ』川島書店，2004年。

▷2　2008年に発動し，日本政府も批准すると考えられている障害者権利条約では，その第24条でインクルーシブ教育を謳っている。I-5 参照。

交流及び共同学習

「交流及び共同学習」の目的

　2017（平成29）年4月に告示された「特別支援学校学習指導要領等の改訂のポイント」の2に，「教育内容等の主な改善事項」があります。その中に「自立と社会参加に向けた教育の充実」があり，その一つに，「障害のない子供との交流及び共同学習を充実（心のバリアフリーのための交流及び共同学習）」があげられています。つまり，「交流及び共同学習」は心のバリアフリーがその目的となっているのです。これは分かりやすい，そして重要な最終目的と言えます。

　また，文部科学省から，「交流及び共同学習ガイド」が，2019（平成31）年3月に出されていて，この実践を進めていく上で参考になります。

　その目次は，次のようになっています。第1章：交流及び共同学習の意義・目的，第2章：交流及び共同学習の展開，1　関係者の共通理解，2　体制の構築，3　指導計画の作成，4　活動の実施，5　評価，第3章：取組事例。

　ここに書かれている第1章の「意義・目的」は，以下のような内容です。

> 　我が国は，障害の有無にかかわらず，誰もが相互に人格と個性を尊重し合える共生社会の実現を目指しています。
>
> 　幼稚園，小学校，中学校，義務教育学校，高等学校，中等教育学校（以下「小・中学校等」という。）及び特別支援学校等が行う，障害のある子供と障害のない子供，あるいは地域の障害のある人とが触れ合い，共に活動する交流及び共同学習は，障害のある子供にとっても，障害のない子供にとっても，経験を深め，社会性を養い，豊かな人間性を育むとともに，お互いを尊重し合う大切さを学ぶ機会となるなど，大きな意義を有するものです。
>
> 　また，このような交流及び共同学習は，学校卒業後においても，障害のある子供にとっては，様々な人々と共に助け合って生きていく力となり，積極的な社会参加につながるとともに，障害のない子供にとっては，障害のある人に自然に言葉をかけて手助けをしたり，積極的に支援を行ったりする行動や，人々の多様な在り方を理解し，障害のある人と共に支え合う意識の醸成につながると考えます。
>
> 　小・中学校等や特別支援学校の学習指導要領等においては，交流及び共同学習の機会を設け，共に尊重し合いながら協働して生活していく態度を育むようにすることとされています。
>
> 　交流及び共同学習は，相互の触れ合いを通じて豊かな人間性を育むことを

▷1　文部科学省「特別支援学校学習指導要領等の改訂のポイント」。https://www.mext.go.jp/a_menu/shotou/tokubetu/main/1386427.htm（2020年2月8日閲覧）

▷2　文部科学省「交流及び共同学習ガイド」2019年。https://www.mext.go.jp/a_menu/shotou/tokubetu/1413898.htm（2020年2月8日閲覧）

目的とする交流の側面と，教科等のねらいの達成を目的とする共同学習の側面があり，この二つの側面を分かちがたいものとして捉え，推進していく必要があります。

　交流及び共同学習の内容としては，例えば，特別支援学校と小・中学校等が，学校行事やクラブ活動，部活動，自然体験活動，ボランティア活動などを合同で行ったり，文通や作品の交換，コンピュータや情報通信ネットワークを活用してコミュニケーションを深めたりすることなどが考えられます。

　これらの活動により，各学校全体の教育活動が活性化されるとともに，子供たちが幅広い体験を得，視野を広げることで，豊かな人間形成に資することが期待されます。

② 「交流及び共同学習」の評価

　ガイドの第2章の「展開」には，交流と共同学習の進め方が書かれています。その中にある「評価に当たっての考え方」が重要なので紹介しましょう。

○交流及び共同学習を通して，子供の相互理解がどのように進んだか。

　障害の有無にかかわらず，共生社会を形成する一員として，相互に互いの人格と個性を認め尊重し，支え合うことなどの心情や態度を育むことができているかの視点からの評価に努めます。

○各教科等の学習においてどのような資質・能力が身に付いたか。

　教育課程に位置付けた各教科等の目標に照らして，子供たちに身に付いた資質・能力を評価するなど，教育課程に照らして適切な学習評価の在り方について関係者で打ち合わせしておくことが重要です。

　交流及び共同学習の学習場面における子供の意識や態度の変容だけでなく，教科等横断的な視点に立った資質・能力の育成の観点から，学校や地域での生活も含めて，子供の変容を可能な限り幅広く，総合的に把握できるようにします。

○交流及び共同学習での学習の様子については，指導要録の「総合所見及び指導上参考となる諸事項」欄に記載することが望ましいです。

③ 今後の課題

　今の特別支援学校の現状を見ると，「交流及び共同学習」をとりくむ余裕がないように私には見えます。交流と共同学習の相手校も同じ状況です。

　障害者の権利条約を批准した日本としては，改正障害者基本法の第16条に書かれているように，障害のある子とない子を分けてから交流し共同学習をするのではなく，地域の学校で，はじめから，日常的に「共に生き，共に学びあう体制」に制度を変えるとりくみと，その過程で共生の教育実践を創り出していく必要がある，と私は考えます。「心のバリアフリー」は，子ども同士の本音の生々しい関係の中で育つものだと私は思います。

（堀　智晴）

教育相談

授業中の立ち歩きやおしゃべりは日常茶飯事であり，ささいなことで突然キレて暴れる子の増加など，落ち着いた雰囲気のなかで学習活動が行えない学級が少なくありません。子どもの心を理解し，適切な対応をするために2000（平成12）年度大学入学者より教育相談が教員免許取得（小学校・中学校）の必須科目となりました。障害児教育における教育相談は子どものみならず保護者への対応や，関連機関との連携が大きな比重を占めています。

1　教育相談とは

○教育相談の定義

「一般に，幼児・児童・生徒などの教育上の問題に関し，本人，その両親または担任教師などと面接し，適切にして有効な指導や助言を行うことである。この場合，専門的教養のあるものがこれに当たる。

問題事項によって，次の2つに分けられよう。

開発的教育相談——正常児に対するもので，家庭教育のありかた，教科学習法，特別活動や校外生活などの指導，あるいは，進路指導などが含まれよう。

治療的教育相談——心因性の問題を持つ子供に対するもので，非社会的問題行動，諸種の習癖や悪癖，反社会的問題行動，あるいは神経症等の治療指導などを扱う……」

▷1　内山喜久男他編『児童臨床心理学事典』岩崎学術出版，1974年。

教育相談は，問題行動を示す子どもへの対応だけではなく，健やかな成長と自己実現を願う全ての子どもやその保護者を対象としたものです。

○カウンセリング・マインド

カウンセリング・マインドは，カウンセリングの諸理論に共通する「人間関係を大事にする」姿勢を，子どもや保護者の理解とその対応に生かそうとするものです。そのなかでも，相手の気持ちを受け入れて話を聴く姿勢は，"人は本来よき方向に伸びようとする力，成長しようとする力をもっており，問題行動等はさまざまな理由によりその力が発揮できない状態であるから，それが発揮できるように援助をすればよい"という肯定的な人間観を根底にしています。いいかえれば，カウンセリング・マインドの基本は自分をも含めた"人間への信頼"なのです。そして，教師と子どもが教える・学ぶという立場の違いがあっても，人として対等であるという意識，そして，それらをもとにした相手の心の声に耳を傾けた理解と対応ということが望まれているのです。

❷ 障害児教育における教育相談

⭕ 保護者の心情の理解

　障害児の教育では，障害児自身の理解・対応と同時に保護者へのかかわりが重要です。とくに，保護者の心情の理解が欠かせません。

⭕ 障害受容のプロセス

　キューブラー・ロス（Kubler-Ross, E.）は，「死に至る病」を得た人の心の軌跡を研究し，最終的に自己の病を受け入れる心情に至るまでの段階を明らかにしました（図29）。障害のある子をもった親が，子どもの障害を受け入れ，子どもとともに歩むようになるまでの心の経緯をこの段階になぞらえることができます。

　子どもに障害があるとはじめて聞いたとき，ショックと同時に「そんなはずはない」と否定する段階。障害の事実を少しずつ認識し始め「なぜ，うちの子に!!」と，怒りの感情が湧く段階。そして，「私の命を縮めてもいいから，子どもの障害を……」と，神や仏等に願い，取り引きをしたくなる段階。さらに，期待する変化が認められない状況で，明るい先の見通しが立たず，落ち込みが激しい段階。これらを経て，子どもの障害を受け入れ，ともに歩む段階へと進むのです。これらの段階が現れる順は前後することもあり，時間的長さも個々によりさまざまです。

　　「養護学校の教員になって驚いたことは，お母さんたちの明るさと威勢の良さだ。PTA活動も，子供たちの余暇活動を援助したり，教育委員会に要望に行ったりと忙しい。学校には，ひっきりなしにお母さんたちが出入りしている。「大変ですね」と声をかけると，「自分も女学生になった気分で楽しくやらなくちゃ。息子の卒業は，私の卒業みたいで寂しいわ」と元気な返事が返ってくる。

　　ある夏，わが家の下の子が気管支炎をこじらせて入院した。小児病棟で見た光景——生後六カ月の子がてんかん発作を起こして入院してきた。両親は「一生，薬を飲み続けなければならないそうなんです」と目に涙を浮かべた。ダウン症の女の子

▷2　キューブラー・ロス，E. 著，川口正吉訳『死ぬ瞬間』読売新聞社，1971年。

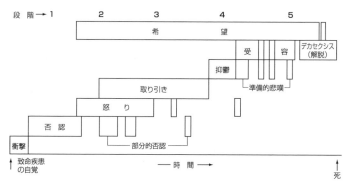

段階→1　　2　　3　　4　　5

希望

受容

デカセクシス（解脱）

抑鬱

準備的悲嘆

取り引き

怒り

否認

部分的否認

衝撃

致命疾患の自覚　　——時間——→　　死

図29　死に行く過程のチャート

出所：キューブラー・ロス，1971年，290頁。

のお母さんは，「何度も入退院を繰り返しているんです」とこぼす。生まれて数カ月，チューブに命をつないだまま，自宅に帰ったことさえない子もいた。病棟の子供たちは，私が担任をしている生徒の小さいころの姿でもある。だが，親たちの表情に，養護学校のお母さんたちの快活さを求めようとしても，切なくなるばかりだった。

　Y君の卒業式の直前に，とびっきり明るかったお母さんの意外な面を知った。偶然会った小学校時代の担任は言った。

　「ああ見えても『この子を抱いて飛び降りようと何度も考えた』と言ってましたから」長い道のりがあったのだ。(略)

▷ 3　朝日新聞「せんせいの胸の内」1998年10月27日。

　子どもの障害を受け入れられる時期は，一様ではありません。幼児期に受け入れられる場合もあれば，子どもが青年になっても受容できない場合もあります。孤立無援の状態で，親だから養育の責任は当然といった雰囲気では落ち込むばかりで，子どものための努力をしようという気持ちすら生まれないでしょう。保護者が子どもの障害を受け入れ，前向きに努力できるようになるには，保護者への心身両面へのサポートが不可欠なのです。保護者がわが子の障害を受け入れられているのか，まだそこには至っていないか，個人面談等で話すなかで理解するとともに，「がんばって来たんですね」とこれまでの保護者の努力を認めることから教師と保護者の信頼関係づくりが始まります。

●保護者との連携

　特別支援教育への動きのなかで，障害児が可能なかぎり通常の学級で教育を受ける流れが加速されています。しかし通常の学級に子どもを通わせることは，障害のある子の保護者にとっては，大きな決意と不安を伴うものなのです。

▷ 4　特別支援教育
2002（平成14）年の障害者基本計画で示された障害のある子どもの教育育成の基本方針。乳幼児期から学校卒業までの一貫した教育と，学習障害など特別のニーズのある子どもへ教育的支援を適切に行うことをいう。⇒ III- 1 参照。

　子どもの指導について保護者と連携がとれるようになるには，障害のある子を学級の一員として，教師が心から受け入れることから始まります。障害の程度が重く，いつかは転校を促さねばならない場合であっても，学級の一員としての今を受け止め，さまざまな条件や制約のなかで，担任として"できること"をする姿勢が，保護者の担任への信頼を芽吹かせます。

　子どもにとって今何が大切か，そのために学校ができること／できないことは何か，具体的な指導の目標や指導内容・方法をどうするか，家庭でできることは……等々を，保護者と話し合い，決定していきます。さらに，学期毎に子どもの変化と学校・家庭でのかかわりの成果を一緒に評価し，目標や課題の見直しをするとよいでしょう。学校と一緒に子どもの教育に参加する過程は，保護者を支えると同時に子どもを客観的に見る目を育てます。

　この間，教師は地域にある特別支援学級や特別支援学校等の障害児教育の現場を訪ね，どのような教育がなされているかを知っておく必要があります。子どものもてる力を伸ばせる教育環境として，通級による指導や転学を勧める時期が来たときに，専門的な障害児教育の場での教育や指導内容，そのメリットやデメリットを担任が明確に把握し，説明できなければ，保護者も新しい環境

に移る気にはなれないでしょう。

❸ 乳幼児期からの一貫した支援のために──関係機関との連携

　2002（平成14）年12月の閣議決定で，「障害のある子ども一人一人のニーズに応じてきめ細やかな支援を行うために乳幼児期から学校卒業まで一貫して計画的に教育や療育を行うとともに，学習障害，注意欠陥／多動性障害，自閉症などについて教育的支援を行うなど教育・療育に特別なニーズのある子どもについて適切に対応する」との障害児の教育・育成の基本方針が決定されました。そして，「発達段階に応じて，関係機関が適切な役割分担の下に，一人一人のニーズに対応して適切な支援を行う計画（個別の支援計画）を策定して効果的な支援を行う」ための乳幼児期から学校卒業まで一貫した効果的な相談支援体制の整備の必要が打ち出されました。この方針を受けて，教育，福祉，保健・医療が一体となった教育相談ネットワーク作りが始まっています（図30）。

　教育，福祉，保健の各関係機関が連携して特別支援プロジェクトをつくり，一人ひとりの障害児とその保護者に「子育て応援プラン」を示し，障害のある子どものライフステージを見通した相談と支援を行おうとするものです。

○障害児教育に携わる専門家としての役割

　特別支援学校には，地域の障害児教育のセンター的機能の充実が求められています。具体的には，地域の特別支援学級の教員がより専門的な知識・技能を学ぶ研修機能をもつこと，地域の幼稚園や保育所または小・中学校の通常学級に通う障害児の教育の内容・指導方法について，担任教師等に助言をすること，また，子育てについて保護者からの相談を受けることなどです。

　障害児教育に携わる教師は，専門家として上記の援助機能を体現する存在としての役割が期待されます。そのためには，障害児理解と指導における専門性や教育相談の知識・技量をより一層高めることが課題です。　　（久芳美恵子）

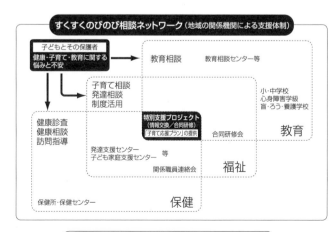

図30　すくすくのびのび相談ネットワーク

出所：東京都「障害のある子どものための教育相談体系化推進事業報告」2004年3月。

コミュニケーションの発達を促す指導

　障害のある子のコミュニケーションの発達を促すための指導は，その障害や程度によりさまざまですが，子ども一人ひとりの実態を把握したうえで，障害や発達の状態に応じた指導を行うことが基本です。指導内容は，発達を妨げる要因の軽減，コミュニケーションの基礎となる諸能力の伸長，代替機能の開発などですが，もっとも基本的な部分はコミュニケーション意欲を高めることでしょう。

① コミュニケーション意欲を高める「人」と「話題」の存在

　他者から理解されたい，受け入れられたいという思いは人間の本質的な願いです。他者に自分の思いを伝えたいとの思いを充たすには，伝えたい相手と伝えたい内容の存在が欠かせません。

　コミュニケーションはひとりでは成り立ちません。キャッチボールのように互いに思いを投げ合い，受けとめ合う，相手（他者）の存在がなければ成立しないのです。自分の話を興味・関心をもって聞いてくれる人がいれば，楽しさは倍増し，悲しみは癒され，さまざまな活動の意欲につながります。

　障害のある子の生活を共有する家族や教師は，個々の子どもに関心をもち，話に耳を傾けることでその子のコミュニケーション意欲を高める存在となります。聞いてくれる相手がいれば，「もっと伝えたい」「分かってほしい」と話題を捜したり，伝える能力を向上させる努力への意欲も沸いてきます。

　自閉症など他者への関心・かかわりが阻害されている場合は，他者への関心を育む一対一の関係づくりから始めます。

　もう一つの意欲の源は，誰かに伝えたいことがあることです。障害のある子は経験の幅と量が限定されがちですが，可能なかぎりさまざまな経験をさせることや，日常生活のなかでも新しいことに挑戦させることで，心を揺さぶる感動体験を積ませることです。また，日常の学習や生活のなかでも人に伝えたいとの思いが溢れるような場面を設定したいものです。

② 発達を妨げる要因の軽減

　コミュニケーションの発達を妨げる要因はさまざまです。コミュニケーションの基盤となる保護者（とくに母）との関係に問題があるような場合は，その関係の改善のために教師がかかわったり，ときには専門機関への相談を勧める

ことも必要となるでしょう。また，聴覚障害がある場合は，障害の状態により補聴器を装用することが効果的です。発声発語器官に障害がある場合は，その器官の機能改善のための指導を行うこと。そして，脳性麻痺等で話す際に不随意運動が伴う場合は，それを抑制する指導なども必要です。

　また，自閉症は他者との良好な関係を結ぶことが難しい特性が中核となる障害です。なかでも知的能力や言語能力が高いアスペルガータイプは，一見して障害があるようには見えません。自分の意見や気持ちをうまく表現できないと泣く一方で，「太ってるね」と他人の気持ちを逆撫でするようなことをいったり，冗談が分からず怒ってけんかになる等から，わがままで自分勝手と思われ，他者とよい関係が築けない子が少なくありません。これらの行動は，周囲の状況や相手の気持ちを推察できなかったり，自己中心的発想をする障害特性に由来するもので，「人の気持ちを考えろ」などと指摘されてなおるものではありません。欠けている社会性やコミュニケーションスキルを育てるかかわりを意図的に行うことが基本となります。

　個々の子どもの現状を把握し，コミュニケーションの発達を妨げている要因に沿ったきめ細かな指導が必要です。

❸　コミュニケーションに関係する能力の伸長

　コミュニケーションには人間のさまざまな機能が関連しています。コミュニケーション能力の発達を促すには，どの機能を伸長させればよいかを把握することが必要です。同じ障害であっても，その程度や状態によって異なるので個別の理解は欠かせません。

　話し言葉を受容する機能の伸長には，聴覚弁別能力を高める聴能訓練等の指導や，口の動きを読む口話法を身につけることが有効でしょう。また，相手の言っていることは理解できても話せないなど，聞き言葉と話し言葉に大きな差がある場合は，語彙の獲得と意思の表現のための文字指導が効果的な場合があります。

❹　代替機能の活用

　話し言葉による意志疎通が困難な場合は，ジェスチャーなどの身振り言語や写真や絵カード，**コミュニケーションボード**等の視覚的な手だてを活用することも考えられます。また，肢体不自由で上肢障害のために文字を書くことが困難な場合や，学習障害で書字障害がある場合などはワードプロセッサなどの機器の使用も有効です。IT 機器の発展によって，音声を生成することができるパーソナル・コンピュータも身近なものとなりつつあり，このような機器の利用がスムーズなコミュニケーションを可能にします。

（久芳美恵子）

▷　コミュニケーションボード
携帯できるＡ４サイズほどのボードに「はい」「いいえ」「ほしい」「道をおしえて」「たすけて」など伝えたいことばとイラストが描かれている。イラストを指し示すことで，相手に自分の意思を伝えることができる。

気になる就学前児の保育・育児

 就学前児の気になる行動

◯就学前児に見られる気になる行動

　保育や育児をするなかで，子どもの示す行動がちょっと気になることがあります。保育者や保護者から見て子どもの気になる行動の内容は，落ち着きがない，指示が通らない，感情をコントロールすることができない，他児とのトラブルが多い，動きがぎこちない，言葉が気になる，などさまざまです。表40は，Ｚ市立保育所保育士からの相談内容を保育活動別に整理したものです。

　これらの子どもの気になる行動の背景はさまざまです。子どもの発達の途上に現れる一過性の行動が目立っている場合，家庭・保育所等の人的・物的環境の影響がその背景にある場合，あるいは，その背景に何らかの障害がある場合もあります。さらにこれらの背景要因が影響し合っている場合もあります。

◯気になる行動と障害

　気になる行動の背景に何らかの障害があることがあります。▷1 保育者や保護者が気になる行動に気づくことで，子どもの障害が早期に発見される場合もあります。例えば，子どもの言葉の遅れに気付いた場合，その背景には様々な要因が考えられます。一過性の症状や言語発達がゆっくりしている場合の他，軽度知的障害，自閉症スペクトラム障害，ADHD，難聴などのなんらかの障害がその背景にある場合もあります。障害の発見をきっかけに，周囲の大人が子どもの状態を正しく理解し，障害の特性に応じた適切なかかわりや環境整備をすることは，子どもの発達を促すことにつながります。そのため，子どもの気になる行動に気づいたときには，障害の可能性も念頭において，専門機関に相談することも有用です。

▷1　知的発達に遅れがなく，対人関係や集団適応の面で気になる行動を示す子どもたちのなかには，発達障害がある子どもたちがいる。具体的な対応については，Ⅴを参照。

表40　保育士の相談する就学前児の気になる行動の例

場面	保育士が気になることとして相談した内容
設定活動 行事	参加（集合，着席，注目，当番），理解（呼名や指示への反応，説明や手順の理解），ルール理解（順番や勝敗など），行事の練習や当日の参加（見学や待つことも含む）の困難，体の動き（ぎこちなさ，手先の不器用さ，筋力の弱さ）に関すること。
自由遊び	特定の遊び・遊具へのこだわり，ひとり遊び，集団遊びへの不参加，遊びの維持困難，他児とのトラブルに関すること。
食事	摂食（偏食，咀嚼，少食・過食）や食具の扱いの問題，着席行動・挨拶・準備片付けの困難など参加に関すること。
着がえ	衣類の着脱スキルの未習得，衣類の着脱の拒否や中断など取り組みの困難，特定の衣類へのこだわりなどに関すること。
排泄	排泄の自立，排泄後の手洗い，尿意の問題など健康に関すること。
午睡	不規則な睡眠リズム，準備・入眠・寝起きの問題に関すること。
全般	落ち着きのなさ，衝動性の高さ，過度の大人しさ，気分のむら，気になる癖，養育問題（頭髪・体・服の不衛生，不適切な親とのかかわり，食事や生活リズムの乱れなど）に関すること。

② 気になる行動への保育対応

○ 子どもの強みや良さを生かす対応

　集団活動に何らかの困難を示したり，他児とのトラブルが多い子どもの場合には，保育者はその対応に苦慮することも多く，「いうことを聞かない子ども，手のかかる子ども」といったマイナスの印象をその子どもにもつことも少なくありません。しかし，どのような子どもであっても，苦手なこともあれば得意なこともあるはずです。保育者は，子どもの気になる行動の現状把握と同時に，その子どもが得意なことやその子どもが興味をもって取りくめる活動・遊びなどを確認して，子どもの全体を捉えることが必要です。そして，子どもが本来もっている良さを引き出し，それを気になる行動への対応へ十分に生かすことが大切です。

○ 気になる行動の理解と職員間の協力

　子どもの示す気になる行動に対して，保育者が適切に対応するためには，まず丁寧な現状把握をすることが重要です。子どもの現状把握は，子どもを直接観察して記録にとどめることから始めます。そして，子どもの行動の意味を理解し，また場合により，子どもの行動の背景にある要因を考えます。そのうえで，新たな対応を検討します。しばしば低年齢の子どもへの保育や育児では，その子どもができないことを他児と比較して，発達の遅れとして捉えてしまうことがあります。発達の個人差が大きい低年齢の時期には，発達の途上に現れる一過性の行動にも留意することが大切です。子どもの行動観察においては，子どもの姿をできる限り具体的に記録し，気になる行動が起こった場面や子どもに対する周囲の対応などの状況を把握します。▷2　そして数回にわたって観察してみることです。丁寧な現状把握は，その後の対応の手がかりを見いだすうえで大変役に立ちます。

　保育現場では，気になる行動について管理職や親しい同僚に個人的に相談することもありますし，打ち合わせや会議の際に議題として提出することもあるでしょう。気になる子どもの行動の現状把握や対応を検討する際には，このように複数の職員で子どもの行動を観察したり，職員間で話し合ったりすることが大切です。職員間の協力による状況把握によって，子どもについてのより正確な情報を得ることができ，また対応についても，さまざまな視点から検討することができます。

○ 保護者との連携

　保育者が気になる行動を示す子どもへ対応する際には，家庭との協力も大切です。とくに就学前児は，家庭における養育の影響を受けやすいため，日々の生活のなかで親が子どもと十分なかかわりをもち，規則正しい日常生活（適切な食事，清潔，睡眠）を送ることは重要です。たとえば，生活リズムや睡眠リ

▷2　たとえば，落ち着きがない子どもの場合，実際の子どもの姿を記録する（「椅子に3分間以上座っていられない」，「給食中，好きな食べ物を食べ終わった途端，クラスのなかをふらふら歩き回る」，など）。そしてそれが日に何回起こるか等の頻度も把握する。加えて，場面やきっかけ，そしてそのときの保育者や他児など周囲の人たちの対応，その日の子どもの体調などを記録しておくことが重要である。

ズムの乱れがある場合，午前中に意識がぼーっとしている，疲れやすい，いらいらしやすい，食欲がない，午睡の乱れがあるなどの行動を示す子どもたちがいます。養育面で気になる点がある場合には，保育者は，家庭での子どもの様子や保護者の対応について情報を得たうえで，保護者と養育について話し合い，必要に応じて助言をします。連携の手段は，送迎時，面接時，行事の来所時，連絡帳の利用などさまざまです。一方，保育のなかで示す子どもの行動が，家庭ではまったく見られなかったり，保護者が子どもの気になる行動に気づいていなかったりすることがあります。その場合，保育者は子どもの現状を保護者へ伝えて話し合うことにより，保護者の子どもの理解を深めようとします。保育者は，子どもの状態を伝えることによって保護者が思い悩むことのないように配慮し，保護者と協力して子どもの発達を支えていくことを心がけます。そのためには，保護者との面談や連絡帳を通じて日々情報を交換し，保護者の話を傾聴して心情を理解し，保護者との間に信頼関係をつくる必要があります。

③ 専門機関への相談と連携

◯ 相談窓口

子どもの示す気になる行動についての相談には，各種専門機関の相談窓口を利用することができます。そこでは，子どもの発達や障害に関する専門職による育児や保育についての助言やアセスメント等の支援が受けられます。

具体的には，市町村の福祉部門，児童相談所，児童発達支援センター，発達障害者支援センター，特別支援学校，保健センターなどの各種機関に相談窓口があります。保護者が子どもの発達や行動にちょっと気になる点がある場合には，保健センターの乳幼児健康診査時の相談や子育て相談窓口などの利用が身近で便利です。児童発達支援を利用する際には，障害者手帳をもっていなくても通所受給者証を取得すれば利用できます。

◯ 巡回相談の利用

保育所等への専門的支援のひとつに巡回相談という専門機関からの支援事業があります。現在多くの自治体では巡回相談員による保育所等への巡回訪問を実施しています。巡回相談では，気になる行動を示す子どもや障害児の在籍するクラスの保育者からの相談や保護者からの相談を受けます。

巡回相談員の仕事の内容はさまざまで，対象の保育所を訪問し，気になる子どもや障害児への保育対応への支援や子どもの発達の評価，地域の専門機関への連携，保育者と保護者との連携への支援，行政システムへの支援，保育所の体制や保育者間の協力への支援等を行います。巡回相談員の専門性はさまざまですが，おもに障害児の発達についての専門的知識を要している専門職として心理職，言語聴覚士，理学療法士，作業療法士，保健師，障害児保育・教育の専門職などがそれにあたります。

▷3　巡回相談支援には，発達障害者支援施策である「巡回支援専門員整備事業」の他，自治体や民間機関等による独自の巡回相談支援がある。その他，「保育所等訪問支援」は，保育所等に通う障害児に対する支援を充実するため，障害児施設の職員等が保育所等を訪問し，障害児が集団生活へ適応できるよう専門的な支援を行う制度である。

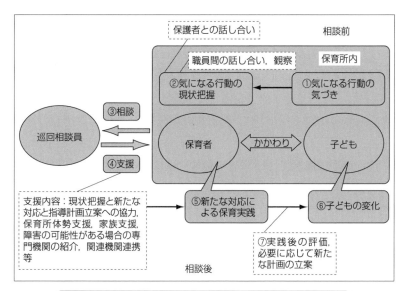

図31　巡回相談を利用した気になる子どもへの保育対応の流れ

　巡回相談員のような専門職を有効に活用するために，保育者が相談の事前に子どもの現状把握をすることは重要です。図31は，保育者が巡回相談を利用した場合の気になる行動への対応の流れの例を示したものです。このような個別支援のほか，地域の保育者と関連機関の職員を対象とした事例検討会や研修会の開催も大切です。これらは，保育の質を高め，関連機関間の共通理解を促すうえで役に立つでしょう。

◯ 小学校との連携

　特別な支援が必要な子どもの通常の小学校就学に際しては，幼児期の遊び中心の生活や保育環境から学習中心の生活や環境の変化への戸惑いを軽減する必要があります。子どもが小学校生活を円滑に始められるよう就学前から保育者，小学校教師，保護者との連携が重要です。具体的には，**接続期**に連絡会等での関係者との直接的な情報交換，文書等のやり取りを通した情報共有などを丁寧に行います。また，幼児期の子どもの様子や配慮事項を記載する就学支援シートやサポートブックの作成，要録への具体的な保育対応の記載などをして，必要な情報を申し送ります。その上で入学後に保育者と学校教員が直接的に情報を共有する機会を設けるとよいでしょう。

（野澤純子）

▷ 4　接続期
保育所などの幼児教育から小学校の学校教育へ移行する時期を指し，5歳児後期のアプローチ期と小学校入学初期のスタート期から成る。

参考文献
　七木田敦・松井剛太『つながる・つなげる障害児保育――かかわりあうクラスづくりのために』教育情報出版，2017年。
　浜谷直人「インクルーシブ保育と子どもの参加を支援する巡回相談」『障害者問題研究』42巻3号，2014年，178-185頁。

医療的ケア

▷1　小林提樹

1908年生。1935年慶応義塾大学医学部卒。1946年から東京の日赤産院小児科部長となり，家庭に戻れない障害児を空き病棟で育て，重症児の親である島田伊三郎夫妻の訴えを契機に1961年島田療育園を設立，園長に就任した。

▷2　糸賀一雄

1914年生。1938年京都帝国大学文学部卒。代用教員，滋賀県庁職員を経て1946年，精神薄弱児施設滋賀県立近江学園を設立。「この子らを世の光に」という言葉を残し，54歳の若さで亡くなった。

▷3　思春期危機

1980年代，京都での障害児教育研究会で「重症児は思春期の入り口と出口の時期に体調の大きな落ち込みや死亡例が目立つ」という報告がなされ「思春期危機」と呼ばれるようになった。しかし重症児の死亡率の研究報告を検討した小谷（2001）によると思春期に死亡率のピークはみられず，年齢が高い程死亡率は減少するという報告が多かったとしている。
小谷裕実「第2部第1章　重症児の『思春期危機』を検討する」小谷裕実・三木裕和『重症児・思春期からの医療と教育』クリエイツかもがわ，2001年，62-94頁。

1　重症心身障害児の療育・教育体制のあゆみ

この20〜30年間のわが国の新生児医療の進歩は目をみはるものがあります。これまでは命を救うことができなかった1500g以下で出生した子どもも育ちうる時代になってきました。しかしその表裏一体として重症の障害をもった子どもの増加もあります。

こうした子どもたちへの最初の取り組みがはじまったのは，1961年，東京日赤病院の医師であった**小林提樹**が島田療育園を開設してからのことです。小林は，重症心身障害児には，日常的に医療ケアが必要な「医療的重症」と行動障害がはげしく家庭介護が困難な「介護的重症」，心中事件など深刻な家族問題に対する家庭救済に重点をおいた「社会的重症」があると主張しました。

一方1953年ころ，精神薄弱児施設近江学園の園長**糸賀一雄**，医師岡崎英彦らは，医学的配慮を要する「療護児クラス」の設立に取り組みはじめました。そして重度の知的障害に麻痺，てんかん，行動障害を重複している児童の指導には医療と教育が共同して取り組める設備，体制が必要であるとして1963年にびわこ学園を設立しました。

このような東の島田療育園，西のびわこ学園での取り組みが政府を動かし，世界に類をみない，病院の機能を兼ね備えた重症心身障害児施設が1967年，児童福祉法にもとづく新たな児童福祉施設として位置づけられました。

当時，重症心身障害児のような障害の重い子どもは就学猶予という名目で教育の対象とはならず，重症心身障害児施設が児童の福祉と教育の両方の機能を担っていましたが，1979年に養護学校の義務制が施行されることにより，重症心身障害児も全員が就学できるようになりました。重症心身障害児が主に通う肢体不自由養護学校（現，特別支援学校）は，単独で開設される場合と重症心身障害児施設に併設され，施設から直接通ったり，教師が施設に訪問して授業を行ったりする場合，また，直接家庭に訪問して授業を行う場合など，子どもの症状に応じた柔軟な教育体制がとられています。

養護学校義務制施行後30年を経た現在，当初は思春期の身体的変化により体調をくずし，亡くなるケースも少なくなかったのですが，小児医療の進歩と教育的働きかけの効果により，いわゆる「**思春期危機**」を越え，青年期，成人期に達した子どもたちも年々増加していきました。そしてノーマライゼーション

の理念や在宅医療の進歩等により，学校卒業後も家庭で介護しながら，在宅ですごすことを希望する人も年々増加してきました。

　しかしこのような子どもが日常生活を維持するためには，摂食ができなければ経管栄養を注入する必要がありますし，呼吸に困難があれば人工呼吸器を，痰を出すのが困難な場合は吸引器を利用する必要があります。医療的ケアとは，重症の子どもが生命を維持するために毎日継続的に行う必要のあるこのようなケアのことです。在宅生活を行う場合は，これらをおもに家族が担っています。またこうした子どもが学校に通う場合，教員がどこまでこのようなケアを担えるのかが課題となっていました。

❷　特別支援学校等における医療的ケアの今後の対応について

　社会福祉士及び介護福祉士法の一部改正にともない，2012年4月より，一定の研修を受けた介護職員等（特別支援学校教員も含む）は，一定の条件のもとに痰の吸引等の医療的ケアが実施できるようになりました。▷4

　文部科学省は，この法改正を受け，「特別支援学校等における医療的ケアの今後の対応について」を2011年12月に通知しました。

　2012年4月から，特別支援学校や小学校等において，新制度を活用して教員等が痰の吸引等を行う場合には，都道府県または，登録研修機関（都道府県教育委員会等）で研修を受け，認定特定行為従事者（教員等）の認定証を交付されれば，特定の児童の特定行為（図32）に対して，登録特定行為事業者（特別支援学校等）において医療関係者（看護師等）との連携のもとに実施できることになりました（図33）。

　教員が実施できる特定行為は，具体的には，厚生労働省令に定められている痰の吸引（口腔内，鼻腔内，気管カニューレ内），経管栄養（胃瘻，腸瘻，経鼻経管栄養）のうち研修を修了し，都道府県知事の認定を受けた行為となります。

❸　医療的ケアの実際

◗口腔・鼻腔吸引

　気道に痰や鼻汁などの分泌物がたまると，いつもゼロゼロした状態になり，摂食を困難にしたり，肺炎の悪化，窒息にもつながりかねないため，**ネブライザー**▷5，薬剤使用，吸引器による吸引

▷4　下山直人「特別支援学校等における医療的ケアへの今後の対応について」『はげみ』第343号，日本肢体不自由児協会，2012年，14-19頁。

▷5　ネブライザー
霧状にした薬液を吸入する吸入器。圧縮空気で霧を作る「ジェット式」，超音波で霧を発生させる「超音波式」，メッシュ状の霧を送り出す「メッシュ式」の3タイプがある。

医療的ケア
　特定行為＋特定行為以外の行為
　　特定行為以外の行為例
　　・酸素療法，人工呼吸器の使用
　　・口腔ネラトン法による経管栄養，IVH中心静脈栄養等
　　・介助による導尿
　　・教員等が行わない喀痰吸引や経管栄養

特定行為
日常生活を営むのに必要で，医師の指示の下に行われる以下の行為のうち，研修の修了により実施可能となった行為

・口腔内の喀痰吸引　　　　　　　・胃瘻または腸瘻による経管栄養
・鼻腔内の喀痰吸引　　　　　　　・経鼻経管栄養
・気管カニューレ内部の喀痰吸引

図32　医療的ケアと特定行為のイメージ

出所：下山直人「特別支援学校等における医療的ケアへの今後の対応について」日本肢体不自由児協会『はげみ』第343号，2012年，14-19頁。

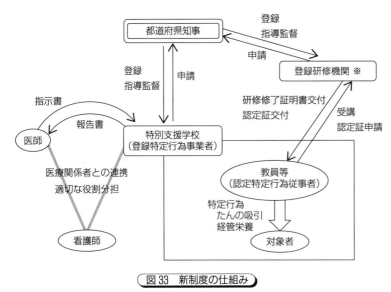

が行われます（図34，図35）。咽頭より手前の範囲で吸引チューブを口や鼻から入れて，痰やたまっている唾液を吸引することについては，研修をうけた教員が手順をまもって行うことができることが示されました。

○経管栄養・口腔ネラトン法・胃瘻（いろう）

摂食がうまくいかず必要な栄養が確保できなかったり，誤嚥が多くて危険な場合は，鼻からチューブ（カテーテル）を胃や十二指腸に入れる「経鼻経管栄養法」や食事や水分補給時のみに太めのチューブ（ネラトン）を口から入れる「口腔ネラトン法」，腹部から管を胃に通す，「胃瘻（いろう）」などの方法が用いられます（図36）。いずれの場合も栄養チューブが胃のなかに正確に挿入されているかどうかの確認は看護師が行う必要があり，開始後の対応は看護師の指示のもとで教員が行うことは許容されることが示されました。

○導尿

自分の意思による排尿がむずかしい子どもはオムツを使用することになりますが，体調などの影響

図 33　新制度の仕組み

＊教育委員会が登録研修機関となることも可能

出所：下山直人「特別支援学校等における医療的ケアへの今後の対応について」日本肢体不自由児協会『はげみ』第 343 号，2012 年，14-19 頁。

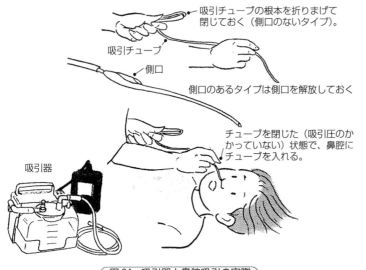

図 34　吸引器と鼻腔吸引の実際

出所：横浜「難病児の在宅療育」を考える会編『医療的ケアハンドブック』大月書店，2003 年，49，52 頁。

で膀胱に尿が残る「残尿」があると尿路感染症を起こしたり，腎臓機能障害を起こしたりすることがあります。残尿をなくす処置として下腹部を圧迫して尿を出す「手圧排尿」という方法もありますが，完全に出し切れない場合は，尿道にカテーテルを入れる「導尿」が行われます。

　尿道口の清拭消毒やカテーテルの挿入は看護師が行い，尿器や姿勢の保持等の補助は，教員が行うことができることが示されました。

○気管切開・下咽頭チューブ

誤嚥が多い，頻繁な吸引が必要，気道が圧迫されて狭くなりやすい場合には，

図35 ネブライザー使用の実際

出所：横浜「難病児の在宅療育」を考える会，2003年，50頁。

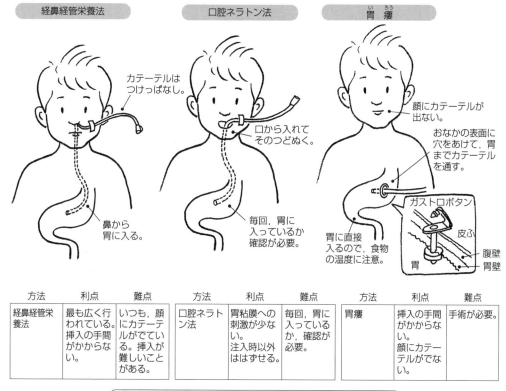

図36 経管栄養・口腔ネラトン法・胃瘻の実際と利点・難点

出所：横浜「難病児の在宅療育」を考える会，2003年，26-27頁。

のどから気管に穴を開けて専用のチューブ（カニューレ）を通す気管切開を行うことがあります。また，鼻からのどの奥まで達するチューブ（下咽頭チューブ）を入れて気道を確保する方法もあります（図37）。

◯酸素療法・人工呼吸器

早産による肺障害や重症肺炎の後遺症，先天性心疾患などによりふつうの呼

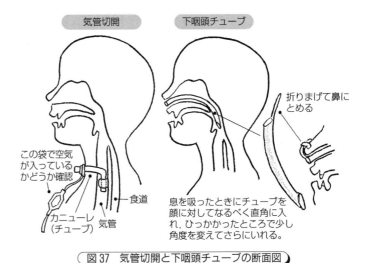

気管切開　　　　　下咽頭チューブ

折りまげて鼻に
とめる

この袋で空気
が入っている
かどうか確認

食道

カニューレ
（チューブ）　気管

息を吸ったときにチューブを
顔に対してなるべく直角に入
れ，ひっかかったところで少し
角度を変えてさらにいれる。

図37　気管切開と下咽頭チューブの断面図

出所：横浜「難病児の在宅療育」を考える会，2003年，58頁。

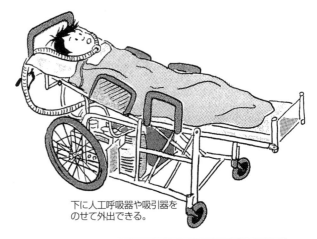

下に人工呼吸器や吸引器を
のせて外出できる。

図38　車椅子に乗せたポータブル人工呼吸器・吸引器

出所：横浜「難病児の在宅療育」を考える会，2003年，70頁。

吸では十分な酸素が得られない場合，酸素濃縮装置を，重度の肺疾患や中枢性
呼吸異常，神経・筋疾患などのように自発呼吸だけでは十分なガス交換ができ
ない場合は人工呼吸器を用います。いずれも以前は入院が必要でしたが，近年
は在宅で室内でも移動時にも使用できる機器が普及しています（図38）。

●摂食指導・咳き込みへの対応

　口腔や食道の複雑な動きによって成り立っている食事動作は，重症児にとっ
ては非常に難しい機能です。うまく食べられないと食物が気管に入ってしまい，
咳き込んだり，誤嚥性肺炎を起こして危険な状態になることがあります。

　そのため，食事前に鼻呼吸の確保，顔面筋のマッサージ，口腔内のマッサー
ジなどをしっかり行ったあと，子どもにあった姿勢を確保し，少量ずつゆっく
りと与える必要があります。

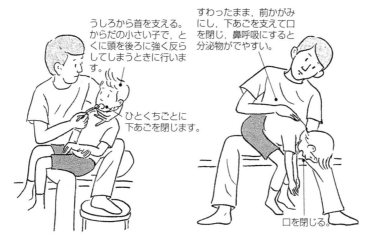

うしろから首を支える。からだの小さい子で、とくに頭を後ろに強く反らしてしまうときに行います。

ひとくちごとに下あごを閉じます。

すわったまま、前かがみにし、下あごを支えて口を閉じ、鼻呼吸にすると分泌物がでやすい。

口を閉じる。

図39　摂食指導と咳込みへの対応

出所：横浜「難病児の在宅療育」を考える会、2003年、25頁。

咳き込みが続いたときは、前かがみの姿勢でなるべく頭を下げ、できれば軽く口を押さえて鼻呼吸で静かな呼吸を保ち、重力で誤嚥した食物を出すようにするのが効果的です（図39）。

○ 下痢、便秘への対処

ウィルス感染などで腸の機能が低下したりして下痢が続く場合は、タンパク質や脂肪の多いものをさけ、水分補給を十分行うよう心がけます。

一方、運動不足、薬剤の影響、水分摂取不足、食物繊維不足などにより重症児はしばしば便秘も見られます。水分補給や食事内容を見直し、それでも改善しない場合は、便秘治療薬を用いたり、浣腸、腹部マッサージなどが行われます。

○ てんかん発作・睡眠障害

脳の障害の重い子どもには、てんかん発作もしばしば見られます。発作がおこった場合は、転倒しないように支えて静かに身体を横にします。そして衣服やおむつをゆるめて呼吸が楽になるようにします。そして、開始時の様子、顔色、体温、目の位置、手足の動きと左右差、持続時間、目覚めたときの様子などをよく観察し記録をつけて医師に報告することにより、服薬調整をしていきます。抗けいれん剤を服用していても10分以上続いたり、2回以上繰り返す重積発作が起こる場合は、けいれん止めの座薬を処方してもらいます。

また、眠気が強く一日中眠っているような場合、その時間を正確に記録し、処方時間を調整したり、昼間の適切な活動を保障したりして、睡眠リズムを整える工夫が必要な場合もあります。

（高橋　実）

9 障害児に役立つ福祉制度

1 障害児福祉サービスに関連する法律

○福祉サービスに関する法律

障害児の福祉サービスに関連する法律には，児童福祉法，**障害者総合支援法**[1]，発達障害者支援法などがあり，児童福祉法を中心に福祉サービスが提供されています。

○障害児福祉サービスの体系

障害児が利用できる福祉サービスには，児童福祉法に基づく支援と，障害者総合支援法に基づく支援があります。児童福祉法に基づくものには，障害児通所系サービス，障害児入所系サービス，相談支援系サービスがあります。2012（平成24）年の児童福祉法改正により，障害児支援の強化を図るため，従来の障害種別で分かれていた体系（給付）について，通所・入所の利用形態の別により一元化しました。

障害者総合支援法に基づくものには，訪問系サービス，日中活動系サービス，相談支援系サービスがあります。訪問系サービスの居宅介護（ホームヘルプ）は，自宅で，入浴，排せつ，食事の介護等を行うサービスであり，同行援護は重度の視覚障害児者が外出する際に，必要な情報提供や介護を行うサービスです。また行動援護は，自己判断能力が制限されている人が行動する時に危険回避に必要な支援や外出支援を個別に行います。短期入所（ショートステイ）は，養育者が病気の場合などに，短期間，夜間も含め施設で，入浴，排せつ，食事の介護等を行うサービスです。

○手帳制度

障害者手帳とは障害の程度に応じて福祉サービスを受ける際に利用するもので，18歳未満の場合，障害児本人または保護者の申請により，都道府県から交付されます。身体障害者には身体障害者手帳，知的障害児には療育手帳が交付されます。身体障害者手帳は，指定医の診断を受け，障害の程度により等級（1～6級）に分けて認定されます。

▷1　障害者総合支援法
正式名称「障害者の日常生活及び社会生活を総合的に支援するための法律」（平成24年6月公布，平成25年4月1日施行）。

表41　障害児が利用可能な福祉サービスの体系

分類	サービス名	根拠となる法律
訪問系	居宅介護（ホームヘルプ）	障害者総合支援法
	同行援護	
	行動援護	
	重度障害者等包括支援	
日中活動系	短期入所（ショートステイ）	障害者総合支援法
障害児通所支援	児童発達支援	児童福祉法
	医療型児童発達支援	
	放課後等デイサービス	
	保育所等訪問支援	
	居宅訪問型児童発達支援	
障害児入所支援	福祉型障害児入所施設	児童福祉法
	医療型障害児入所施設	
相談支援	計画相談支援	障害者総合支援法
	障害児相談支援	児童福祉法

出所：全国社会福祉協議会（2018）を参考に筆者作成

一方，療育手帳は児童相談所において判定され，障害の程度により，最重度と
重度をA，それ以外をBと区分して認定されます。^{▷2}

② 予防，早期発見・早期療育

○ 母子保健施策

　障害の予防，早期発見のための母子保健施策として妊産婦健診，乳児健診，
１歳６か月児健康診査，３歳児健康診査，訪問指導を行っています。健康診査
は，早期発見による疾病等の発生予防，疾病や異常の早期発見の機会として重
要です。フェニールケトン尿症等の先天性代謝異常や先天性甲状腺機能低下症
（クレチン症）は，早期に発見し治療することによって，知的障害などの予防が
可能となるため，新生児を対象にマス・スクリーニング検査が実施されます。
また健康診査は，療育指導や早期発達支援（早期療育）につなげる機会として
も重要です。その他，学齢未満児には，福祉・医療・保育機関等における相
談・検査・診断・指導が実施されています。

○ 自立支援医療制度～育成医療

　自立支援医療制度の一つである育成医療とは，日常生活に差し支えのある障
害があるか，放置すると，将来身体に障害を残す恐れのある疾患に対し，確実
な治療効果が期待できる場合に，必要な医療費の支給を行うものです。育成医
療費の支給を受けるには，指定医療機関で治療を受ける必要があります。実施
主体は，都道府県・指定都市・中核市であり，申請，支給認定後に，受給者証
が交付されます。^{▷3}

○ 補装具費支給制度

　補装具とは，障害児が将来，社会人として独立自活するための素地を育成助
長することを目的として，身体の欠損又は損なわれた身体機能を補完・代替す
る用具です。具体的には，義肢，装具，車いす，座位保持いす等を指します。
利用は，障害児の保護者からの市町村への申請に基づき，補装具費として支給
され，利用者は補装具の購入費または，修理費の一割を負担します。ただし，
所得に応じて負担上限月額の設定などの負担軽減制度があります。

③ 障害児の活動の場と障害児支援

○ 障害児の日中活動の場

　就学前の障害児の日中活動の場としては，児童福祉施設である，児童発達支
援センター（障害児通所支援施設），障害児入所施設があります（表42）。障害児
を対象とする福祉施設は，継続的な保護，治療，訓練が必要とされた場合に利
用できます。そのほか，特別支援学校幼稚部，地域の保育所，幼稚園および認
定こども園，子育て支援の場（子育て広場，児童館など）などがあります。保育
所に対しては障害児保育対策事業，幼稚園に対しては私立幼稚園特別支援教育

▷2　療育手帳制度の根拠
規定は，1973（昭和48）年
の厚生省児童家庭局通知
「療育手帳制度の実施につ
いて」，「療育手帳制度実施
要領」にあり，法律にもと
づくものではない。そのた
め，交付の基準や等級，手
帳の名称に統一がなく，実
施主体（都道府県または政
令指定都市）により異なる
ことがある（例：東京都は
「愛の手帳」，埼玉県は「み
どりの手帳」など）。

▷3　医療支援のひとつに，
心身障害児（者）歯科診療
事業がある。これは心身に
障害があり，一般の医療機
関で治療が受けられない障
害児に，歯科診療を行うも
のである。

表 42　障害児通所支援と障害児入所支援

種別	形態	支援の名称	内　容
障害児通所支援	通所系	児童発達支援	地域の障害児を通所させて，日常生活における基本的動作の指導，独立自活に必要な知識技能の付与，集団生活への適応訓練を行う。
		医療型児童発達支援	地域の障害児を通所させて，日常生活における基本的動作の指導，独立自活に必要な知識技能の付与，集団生活への適応訓練及び治療を行う。
		放課後等デイサービス	授業の終了後又は休校日に，児童発達支援センター等の施設に通わせ，生活能力向上のための必要な訓練，社会との交流促進などの支援を行う。
	訪問系	居宅訪問型児童発達支援	重度の障害等により外出が著しく困難な障害児の居宅を訪問して発達支援を行う。
		保育所等訪問支援	保育所等に通う障害児に対する支援を充実するため，障害施設で指導経験のある児童指導員や保育士が，保育所などを2週間に1回程度訪問し，障害児や保育所等の職員に対し，障害児が集団生活に適応するための専門的な支援を行う。利用を希望する保護者が直接申し込むことも可能である。
障害児入所支援	入所系	福祉型障害児入所施設	障害児を入所させて，保護，日常生活の指導，独立自活に必要な知識技能の付与を行う。
		医療型障害児入所施設	障害児を入所させて，保護，日常生活の指導，独立自活に必要な知識技能の付与および治療を行う。

出所：2012年児童福祉法改正，2016年児童福祉法の一部改正（障害者の日常生活及び社会生活を総合的に支援するための法律及び児童福祉法の一部を改正する法律）を元に作成。

費補助事業等の補助金制度があり，障害児の受け入れを進行しています。

○障害児通所支援

　障害児通所支援には，児童発達支援，医療型児童発達支援，放課後等デイサービス，保育所等訪問支援，居宅訪問型児童発達支援があります。

　児童発達支援は，児童福祉施設である「児童発達支援センター」，または，その他の「児童発達支援事業」によりサービスを提供します。児童発達支援センターは，地域の障害児を通所させて，日常生活における基本的動作の指導，自活に必要な知識や技能の付与または集団生活への適応のための訓練を行う地域の中核的な療育施設です。福祉サービスを行う「福祉型」と，福祉サービスに併せて治療を行う「医療型」があります。児童発達支援センターでは，児童発達支援に加えて，地域支援として「障害児相談支援（障害児支援利用計画の作成）」「保育所等訪問支援」などを行います。児童発達支援事業は，通所利用の障害児に対する支援を行う身近な療育の場を提供します。

○障害児相談支援事業

　障害児相談支援は，障害児支援利用援助，および継続障害児支援利用援助を行うことです。障害児相談支援事業では，障害児が児童発達支援・放課後等デイサービスなどの障害児通所支援を利用する前に「障害児支援利用計画」を作成し（障害児支援利用援助），通所支援開始後，一定期間ごとにモニタリングを行う（継続障害児支援利用援助）等の支援を行います。

❹ 地域生活支援事業

　地域生活支援事業は，市町村と都道府県が地域の実情に応じて柔軟に実施する事業です。市町村では，相談支援，コミュニケーション支援，日常生活用具，移動支援，地域活動支援センター等の事業を行います。都道府県では，とくに

▷4　特別児童扶養手当，障害児福祉手当
特別児童扶養手当とは，20歳未満で身体や知的に中程度以上の障害もしくは長期にわたる安静を必要とする病状にある児童を監護している父もしくは母，または父母に代わって児童を養育している方に支給される。障害児福祉手当とは，重度

専門性の高い相談支援事業，広域的事業，サービス・相談支援者や指導者の育成事業等を行います。

○日常生活用具給付等事業

日常生活用具とは，在宅の重度の心身障害児の日常生活を容易にするために必要な用具です。具体的には，入浴担架，入浴補助用具，移動リフト，歩行支援用具，特殊マット，特殊便器等があります。これらの用具または設備改善の費用は，地域生活支援事業の日常生活用具給付として給付されます。

○移動支援事業

移動支援事業は，外出時の円滑な移動を支援します。対象は，屋外での移動に著しい制限のある視覚障害者・児，全身性障害者・児，知的障害者・児，ひとりでの外出に困難のある精神障害者であり，重度訪問介護，行動援護，包括支援の対象以外の移動支援を行います。利用形態は，個別支援型，グループ支援型，車両移送型が想定されており，利用者は，移動支援の利用に際し事業所を選択することが可能です。

⑤　発達障害者支援センター

発達障害児（者）への支援を総合的に行うことを目的とした発達障害者支援法に基づく専門的機関であり，主な業務は，相談支援，発達支援，就労支援，普及啓発・研修です。発達障害児（者）とその家族が豊かな地域生活を送れるように，関係機関と連携し，地域における総合的な支援ネットワークを構築しながら，発達障害児（者）とその家族からの相談に応じ，指導と助言を行います。

⑥　その他の支援

○経済援助

障害児に関係する経済援助には，**特別児童扶養手当**と**障害児福祉手当**[4]があります。また**公共機関の割引**[5]制度の利用も可能です。さらに，**就学前障害児の発達支援の無償化**[6]も行われています。

○子育て支援

子育て支援事業[7]は，地域での子育て家庭へのさまざまな育児支援をしています。

（野澤純子）

障害のため日常生活において常時介護を要する状態にある20歳未満の在宅障害児に支給される。その他，障害児の保護者が死亡したり重度障害となったりした場合に，残された障害児者に年金を支給する心身障害者扶養保険制度や税制面の優遇措置などがある。

▷5　公共機関の割引
電車，バス，航空機等の公共交通機関や公共料金等については，障害者に関する割引・減免制度及び特別措置がある。

▷6　就学前障害児の発達支援の無償化
2019（令和元）年10月1日から，児童発達支援等の利用者負担が，満3歳になった最初の4月から3年間，無償化されることになった。対象：児童発達支援，医療型児童発達支援，居宅訪問型児童発達支援，保育所等訪問支援，福祉型/医療型障害児入所施設。

▷7　子育て支援事業
育児不安のある家庭や将来障害のおそれのある子どものいる家庭などを対象とした育児支援家庭訪問事業や，急な残業等臨時的，一時的な保育ニーズに対応するための会員制の互助援助活動であるファミリーサポートセンター事業がある。

（参考文献）
社会福祉の動向編集委員会編『社会福祉の動向2019』中央法規出版，2019年。
　全国社会福祉協議会「障害福祉サービスの利用について（2018年4月版）」2018年。

障害児をもつ親のあり方

① 家族と親

　家族は，基本的には両親とその子どもから構成されます。そして，家族の生活する場が，家庭です。その家庭のなかで，すべての子どもにとってもっとも重要な役割を果たすのは，父母です。橋本重治によれば，親，ことに母親は，妊娠中，どんな子どもが生まれるかについての期待と夢を胎内の赤ん坊とともに育てています。そのイメージは，自分の夫やその父母や先に生まれた子どもとの関連において，つくりあげられた五体満足な乳児のイメージです。しかし，生まれた赤ん坊が，期待に反して障害をもっている場合は，親は，大変なショックを受けます。とくに母親は，腹を痛めたという生物学的な事情もあって，父親よりも大きい衝撃を受けます。

▷1　橋本重治「脳性まひ児と家族」橋本重治編『脳性まひ児の心理と教育』金子書房，1968年，116-130頁。

② 障害児の誕生

　親にとっては，子どもが障害をもっているということは，普通の子どもをもっている友人たちを羨む原因にもなり，できれば内密にしておきたい，とも思うが，結局は，障害児をもった親は，時間をかけて，その苛酷な条件の意味を理解し，受容しなければなりません。そして，最終的にはそれに至るまでの苦悩を克服し，障害をもった子どもが生きていくために，できるだけのことをしようと考えるようにならなければなりません。

③ 生きる

　障害をもった子どもの場合も普通の子どもに準じて発達しますが，その速度は著しく異なり多様です。障害児の場合は，授乳から食べること・排泄・沐浴・着衣・睡眠など，生きていくために必要な一切について，母親の世話を受けて成長していくのが普通です。そのさい，障害児にあっては，普通児の場合のような発達の速度は見られないが，①離乳して，少しずつ固形の食事へと進む，②排泄を知らせるようになる，③這うから，つたい歩きなどへの移動が進む，④父母等の自分の家族と，よその人を見分けるようになる，⑤手で物を摑んだり，放したりする，といったような発達も見られてきます。さらに，限られてはいますが，自分の意思表示もいくらかできるようになってきます。もちろん，一人ひとりの障害児によって発達の状態は多様ですが，個々の障害児が

生きていくためにはどんな指導課題が重要でしょうか。

4　生きる力を育てる

　端的にいえば，重要な指導課題は，個々の障害児に対して「生きる力を育てる」ことです。そのためには，当該障害児が，誰とでも食事ができ，排泄ができ，睡眠ができるように導くことです。平素母親に全面的に世話になっている障害児が，なじみのない人の世話を受けて，食事・排泄・睡眠ができるよう導くことは，母親からの自立の第一歩でもあります。母親に万一のことがあっても，子どもがその子なりの最低の生きる力をつけていることで，母親以外の介助者の世話を受けられるはずです。それは，社会的自立への第一歩にもつながっていきます。食事・排泄・睡眠を主とした身辺自立の力を育てていくには，なじみのない人に早くなれ親しんで普通の状態で生活できるような精神面のたくましさを育てることが大切です。

5　生きる力の指導

　食事・排泄・睡眠を主とした生きる力の内容についての指導の過程は，たとえば，食事の場合を例にとっていえば，離乳食からスプーンを使って，固形物を少しずつそしゃくさせる→スプーンなどで一人で食事をさせる→一人でほとんどこぼさないで食べるようにする→食事の後片づけを手伝ってもらう，というように基本的には通常の幼児の場合における指導と同様です。しかし，子どものもつ障害が多様であることで，こうした指導過程の速度には著しい個人差があるので，一歩一歩，前進していくことができるような細かい指導が必要です。

6　親の養育態度[2]

　障害児をもつ親，とくに母親のなかには，障害のある子どもにしてしまったのは，「私が何々をしたからだ」などといって，自分に対して苛酷に当っている方がいますが，たとえ，子どものもつ障害の原因が，妊娠中か，出産のときか，その後にあったにしても，親は自分の信じた医師の指示に従う以外は，どうすることもできなかった筈です。実際には，親は，子どものもつ障害に対して特別な感じをもっていることが多いのです。その感じは，あらゆる医学的治療は行ったものの，成果がないので，せめて子どもに教育でも十分にして，親としての償いをしたいという願いにつながることがあり，そのさい，親は可能な限りの物やお金を当該障害児のために使用し溺愛とでもいうべき愛情を注ぎます。このような親に育てられた子どもは，とかく依頼心が強く，自発性に欠けた人間になりがちです。

　望ましい育て方は，あるがままの障害児を正しく理解して，専門家と相談して，その子のために立案した個別計画を実行していくことです。（石部元雄）

▷2　石部元雄「正しく育てるために」(1)厚生省児童局監修『はげみ』第8巻第2号（第42号），日本肢体不自由児協会，1964年，10-17頁。
「同」(2)，同上書，第8巻第4号（第43号），50-57頁。
「同」（終回）前掲書，第8巻第5号（第44号），56-62頁。

さくいん

執筆者紹介（氏名／よみがな／生年／現職／主著／障害児教育を学ぶ読者へのメッセージ）　＊執筆担当は本文末に明記

石部元雄（いしべ　もとお／1929年生まれ（故人））

筑波大学名誉教授
元岡山大学大学院教授
元福山市社会福祉審議会委員長
『肢体不自由児の教育』（単著・ミネルヴァ書房）『ハンディキャップ教育・福祉事典　I巻・II巻』（共編著・福村出版）
妹と弟を夭折させたこともあり，障害者の問題に取り組んでいます。

上田征三（うえだ　ゆくみ／1954年生まれ）

東京福祉大学保育児童学部教授
『ソーシャルワークを学ぶ』（共著・学文社）『現代の障害者福祉学』（共著・小林出版）
学校ボランティア活動をサポートしています。例えば，学生が地域の学校の授業補助や校外学習に参加し実践的な学習をしています。

高橋　実（たかはし　みのる／1958年生まれ）

福山市立大学名誉教授
『発達に困難をかかえた人の生涯発達と地域生活支援』（単著・御茶の水書房）
『子ども家庭福祉の扉』（共著・学文社）
特別支援教育と福祉とが連携した生涯発達支援について研究しています。

柳本雄次（やなぎもと　ゆうじ／1947年生まれ）

筑波大学名誉教授
東京福祉大学教育学部教授
『特別支援教育──理解と推進のために改訂版』（共編著・福村出版）『ノーマライゼーション時代における障害学』（共著・福村出版）
特別支援教育体制下で障害児教育はどうあるべきか，ともに考えましょう。

姉崎　弘（あねざき　ひろし／1958年生まれ）

九州女子大学人間科学部教授
ISNA日本スヌーズレン総合研究所名誉会長
『特別支援教育　第4版』（監修・大学教育出版）『保・幼・小・中・高校における発達障害のある子を支援する教育』（単著・ナカニシヤ出版）
小・中学校の子どもたちの支援のあり方をいっしょに考えていきましょう。

石田祥代（いしだ　さちよ）

千葉大学教育学部教授
『スウェーデンのインテグレーションの展開に関する歴史的研究』（単著・風間書房）『知的障害のある人のためのバリアフリーデザイン』（共著・彰国社）
諸外国について知ることにより，日本の状況について，より理解できることがあります。広い視野から福祉・教育について考えてみてください。

石渡和実（いしわた　かずみ／1952年生まれ）

東洋英和女学院大学名誉教授
『Q & A 障害者問題の基礎知識』（単著・明石書店）『ソーシャルワーカのための障害者福祉論』（編著・みらい）
国際障害者年から四半世紀，障害のある方とともに，福祉について考えてきました。この流れをさらに発展させたいと，切に願っています。

浦﨑源次（うらさき　げんじ／1950年生まれ）

群馬大学名誉教授
高崎健康福祉大学特任教授
『障害児の発達と福祉』（編著・福村出版）
閉鎖されたサークルのなかで考えがちな障害児教育の問題ですが，学校教育全体の視野に立って考えていきましょう。

河合　康（かわい　やすし／1961年生まれ）

上越教育大学大学院学校教育研究科教授
『特別教育システムの研究と構想』（共著・田研出版）『理解と支援の障害児教育』（共著・コレール社）
欧米に加えて，途上国の実情にも関心があります。外国の実情を学びながら日本の将来を考えてみませんか。

神田基史（かんだ　もとし／1953年生まれ）

元帝京大学教育学部初等教育学科教授
『バリアフリーをめざす体育授業』（共著・杏林書院）
特別支援学校の中をのぞいたことがありますか。百聞は一見にしかずです。

執筆者紹介（氏名／よみがな／生年／現職／主著／障害児教育を学ぶ読者へのメッセージ）　＊執筆担当は本文末に明記

久芳美恵子（くば　みえこ／1947年生まれ）

社会福祉法人紅葉の会理事長
元東京女子体育大学教授
『ノーマライゼーション時代における障害学』（共著・福村出版）『教師のための教育相談の基礎』（単著・三省堂）
障害のある子へのかかわりは，全ての教育の原点であるとの思いを抱いて……。

栗原輝雄（くりはら　てるお／1944年生まれ）

三重大学名誉教授
『特別支援教育臨床をどうすすめていくか──学校臨床心理学の新たな課題』（単著・ナカニシヤ出版）『生きることについて──さくらとはこべ，どちらがきれい？』（単著・近代文芸社）
障害のある子の教育を学ぶことは人間の生き方や生きる意味を学ぶことに通じます。豊かに生きましょう。

佐藤　曉（さとう　さとる／1959年生まれ）

岡山大学学術研究院教育学域教授
『発達障害のある子の困り感に寄り添う支援』（単著・学習研究社）『障がいのある子の保育・教育のための実践障がい学』（単著・ミネルヴァ書房）
志は高く，しかし先を急がず。特別支援教育を社会に根づかせるために，いつも私が心がけていることです。

眞城知己（さなぎ　ともみ）

関西学院大学教育学部教授・副学部長
『特別な教育的ニーズ論』（単著・文理閣）『障害理解教育の授業を考える』（単著・文理閣）

田実　潔（たじつ　きよし／1960年生まれ）

北星学園大学社会福祉学部教授
『特別支援教育における教育実践の方法』（共著・ナカニシヤ出版）『学校カウンセリング（改訂版）』（共著・有斐閣）
障害をもった子ども達から教えられることの一部分を著してみました。息吹が少しでも伝われば，と思います。

生川善雄（なるかわ　よしお／1948年生まれ）

元千葉大学教育学部教授
社会福祉法人かしの木会客員研究員
『知的障害者に対する健常者の態度構造と因果分析』（単著・風間書房）『特別支援児の心理学』（共編著・北大路書房）
障害のある人とコミュニケーションをし，親しく交わろう。

西澤直子（にしざわ　なおこ／1969年生まれ）

福山市立大学非常勤講師
今も大きく変化し続ける福祉の分野。障害の理解を深めると共に，新しい流れをとらえる一助となれば幸いです。

野澤純子（のざわ　じゅんこ／1968年生まれ）

國學院大學人間開発学部教授
臨床発達心理士・公認心理師
『障害児保育演習ブック』（共著・ミネルヴァ書房）『社会福祉援助技術総論』（共著・文化書房博文社）
障害のある子どもや保護者に実際に接して学ぶ姿勢が大切だと思っています。

堀　智晴（ほり　ともはる／1947年生まれ）

インクルーシブ（共生）教育研究所代表
元大阪市立大学大学院教授
『保育実践研究の方法──障害のあるこどもの保育に学ぶ』（単著・川島書店）
保育・教育現場で実践に学び，実践者と共同研究をしてきました。インクルーシブ保育・教育の方法を研究しています。特別支援教育になって，実践者が，目の前の子どもを自分の目でみようとしなくなっているのでは，と感じています。

やわらかアカデミズム・〈わかる〉シリーズ

よくわかる障害児教育［第4版］

2007 年 1 月 30 日	初　版第 1 刷発行
2007 年 9 月 20 日	初　版第 2 刷発行
2009 年 5 月 25 日	第 2 版第 1 刷発行
2012 年 3 月 20 日	第 2 版第 4 刷発行
2013 年 5 月 25 日	第 3 版第 1 刷発行
2018 年 11 月 30 日	第 3 版第 6 刷発行
2020 年 3 月 31 日	第 4 版第 1 刷発行
2024 年 9 月 30 日	第 4 版第 4 刷発行

〈検印省略〉

定価はカバーに
表示しています

編　者	石部元雄
	上田征三
	高橋　実
	柳本雄次
発行者	杉田啓三
印刷者	田中雅博

発行所　株式会社　ミネルヴァ書房

〒 607-8494　京都市山科区日ノ岡堤谷町 1
電話代表　（075）581-5191
振替口座　01020-0-8076

©石部・上田・高橋・柳本ほか，2020　創栄図書印刷・新生製本

ISBN978-4-623-08983-3
Printed in Japan

やわらかアカデミズム・〈わかる〉シリーズ

—— ミネルヴァ書房 ——
https://www.minervashobo.co.jp/